THE CONTRARIAN
逆势者
彼得·蒂尔传

Max Chafkin
[美] 马克斯·查夫金 著
岱冈 译

Peter Thiel
and Silicon Valley's Pursuit of Power

图书在版编目（CIP）数据

逆势者：彼得·蒂尔传 /（美）马克斯·查夫金著；
岱冈译 . -- 北京：中信出版社，2023.7
书名原文：The Contrarian: Peter Thiel and Silicon Valley's Pursuit of Power
ISBN 978-7-5217-5716-3

Ⅰ.①逆… Ⅱ.①马… ②岱… Ⅲ.①彼得·蒂尔—传记 Ⅳ.① K837.125.34

中国国家版本馆 CIP 数据核字（2023）第 094792 号

Copyright © 2021 by Max Chafkin
Published by arrangement with Massie & McQuilkin Literary Agents,
through The Grayhawk Agency, Ltd.
Simplified Chinese translation copyright © 2023 by CITIC Press Corporation
ALL RIGHTS RESERVED
本书仅限中国大陆地区发行销售

逆势者：彼得·蒂尔传
著者：［美］马克斯·查夫金
译者：岱冈
出版发行：中信出版集团股份有限公司
（北京市朝阳区东三环北路 27 号嘉铭中心　邮编　100020）
承印者：天津丰富彩艺印刷有限公司

开本：787mm×1092mm　1/16　　印张：23　　字数：365 千字
版次：2023 年 7 月第 1 版　　印次：2023 年 7 月第 1 次印刷
京权图字：01-2023-2232　　书号：ISBN 978-7-5217-5716-3
定价：79.00 元

版权所有·侵权必究
如有印刷、装订问题，本公司负责调换。
服务热线：400-600-8099
投稿邮箱：author@citicpub.com

目 录

推荐序　美国新镀金时代的"离经叛道"　吴晨 / III

序　言 / IX

第 1 章　最伟大的冒险就在眼前 / 001

第 2 章　重新定义投资和生活的指导原则 / 012

第 3 章　自由意志的世界观 / 027

第 4 章　找到自己的"黄金极客"：转战科创投资 / 043

第 5 章　风险投资 / 061

第 6 章　灰色地带市场的力量 / 073

第 7 章　对冲 / 091

第 8 章　盗梦空间："风险投资2.0" / 109

第 9 章　新疯狂而准确的预测，放手管理模式的胜利 / 122

第 10 章　新军工复合体 / 143

第 11 章　新的创业"黑帮" / 156

第 12 章　政治天赋 / 173

第 13 章　公共知识分子，既完全是局内人，又完全是局外人 / 188

第 14 章　未来主义的后备计划 / 208

第 15 章　硅谷的政治时代 / 223

第 16 章　蒂尔的政府理论 / 241

第 17 章　有争议的政策 / 258

第 18 章　"蒂尔江湖"信条：被骂邪恶总比被骂无能强 / 274

第 19 章　背水一战 / 292

第 20 章　危机管理 / 307

结语　投资未来的生命 / 327

致谢 / 339

推荐序

美国新镀金时代的"离经叛道"

吴晨

中国读者通过《从 0 到 1》认识了彼得·蒂尔这位硅谷教父级人物，也通过他和埃隆·马斯克的交往了解到当年"PayPal 黑帮"在硅谷的影响力。相对于马斯克成功地持续创业，蒂尔则转身成为投资人和导师，收获了一批年轻的门徒，包括 2023 年大红大紫的 OpenAI 首席执行官山姆·阿尔特曼、大数据分析公司帕兰提尔的首席执行官乔·朗斯代尔，以及在线支付公司 Stripe 的创始人帕特里克·克里森等。

《彭博商业周刊》专栏记者查夫金的这本有关蒂尔的传记，可以丰富我们对硅谷、对创新、对商业成功带来的影响力，对美国政商互动的认知。蒂尔是多重身份、多重光谱的合集：白手起家的亿万富翁，离经叛道的创业者，洞若观火的战略投资家（准确地预测了 2008 年金融危机的爆发，却没有像《大空头》里描述的那些人那样通过做空赚钱），继乔布斯之后的硅谷教父（包括脸书创始人扎克伯格在内的不少创业者的引路人），《从 0 到 1》的布道者（强调创业的目标是找到垄断的市场并构建维护垄断的护城河），富可敌国的风投家，特朗普在硅谷的知音，新时代数字军工复合体的塑造者（创建了帕兰提尔），用金钱碾压媒体的大亨（为了报复媒体爆料他为同性恋），担心世界毁灭的偏执狂（在新西兰修建地堡），追求长生不老的显贵，鼓吹解构政府、在海上构建没有监管的"伊甸园"的自由意志主义者，极少数出柜的共和党人（保守派歧视同性恋，反对同性婚姻）……

蒂尔身上所具备的这种少有的多样性，被查夫金称为"逆向思考者"，或者矛盾综合体。他和一个世纪前美国镀金时代的强盗大亨有类似之处，都鼓吹垄断带来的超额利润，运用超级财富施加政治影响，成为密室政治的幕后金主以确保自己的商业利益，精明地投资而变得富者恒富。但蒂尔身上也有鲜明的时代烙印，他和他的门徒在推动科技变革中收获了亿万财富，其致富之速，历史罕见，这也让他有更多时间超越财富，在思想界留下自己的遗产，当然也有更多财富去塑造他理想中的未来，推动社会的改变。

西方商业语境中的"学而优则仕"通常指向哲人王这一终极目标。成功的商人希望自己留给未来的遗产不只是商业传奇，更有影响后世的思想。蒂尔显然有类似的抱负。问题是，他有机会成为新镀金时代的"哲人王"吗？

通过梳理蒂尔的经历，我们能对美国科技公司主导的金权世界有更透彻的理解。

首先，蒂尔很早就确立了自己的思想，财富让他可以更好地推进和传播自己的思想，无论是参与政治，还是推动"海上家园"，都是其思想的实践。蒂尔在大学时就成了自由意志主义者，并在斯坦福大学创建了《斯坦福评论》这一保守主义阵地，《斯坦福评论》的历任主编中很多更是成为"蒂尔江湖"的成员。

其次，蒂尔是天生的少数派，他背离了大多数精英沿袭的职业生涯。他有机会按部就班上法学院，在大法官身边做实习生，加入知名律所，一步步向上爬到合伙人的位置，成为富裕阶层的一分子。但他很快就发现自己与那些精英不同，他并不适应"枯燥"的职业生涯，也不具备在名校毕业生中脱颖而出的特点，所以在律所工作7个月后，他选择离开，到硅谷创业。他知道要真正出人头地，需要成为有行动力的少数派。美国律师从政者如过江之鲫，的确不稀罕多一个、少一个。相比之下，硅谷的成功创业者、投资人加教父的身份在数字经济时代的影响力要大得多。

再次，蒂尔虽然创建了不少公司——PayPal、帕兰提尔，但他不是贝索斯或马斯克那种推动一家公司发展、从成功到卓越的创始人。创业对他而言只是为了致富，致富之后则另有宏图。他用出售PayPal的第一桶金转身成为对冲基金经理，随后又成为成功的硅谷投资人，滚雪球一样地致富。蒂尔是那种很快套现的投资人，PayPal上市后不久就被卖给易贝的原因之一就是为了套现。他成功投资了脸书，如果选择在脸书上市后持续持有其股票，蒂尔的财富至少可以再多十倍。从某种意义上讲，投资变现获得的回报可以让他有更多子弹，投入他看中的创业公司。在蒂尔的财富观中，拥有塑造未来的子弹，以及投向他看准的年轻人帮助他们成功，比从长期持续的成功中挣钱更重要。

蒂尔成立的创始人基金的投资策略在硅谷独树一帜。一般而言，基金总希望对创始人有一定约束，在公司发展出问题的时候也可能推动"宫廷政变"，迫使创始人下台。两大著名硅谷独角兽优步和众创空间WeWork都上演过类似的戏码。蒂尔的基金却以对创始人异常友善著称，他的投资哲学认为创始人不需要培养，更不需要空降成熟的首席执行官帮助实现规模化，真正优秀的公司、能实现指数级增长的公司，其创始人一定是卓越的。创始人基金从没有在董事会上针对创始人投过反对票。

最后，致富可以满足自己富豪的生活方式，但更是为了实现政治理想。蒂尔是商人参与政治的典范，尤其以其右翼政治观点而"鹤立鸡群"。大多数人眼中的硅谷富豪是科技乌托邦主义者（以谷歌为代表），或者是极客型（书呆子），认为科技能解决各种社会问题。蒂尔则不同，他拥有明确的政治主张，认为美国政府的各种监管日益膨胀，不易于创新发展，希望推动减少监管。他自己并不投身政治，却是幕后的大金主和策划师。在2016年特朗普竞选美国总统时，蒂尔是硅谷为数不多明确表示支持特朗普的企业家。

蒂尔代表了一种另类的"理想主义"吗？他的门徒显然是这么认为的，他们相信拥有金钱和才智就能够推动社会进步，而他们在商业领域的成功证明了自己的才智，也拥有了亿万金钱。但蒂尔身上的自相矛盾之处又让人担心，这种商而富则学——成为"哲人王"的冲动本身并不那么纯粹。

积极构建全新的数字军工复合体是蒂尔的一个自相矛盾之处。一方面，作为保守派，他不认同大政府，也积极推动去监管的政策；另一方面，他努力帮助硅谷的高科技公司赢得五角大楼的巨额投资，甚至他支持特朗普也带有某种政治投机的私心。

蒂尔帮助创建的帕兰提尔在美国中央情报局抓捕本·拉登的过程中起到了重要作用，蒂尔和公司高管毫不掩饰地推销其情报分析的背景，希望在军方数据分析和情报分析中抢占巨大的市场。特朗普政府第一任国家安全事务助理迈克尔·弗林在阿富汗担任美军情报主管时就对这一软件的功效大为赞赏，并且在阿富汗推广。但是帕兰提尔的软件在美国陆军的推广却遭遇重重阻碍。蒂尔下注特朗普，目的之一也是为了进一步打开军方市场。

马斯克的 SpaceX 其实也是美国军工复合体的受益者。军方仍然是美国创新模式背后的主要推动力之一，没有军方/美国航空航天局的巨额经费支持，SpaceX 根本不可能实现大发展。马斯克曾经为了入局航天采购而对美国航空航天局提出诉讼（因为它倾向于使用波音等既有供应商）。这为蒂尔打开了新思路，他在 2016 年起诉美国陆军，就是为自己的数据库和情报分析软件入局做准备。

蒂尔在商业领域推崇的颠覆也不乏自相矛盾之处。虽然他似乎与马斯克一样都是商业推动变革的鼓吹者，但仔细分析不难发现，蒂尔推崇的颠覆与乔布斯和马斯克很不同。

乔布斯推崇的颠覆是通过创业让每个人都能够挖掘自己的潜力，也可以通过设计思维为大众提供真正具有变革性的产品和服务；蒂尔推崇的颠覆则是打破当下的常态，单点突破，在新秩序中作为先行者而赚大钱。

乔布斯拓展的是那种希望给人类赋能的价值创造的思路，执着于提供更好的产品和服务，执着于改变世界、实现理想、创造价值，执着于艺术与技术的十字路口。从这一意义上而言，马斯克的确是乔布斯的传人，他甚至认为烧投资人的钱是可耻的，他也一而再、再而三地为自己投资的事业不惜倾家荡产，包括 2022 年在收购推特上砸下 440 亿美元。

蒂尔布道的"从 0 到 1"则把颠覆本身作为创业的目的，而不是因创业而带来的成果。改变成为一种宣言——挑战既有秩序的宣言。扎克伯格和优步的创始人特拉维斯·卡兰尼克就是蒂尔式颠覆的拥趸，他们找到了现有秩序中的薄弱环节，想方设法用更好的方式来取代，无论是广告（脸书）还是打车（优步），或是住宿（爱彼迎）和办公室（WeWork）。当然，在颠覆既有秩序的过程中，他们也会赚得盆满钵满。

马斯克颇得乔布斯的真传，无论是电动车致力于应对气候变暖问题，还是可回收的火箭让人类有可能成为跨行星生物，都给人以一种正向突破的激励。相反，蒂尔的拥趸所创建的公司，无论是社交媒体滥用的"眼球经济"，还是出行、办公、住所推崇的"分享经济"，都呈现出优劣并呈的状态，离经叛道在所不惜。

换句话说，两者之间的本质区别是乔布斯和马斯克拥抱极致的企业家精神，蒂尔则积极投身于找到赚钱的全新风口，赢得财富以实现其他宏大的目标。虽然企业家精神的极致也是利用积累的财富回馈社会，像盖茨基金会那样，但其前提和出发点是做出极致的企业。然而，蒂尔所呈现的则是硅谷最近10年快速致富的道路，虽然运用财富带来改变的理想主义不乏真诚之处，但快速致富的过程可能毁誉参半。

蒂尔的自相矛盾之处也恰恰是硅谷的自相矛盾之处：一边是自负的科技万能主义者，另一边是寻求快速致富的"淘金者"。财富具有巨大的吸引力，成功则有自信的光环加持，与镀金时代相比，硅谷的年轻优势也让他们可以更早地运用财富推动实现自己的理想。只是这种理想仍然和蒂尔一样，有些离经叛道，本质上是"少数派"。

整体而言，查夫金的这本蒂尔的另类传记可以让中国读者更好地理解新一代硅谷创业者超越财富的抱负背后的思想来源。在未来与硅谷的合作中，对中国的投资人和创业者来说，蒂尔无疑是一个值得细细品味的人物。

吴晨

《经济学人·商论》总编辑，著有《超越乌卡》《潜流》

序　言

也许人们已经不太记得，但确曾有那么一段时间，整个世界好像已经准备把一切掌控权都交到了硅谷手中。那是2016年，当时商业杂志称之为"独角兽时代"，独角兽指的是那些成长迅速且自身价值变得不可估量的科技公司，它们几乎就是神话般的存在。杰夫·贝索斯拯救了美国的一张大报，马克·扎克伯格与旧金山的政客们打得火热，后者还用他的名字为一家医院命名，交通维权者在美国各大城市抗议，支持优步（Uber）打破原有交通出行格局的做法。彼时，美国总统巴拉克·奥巴马的任期即将结束，在考虑自己的去向时，他打算移居加利福尼亚，成为一名科技投资者。那一年的春天，他对记者们说，风险投资听起来可能会"令人非常满意"。

但是，正当这位自由世界的领袖踌躇满志、时代思潮为硅谷的无限前景和潜力高唱赞歌之际，硅谷的一位先驱者却早已将目光越过硅谷投向远方。在之前的20年里，彼得·蒂尔积累了数十亿美元的财富，投资了一些卓越的大型科技公司，包括脸书、PayPal和SpaceX（美国太空探索技术公司）。由此，他建立了一个人际关系网，使其能够接触到世界上最好的企业家和最富有的投资者，也让一代有抱负的创业者对他顶礼膜拜。但蒂尔想要的可不仅是在硅谷呼风唤雨，他想要的是真正的权力——政治的权力。他眼看就有机会抓住权力了。

起初，这一机会是以脸书的一桩小丑闻的形式到来的，而蒂尔正是脸书的早期投资者。2016年5月，科技博客Gizmodo发表了一篇文章，声称保守派的观点被脸书系统性地压制了。正在制作"热门话题"项目的编辑团队说，他们受命采用来自美国有线电视新闻网和《纽约时报》这样的主流媒体的报道，但要屏蔽来自右翼媒体的报道，以及那些流行于保守派中的边缘话题，比如那个未经证实的说法，即美国联邦税务局一直在针对茶党附属的非营利组织。

这一独家报道其实已经很含蓄了，因为"热门话题"与常规的新闻递送没有任何关系，后者是由算法来筛选组织的，往往充斥着右翼内容。但即便如此它依然激怒了保守派，他们认为这是脸书在更广泛层面上存在偏见的证据。此前被禁的媒体"德拉吉报道"以扎克伯格的副手、《向前一步》一书的作者谢丽尔·桑德伯格有损形象的大幅照片作为头条，列出尖刻的标题："不是向前一步……而是向左一步！""脸书惹火上身"则是福克斯新闻频道的标题字幕。

脸书否认了这些指控，但扎克伯格意识到这是一场需要化解的危机，于是他向蒂尔求助。5月18日，星期三，16位著名的右翼媒体人士被召集到门洛帕克开会。他们中有脱口秀主持人塔克·卡尔森、格伦·贝克和达娜·佩里诺，有"茶党爱国者联盟"、美国企业研究所和美国传统基金会的主席们，以及其他人。按官方说法，他们去那里是为了见扎克伯格和桑德伯格，但其实去见蒂尔才是他们中很多人愿意走这一趟的真正原因。

蒂尔比扎克伯格年长10多岁，但两人有很多共同之处。与扎克伯格一样，蒂尔也是一个无情的竞争对手，但在社交场合又十分笨拙。他们的关系一直非常密切，蒂尔是扎克伯格的导师和赞助人，也是其公司的第一个外部投资人，还是第一个意识到扎克伯格明白自己在做什么的权威人士。

多年前，扎克伯格在蒂尔眼中还只是一个举止粗鲁、不善交际的年轻人，他发明了一种方法，用来给他哈佛女同学的吸引力打分，而这就是他当时的主要从商资历。在投资脸书之后，蒂尔让扎克伯格对脸书拥有了绝对的掌控权，并帮助这个在名片上印着"我就是CEO……混球"的毛头小子华丽转身，变成一个光鲜得体的资本家。这段关系让他们都变得非常富有，尽管蒂尔不再持有脸书的很多股份，但他仍然是公司董事会的一员，并为了提升公司的影响力投入了大量资金。

扎克伯格和蒂尔在前些年分道扬镳，因为蒂尔在保守派政治世界里越来越稳固，扎克伯格则接受了奥巴马时代的精神，成立了一个旨在促进对工商业有利的移民改革的游说团体，并承诺为"提高人类潜能和促进平等"的事业投入数十亿美元。

尽管扎克伯格主要致力于培植与奥巴马和其他左翼人士的关系，但他仍继续仰赖蒂尔作为他与美国右翼的联络人。扎克伯格的亲信们说，蒂尔是该公司的保守派良心。"马克希望在脸书里能实现左右两派间的平衡，"脸书的一位前高管说，"他认为，如果每个人都是心地温良的民主党人，健康的辩论就无法开展。"扎克伯格的批评者认为，蒂尔对公司的影响更深远且更有害。以这种观点来看，蒂尔才是那个支配大师：要推动一个年轻的、意识形态不确定的创始人与共和党的一个极端主义派别结盟。

当保守派领袖们抵达由弗兰克·盖里设计的占地开阔的脸书总部时,蒂尔和扎克伯格恰好是研究如何改变一代人对商务休闲装概念的态度的绝好对象。扎克伯格穿着他一贯的标准搭配——灰色T恤和牛仔裤;蒂尔则穿着一件正装衬衫,袖子卷起,脚上穿着一双麻底鞋。和往常一样,他端出一副准备迎接碰撞的架势,双肩前倾,头总微微内收。

这一行人在一张大桌子前坐下,扎克伯格和桑德伯格带领他们听完了一场信息量大得难以理解的技术演讲,旨在解释是脸书的软件,而不是编辑人员,选择了绝大多数出现在脸书上的文章。扎克伯格询问大家有没有问题要问,在场的专家们认为,这是在邀请他们对脸书公司左倾的员工及有关硅谷支持自由事业的普遍感觉展开批评。

"他们就是要让他求仁得仁,"电台谈话节目名人、福克斯新闻频道前主持人格伦·贝克这样回忆道,他以其戏剧性的阴谋论和在镜头前傻乎乎的滑稽动作而闻名,"他也确实有些活该。"

贝克是蒂尔一直在暗中培养的那一小部分与会者之一。当他在剑拔弩张的局势下离开福克斯新闻频道后,就有传言说,鲁珀特·默多克的妻子邓文迪曾于奥巴马执政期间要求将他换掉,当时正是他主持的节目遭人算计的当口儿,是蒂尔说服他专注于流媒体视频和播客。"你必须做出决断,是要走向未来,还是留在过去。"蒂尔对贝克说。

贝克很喜欢蒂尔,在会议中扮演了扎克伯格辩护人的角色。"你们有30位数十年来始终捍卫言论自由的人,"他一边跟扎克伯格讲话,一边朝他的同事们打手势,"而且,你们拥有的这个平台给了亿万人民言论自由。"

扎克伯格似乎被贝克表现出的同理心感动了。"我们创建脸书就是为了让它成为包罗各种思想的平台,"在一行人离开后,他在自己的脸书页面上这样写道,"我们社区的成功取决于每个人都能轻松愉快地分享他们想要分享的任何东西。"

这句话向员工和外部世界传达的信息是明确的,即脸书打算允许唐纳德·特朗普的支持者在其平台上畅所欲言。当时,特朗普已经是事实上的共和党提名候选人。在之后的几个月里,脸书上的虚假信息(大部分对特朗普有利)完全盖过了真正的新闻。一项研究显示,那段时间脸书上最火的美国大选头条的标题,就是"教皇方济各震惊世界,支持特朗普竞选总统",当然,从来就没有这回事。还有一条消息则错误地声称,维基解密的电子邮件显示,希拉里·克林顿曾向"伊斯兰国"恐怖分子出售武器。

扎克伯格最终道歉了,姑且算是吧,他后来在被召去回答国会关于脸书是如何被用来操纵大选的质询时这样表示:"我们对自己的责任没有足够全面的认识,这是一个很大的错误。"但当时脸书否认帮助传播错误信息,还淡化了俄罗斯政府介入的程度。

在门洛帕克会议两个月之后,蒂尔正式宣布支持特朗普,成为克利夫兰的共和党全国代表大会明星。10月中旬,在特朗普炫耀性侵犯的《走进好莱坞》视频曝光仅几天后,蒂尔就向特朗普的竞选团队捐赠了100万美元。此举帮助扭转了这一波负面新闻的浪潮,并为相关竞选行动注入了资金,作为压制选民策略的一部分,该行动将购买脸书大量有针对性的广告,意在打击希拉里的潜在支持者。

大选结束后,蒂尔得到了特朗普核心圈子的款待,并在特朗普大厦有了一间办公室,还获得了在新政府中安插亲信的自由。蒂尔为竞选带来了知识的可信度和严肃性，而这两者有时都很难传达。对特朗普主义右翼人士来说，蒂尔堪称大英雄，是促成特朗普意外获胜的关键性人物。

但对左派而言，蒂尔却是极端邪恶的：他是硅谷的权力掮客，曾依靠大量技术服务来帮助吸引美国人，然后利用他对这些服务的影响力，选出了一位承诺禁止穆斯林进入美国并驱逐数百万非法移民的总统候选人。多年来，激进组织一直在对此类情况发出警告，称硅谷正在积聚越来越强大的力量，而且在一股中间偏左的理想主义光芒之下，民族主义的暗流正在膨胀。自科技行业存在以来，极右翼思想就从未缺位，这一直可以追溯到斯坦福大学成立之时。但是彼得·蒂尔让这一思想不再仅停留于表面，并将它们"武器化"。

蒂尔有时被描述为科技行业的标志性保守派，实际上这一观点严重低估了他的影响力。比起硅谷的其他投资者和企业家，甚至杰夫·贝索斯，或谷歌的创始人拉里·佩奇和谢尔盖·布林，抑或扎克伯格本人，蒂尔在创立最终定义硅谷的根本观念中所负的责任要大得多。而这一根本观念就是：应该不惜一切代价追求技术进步，而不要有哪怕一点点对于可能给社会造成潜在危害或导致其付出代价的顾虑。

蒂尔不是最富有的科技巨头，尽管他几乎肯定比硅谷的普通亿万富翁更善于保护自己的资产，并且有本事为价值 100 亿美元左右的投资组合缴纳很少的税，但是他在许多方面始终是最有影响力的。他的第一家公司 PayPal 曾是电子商务的先驱，PayPal 自打从蒂尔当时出售时接盘的易贝（eBay）剥离出来后，至 2021 年年初，市值已接近 3 000 亿美元。他的第二家公司帕兰提尔（Palantir）在"9·11"事件后普及了数据挖掘技术的概念，并为科技行业批评人士所说的"监控资本主义"铺平了道路。该公司成为当时特朗普政府移民和国防项目中的关键力量，其市值约为 500 亿美元，由作为该公司最大股东的蒂尔全面掌管。

蒂尔的创业履历令人印象深刻，尤其是其作为投资者和幕后交易撮合人，影响力更大。他领导着所谓的"PayPal 黑帮"，这是一个金融及个人关系纵横交织的非正式网络，最早可以追溯到 20 世纪 90 年代末。这个群体的成员包括埃隆·马斯克及优兔（YouTube）、Yelp 和领英（LinkedIn）的创始人。他们将向爱彼迎（Airbnb）、来福车（Lyft）、声田（Spotify）、Stripe 和深度思考（DeepMind）提供资金，而深度思考现在以谷歌领先世界的人工智能项目而闻名，当然他们也会向脸书提供资金。

由此，蒂尔和朋友们合力把一个曾经的地区性商业中心（规模约等于波士顿或其他一些美国中等都市区）改造成为无可争辩的美国经济和文化引擎。1996 年，美国股票市场上市值最高的五家上市公司中没有一家科技公司，而到 2021 年，市值前五名已全部是美国科技公司。如今，最高产的好莱坞制片商是网飞（Netflix）。更多的美国人从社交媒体（主要是脸书）获取新闻，而不是有线电视。

这种增长并非一直都是完全良性的。现今的科技行业，尽管仍被很多人视作充斥着不善交际、心地纯良的书呆子的文化荒漠，但已经成为一股贪婪且貌似不道德的力量，这股力量能产生出新的娱乐形式、沟通交流的新媒介及叫出租车的更好办法，同时也对伴随着这些进步而来的行为成瘾、激进化和经济贫困熟视无睹。美国 2016 年接纳了优步和爱彼迎，却为此付出了代价：这两家公司以低工资和低保障的工作取代了拿固定工资的出租车司机和酒店从业者的工作，接着又极力阻挠政府将它们纳入监管的努力。

这种转变是蒂尔另外一个项目必不可少的组成部分，即试图强行推进一种极端的自由主义，将权力从传统机构转移到初创公司和在背后控制它们的亿万富翁手中。蒂尔的基本理念相当复杂，而且在某些方面自相矛盾，后文将深入探讨，但其对技术进步的痴迷是与民族主义政治交织在一起的，此种政治理念有时似乎与白人至上主义纠缠不清。将原本或许很酸涩的东西变得甜美，这就是蒂尔的个人经历，一场从不得志的公司律师到互联网亿万富翁的人生蜕变之旅，他在大学上课、演讲及其著作《从0到1》中讲述了很多次。这本自由意志主义者的成功手册还认为，垄断是好事，君主制是最有效的政府形式，科技创始人就如同神一般。这本书的全球销量已经超过125万册。

对那些崇拜他、反复观看他的演讲、在社交媒体上为他的才华大唱赞歌并购买他的书的年轻人来说，蒂尔犹如安·兰德和她所虚构的小说人物的结合体。他既是自由主义哲学家，也是建筑师，就像优兔上粉丝如潮的建筑家霍华德·罗克。在这些追随者中，最狂热的是蒂尔奖学金学员们（Thiel Fellows），蒂尔的基金会给他们每人10万美元，让他们辍学创立公司。其他人则在他的谋士圈子里工作，他在经济上支持这些谋士，他们则宣传和捍卫他、他的朋友及他的思想。这些人有时会谈论所谓的"蒂尔江湖"，这是一个有自己的法则和道德标准的世界，并始终存在一种朝向这位资助者的万有引力。随着蒂尔变得越来越强大，这些法则已经成为整个硅谷的法则。他们从中获得的优势似乎越来越多地超越其本身。

蒂尔的世界观的影响力如此之大，甚至影响到他的对手。谷歌前首席执行官埃里克·施密特曾被蒂尔讥讽为垄断者和"宣传部长"，但施密特宣称自己是蒂尔的"超级粉丝"，尤其是对于蒂尔对高客传媒所采取的报复行动大加赞赏。在那场行动中，蒂尔秘密资助摔跤选手胡克·霍根（Hulk Hogan）起诉高客传媒，导致该公司在2016年破产。蒂尔的努力结合了财政压力和欺骗，这是一种言论自由倡导者们强烈抨击的方式，但施密特说这给他留下了"深刻的印象"。"我们需要不仅能够挑战正统，而且本身也有意愿并乐于这样做的人。"施密特说。这位曾担任希拉里竞选顾问的自由派人士告诉我，在他看来，蒂尔对特朗普的支持令人钦佩，而这也是"他反主流世界观的一部分"。

人们对蒂尔的看法相当一致，即他是一位完美的自由思想者，也是一个天生就不会随波逐流的人。对此，蒂尔本人偶尔也是赞同的。"也许我确实一直在后台运行这个程序，同时总是这样思考：'好吧，那与你所说的正好相反的又是什么呢？'于是，我就会去尝试。"他在2016年总统大选后不久这样表示。"这办法经常出乎意料地奏效。"

即便如此，蒂尔在特朗普当选的过程中扮演的角色，还是让科技媒体和蒂尔的一些朋友感到震惊。他们想不通，一个来自加利福尼亚最自由地区、在世界上全球化程度最高的产业中发家致富并似乎如此坚定地承诺争取美好未来的、一身书生气的同性恋移民，怎么会支持那么一个反动的、可能成为独裁主义者的人？我则是对另一个问题感到震惊：蒂尔在20世纪90年代中期来到硅谷时还只是名不见经传的失败的金融从业者，他是如何玩转如此大的权力的？没错，他是一个逆向思考者，但逆向思维只是一种方法论，而不是意识形态。我想知道蒂尔到底信奉什么，以及这些信念在硅谷本身到底有多么根深蒂固。

2007 年，我在小型商业杂志《公司》(*Inc.*) 当初级记者，有一次我坐在埃隆·马斯克的办公小隔间里，那时这里正是 SpaceX 条件非常简陋的总部。马斯克正一边开电话会议，一边查看电子邮件。在等他的时候，我盯着一张电影《感谢你抽烟》(*Thank you for Smoking*) 的海报看。这部电影改编自克里斯托弗·巴克利的小说，他是威廉·F. 巴克利的儿子，曾担任乔治·H.W. 布什的演讲撰稿人。

海报上的演职员表中有马斯克的名字，也有其他几位"PayPal 黑帮"成员的名字，包括 PayPal 副总裁马克·乌尔韦和首席运营官戴维·萨克斯，蒂尔的名字也赫然在列。当时，他已经有了"炸弹投掷者"的名声，因此出现在这部以烟草业说客为主角的讽刺电影里看起来很合适。彼得·蒂尔就是大烟草公司的粉丝，或者至少，他完全可以接受别人这样看他。

当天晚些时候，马斯克向我讲述了自己被 PayPal 解职的往事。他是董事会的一个秘密阴谋的受害者，蒂尔策划了这一切，而他当时正在度蜜月。马斯克最终原谅了蒂尔，他说"我没找他们算账"，意指蒂尔及其同谋。马斯克把手伸到身后，做了一个从左后背拔下暗箭的动作。在那次采访及为写本书而做的另一次最近的采访中，马斯克完美地展现出他的优雅大度，但也明确表示他并不完全信任这位硅谷最重要的风险投资家。

从那时起，在我报道的几乎每个科技行业的事件中，蒂尔要么隐身幕后，要么居高临下，要么坐镇中央，并且越来越多地出现在科技行业以外的报道中。2011 年，在进步人士开始谈论免费大学的数年前，蒂尔就对学费上涨提出了警告，称高等教育行业的泡沫比房地产行业的更加令人不安。2014年，他出手引爆了人们对大型科技公司的怒火，他当时就把谷歌称为垄断者，这比伊丽莎白·沃伦或伯尼·桑德斯要早好多年。当然，接下来的就是他对高客传媒的摧毁及特朗普的当选。

2018年，在硅谷、华盛顿特区等地方，我开始采访蒂尔的前雇员、商业伙伴和合伙人，试图了解这一切是如何发生的。蒂尔在刚进入科技行业时，并没有多少钱，也谈不上有什么工程能力。他没有独特的社交风度，似乎也很少享受生活。他说话支支吾吾。至少在传统意义上，他完全没有魅力。

我所了解到的情况却令我大开眼界，蒂尔的朋友们说，他才华横溢，有远见卓识，而且有一种不可思议的、知道该如何取胜的本事。他有一种特殊的本事，能将人生视作一场象棋比赛，他的朋友、商业伙伴和旗下的投资组合公司都可被他用来达到目的。当然，这也有不那么吸引人的一面。马基雅维利主义的倾向也许使他做交易时冷酷无情，有时甚至达到残忍的地步。

我本以为蒂尔的密友们都会殷勤地赞美他。有些人的确是这么做的。但对于我的问题，蒂尔的朋友们——那些身处政治权力阶层的人、身价成百上千万美元的工商业主，以及能够吸引亿万富翁关注的投资者，确切地说，他们更加普遍的反应并不是羡慕，而是恐惧！他们告诉我，他们很怕他。他是那么强大，报复心又是那么强。

在早期的一次采访中，有一个认识蒂尔多年的人，他在硅谷的职业生涯相当成功，这在一定程度上得益于他和蒂尔人际关系网之间的协同，而就是他让我把采访的数字录音机关掉。"我是偏执狂。"他说。接着，他与我分享了一系列旧时逸事，把他的赞助人描绘成一位令人难以置信的投资者，拥有识别和培养年轻人才的诀窍，但他的冷酷无情让人感到不舒服。

接着，他开始针对个人。"你为什么要写这本书？"他问我，"我是说，你难道就不担心他会来……找你麻烦吗？"

在我走笔至此时，硅谷的一大帮与蒂尔在经济和社交上过从甚密的投资者和企业家认为，即便是对蒂尔和他的朋友们进行批评性报道本身，也不再被接受。巴拉吉·斯里尼瓦桑曾被蒂尔选中而掌管特朗普治下的美国食品药品监督管理局，他主张摧毁媒体，用他所谓的"全堆栈叙事"公关取而代之。他在推特上说，"建设者必须以批评对付这些批评者"，以及"要阻止那些站在未来对立面的人大声喊停。对此，你们义不容辞"。

在某些圈子里，蒂尔的名字本身就是动词。说要"彼得·蒂尔"某个媒体或某个记者，意思就是要把他们搞破产，譬如针对高客传媒的诉讼导致它被判赔偿1.4亿美元，起因是高客传媒曾发表一系列帖文，暗指蒂尔不过是个"所谓的有远见卓识的人"，还透露他是同性恋。这向那些公开批评蒂尔或他朋友的人传达了一个明确的信息：只要敢这样做，就会有同样危险的下场。

就因为蒂尔总是试图打击那些揭露其斑斑劣迹的人，所以在我为写作本书所做的数百小时的采访中，150多名接受采访的前雇员、商业伙伴、朋友和其他人中的许多人都坚持要匿名，连其最有权势的亲信都害怕他，他的那些中学同学自然也害怕他。在整个过程中，我主要通过中间人与蒂尔沟通。2011年，我见过他一次，第二次面对面是在2019年，他坚持那次会晤不留任何记录，我提了一长串问题想核实某些事情，他全都拒绝回答。

我的目标就是，在本书正文中尝试去解析一个在某种程度上凭借高深莫测而赚了数十亿美元的人。我想知道，他究竟是如何建立起如此高的追随度，又是如何做到持续地每赌必中的——即使这些决定看起来很疯狂。我想知道，一个如此受人尊敬和爱戴的人是怎么做到同时又表现得那般冷酷无情的。蒂尔是一个值得钦佩和研究的天才，还是一个反社会的虚无主义者？他是两者兼而有之吗？

这些问题很重要，因为它们也是我们向"蒂尔江湖"所打造的那些大型科技公司提出的问题。其中一部分原因是他在建立硅谷的过程中发挥了重要作用，另一部分原因则是许多有权势的人开始崇拜和模仿他，今天的硅谷在很大程度上反映了蒂尔的世界观——无论好坏。如果我们想了解扎克伯格，或者新的垄断资本主义，甚至特朗普式的极右倾向（蒂尔也在秘密培植），我们就需要了解彼得·蒂尔。

第 1 章

最伟大的冒险就在眼前

1980年，在加利福尼亚福斯特城，彼得·蒂尔和一小群八年级的男孩挤在小得像个箱子似的厨房的一张桌子旁。他们的脸为了不让人发现而藏在竖起的三环活页文件夹后面，眼睛老练地盯着一张地图和一套多面骰子。

旧金山郊区的房屋都极不起眼，密密匝匝地挤在笨重的圣马特奥海沃德大桥下。这片区域一直从硅谷连到奥克兰和工业集中的东湾，而"硅谷"这个名字指的就是旧金山半岛上聚集在101高速公路沿线的各军事研究院所和企业园区。福斯特城似乎离上述地方都不近，是20世纪60年代建成的，当时房地产开发商通过开挖一系列狭窄的潟湖，排干了这一带沼泽里的水。那时还是海边的莱维敦的居住者大多是白人工薪阶层，他们被体面的学校、安全的环境和海滨房产的前景所吸引。这群围坐在厨房餐桌旁的福斯特城的孩子并非创建了英特尔或惠普的天才们的子女，他们的父辈可能是消防员或教师，拿彼得·蒂尔来说，他父亲就是一个脚蹬胶靴、头戴安全帽上班的采矿工程师。

蒂尔的朋友们都是书呆子，在 1980 年，作为书呆子，他们会在周末晚上一起玩《龙与地下城》。《龙与地下城》可以被称为一款棋盘游戏，但与其说它关乎输赢，倒不如说是与奇幻故事有关。游戏要求每个男孩为自己创造一个虚构的角色，众多角色选择中包含巫师、野蛮人、德鲁伊和僧侣，各自具备不同的技能：巫师装神弄鬼，野蛮人凶残搏杀，等等。最后一名玩家扮演叙述者和仲裁员的角色，他负责为这些角色设计一场冒险。

这个叙述者被称为"地下城主"，尽管它应该由大家轮流扮演，但瘦削、聪明且严肃得一脸痛苦状的彼得·蒂尔总是试图独揽这一角色。一个曾经和他一起玩的人说："你得认清现实，他就喜欢那种不露声色的控制。"

除了是一种逃避，《龙与地下城》还隐含一点儿危险，至少对这些男孩的父母来说是这样。1980 年，密歇根州一名 17 岁的游戏玩家自杀身亡，在基督教保守派中引发了道德恐慌，他们担心这类游戏怂恿青少年去捣鼓魔术、巫术或其他亵渎神明的把戏，进而扭曲他们的心智。福斯特城的孩子们则对此一笑了之，但这或许可以解释蒂尔为什么从来不请大家到家里来玩，那是因为他的父母笃信宗教。

他说他来自克利夫兰，尽管他的英语没有口音，但显然还是外国人。他既聪明又自律，但似乎并不快乐。蒂尔当时的一位朋友回忆说："我不记得他大笑过，从来都是不苟言笑。你也看得出，他们家有些事儿……往好了说，那就是别具一格。"

1968 年，他的父亲克劳斯·蒂尔和母亲苏珊·蒂尔从德国法兰克福来到美国，就在前一年的 10 月，彼得·安德烈斯·蒂尔出生了。克劳斯当时30岁出头，为亚瑟·G.麦基公司工作。该公司是一家美国工程咨询公司，专门从事炼油厂、钢铁厂和其他重工业的建设。克劳斯毕业于德国多特蒙德国家工程师学院，获得学士同等学位。多特蒙德国家工程师学院是现代多特蒙德工业大学的前身。第二年，也就是1968年，因工作原因，这个小家庭迁往美国，克劳斯在凯斯西储大学攻读工程学研究生课程。

举家迁美一时显得不合潮流。联邦德国一直忙于战后重建，对大众社会运动持怀疑态度，反主流文化起步较晚，而且几乎没有影响到西柏林，更不用说其经济中心了。20世纪50年代末60年代初，法兰克福是一座新兴城市，到处都是像蒂尔一家这样虔诚的白人基督徒。

相比之下，克利夫兰却激荡在自由恋爱、黑人权力及对任何好的联邦德国人来说都最糟糕的激进主义浪潮中。两年前，也就是1966年，在霍夫（距凯斯西储大学工程学院约2.4千米），一家老板是白人的酒吧拒绝为黑人服务，并张贴了一纸告示："无水供黑——"一群暴徒聚集起来，打砸了这家酒吧后又转到其他商户，继续抢劫和纵火。1968年夏，警察和激进组织"新利比亚黑人民族主义者"进行了长达4小时的枪战和对峙，校园附近发生骚乱，共导致7人死亡，并引发连续多日的抢劫、纵火和真枪实弹的警察行动。种族矛盾看来会进一步激化，记者们后来得知，"新利比亚黑人民族主义者"获得了6 000美元的重建拨款（作为该市新当选的黑人市长卡尔·斯托克斯制订的一项计划的组成部分），而他们却用这笔钱购买了武器。

同年8月，理查德·尼克松接受了共和党总统候选人提名。当时，他作为一位选民意向一致的候选人参选，但含蓄地承诺要阻止黑人、嬉皮士和少数性取向者在美国恣意泛滥。"我们看到许多城市都笼罩在烟雾和火焰之中。"尼克松说，并赞扬了"绝大多数美国人，那些被遗忘的美国人，那些不呐喊、不示威的人"。蒂尔的父母是狂热的共和党人，蒂尔也秉承了这种情感，从而视不呐喊的人为己类，崇拜尼克松时代和尼克松的政治继任者罗纳德·里根。

1971年，蒂尔家又添了第四个成员——蒂尔的弟弟帕特里克。弟弟出生后不久，父亲就给蒂尔解释了死亡是怎么回事，所用的措辞显得很冷酷，甚至近乎残忍（蒂尔多年后也照搬挪用了）。蒂尔也许是第一次以涉及生命形态的方式向克劳斯问起他们公寓里的小地毯，克劳斯解释说那是用一头死奶牛的皮做的。

"所有动物都会死亡，包括所有的人，"克劳斯说，"我总有一天会死去，你也一样。"

那一刻，对当时年仅3岁的小男孩来说，是非常难过的，几十年后，对这个男人来说，依然如此。大多数孩子，要么通过父母的爱，要么通过一种快乐的认知失调，就能从这些早期涉及自身死亡的遭遇中恢复过来。蒂尔却一直没有恢复过来，甚至人到中年，他还会一次又一次地回想起那头奶牛残酷的结局。

经过6年时间，克劳斯获得了硕士学位，成为一名项目经理，负责管理矿山项目的工程师团队。他的专长是建设露天矿，包括挖掘大量的泥土和岩石，然后对它们进行化学处理，以提取矿物质。蒂尔一家经常搬家，克劳斯更是经常外出，往往在离家很远的工作地一待就是好几个星期。

离开克利夫兰，这家人选择了一个与蒂尔童年生活过的那个相对多元化的城市截然不同的地方安家，那就是种族隔离制度下的南非。克劳斯被分配到纳米布沙漠的铀矿搞建设，那里离如今纳米比亚的斯瓦科普蒙德不远。

彼得·蒂尔先在约翰内斯堡的普里德温白人精英英语预科学校待了一段时间，然后又在斯瓦科普蒙德的公立德语学校德意志小学学习了两年。那是一段孤独的时光，可以看到那时拍摄的照片：闷闷不乐的男孩穿着短衫、短裤，打着领带，提着一个成年人用的大号公文包。蒂尔在纳米比亚时的小学同学格奥尔格·厄尔布回忆说他聪明但内向。"他的样子总是与众不同、引人注目且十分聪明，但好像他对什么都没兴趣，"厄尔布说，"在学校里，我们和彼得并没有太多交集。我们都知道矿工的孩子们在这儿是待不久的。"

克劳斯受雇从事的工作非常敏感。南非曾将被称为"西南非洲"的纳米比亚当作附属国进行管理，现在却已面对反对种族隔离制度的压力，并一直在试图推进秘密的核武器计划。克劳斯正在参与建造的勒辛矿场是该计划的重要组成部分，它使得南非能够在美国意图切断其经济时挺过来，苏联如果进攻也能自卫。矿工们对此不抱幻想。"在勒辛开采铀的行为直接违反了联合国的规定，"20世纪80年代初曾在联合国工作过的该矿的公关主管皮埃尔·马辛说，"我的工作就是告诉全世界，我们的存在是正当的。"

在西南非洲开采铀矿，这不仅是为了维持种族隔离制度，也是为了利用这个制度。据说，勒辛矿的用工情况比南非的强制劳动要好，但仍然是以与契约奴役相差不多的劳工状况而声名狼藉。在被迫返回他们的"故乡"（即被种族隔离政权描述为半自治的只允许黑人居住的地区）之前，移民劳工要按合同在此干满一年。那些白人经理（如蒂尔一家）可以享受斯瓦科普蒙德全新的医疗和牙科中心的服务，还可以成为公司乡村俱乐部的会员。黑人劳工，包括一些拖家带口的黑人劳工，则住在矿场附近劳动营的宿舍里，不能使用专为白人提供的医疗设施。工人离开工作岗位是一种刑事犯罪，未带身份证就进入矿区通常也会被关进监狱一天。

铀矿开采本质上是有风险的。在种族隔离制度终结后，纳米比亚支持委员会（一个支持独立的组织）发表了一份报告，用严厉的措辞描述了该矿场的条件，还引用了一位合同工的叙述，他说没人告诉劳工他们是在建设铀矿，因此他们对辐射的危险一无所知。唯一的线索是，白人员工会隔着玻璃发放工资，似乎是为了避免自己受到污染。这份报告提到，1976年，在兴建矿场期间，工人们"像苍蝇一样死去"。

彼得·蒂尔在南部非洲的两年半生活经历完全不同。他会回忆起，在自家屋后尘土飞扬的河床上，一连几个小时独自读书或玩耍的时光，又或是如果克劳斯或苏珊愿意，他也会跟他们下棋。

矿场开业的那年，蒂尔一家回到了克利夫兰，但他们在这里只待了一年，他们的下一站是加利福尼亚。在位于萨克拉门托以西的沙漠高地的荒凉一隅——诺克斯维尔，克劳斯被派去建设一座新的金矿。也许是从克利夫兰的生活中吸取了经验教训，蒂尔一家在福斯特城定居下来，这个田园诗般的郊区非常适合当时的"里根革命"。他们花了12万美元，在捕鲸人岛买了一座三居室的房子，这个小岛像一只拳头似地伸入人工湖，其周围的四个小半岛，每个都有一条通到尽头的死路。

在福斯特城的鲍迪奇中学，蒂尔踏上了一条充满天赋和才华的成长之路，他一次又一次地听到人们说他注定会成就一番伟大的事业。"我们都强烈地感觉到，你一定得取得好成绩，考进好大学，你的整个人生幸福全都取决于此。"蒂尔的同学尼尚嘉·布利斯说。有一年春天,蒂尔的历史老师开了个玩笑,他对全班说,这次考试谁都得不了A,一时间全班鸦雀无声,然后才哄堂大笑:"愚人节快乐!"

在学业成绩出类拔萃的学生中,蒂尔被普遍认为是最优秀的,他的成绩和考试分数都是最高的。与其朋友圈里的其他人不同,那些人心里都明白自己是书呆子,并为此感到些许羞愧,但蒂尔似乎并不在意。在朋友们的毕业纪念册上,除了写下"今年夏天再见"和"很高兴与你相识"之类的话,蒂尔还嘲笑道:"也许你会缩小一点点和我的差距。"

"在我们这一代,聪明并不酷,"他的一位朋友说,"我记得我努力掩饰自己的聪明。彼得是我们当中最聪明的人,但他从不刻意掩饰这一点。"每个人,即便是那些书呆子,也都会去踢足球或打棒球,还要假装很喜欢的样子,但蒂尔是个例外。

他对下棋情有独钟。1972年,在蒂尔5岁之前,曾经的神童——遁世且好斗的鲍比·费舍尔成为首位赢得世界国际象棋锦标赛的美国人。美国首次在黄金时段直播了这场"世纪大对决",在美国人的注视下,费舍尔击败了苏联国际象棋世界冠军鲍里斯·斯帕斯基。这是自1948年以来苏联以外的国家首次获得这一殊荣,它被视为美国资本主义成就的证明。这位新晋冠军回国后在"鲍比·费舍尔日"中受到了热烈欢迎,还登上了《体育画报》的封面。全美高中和初中国际象棋队的成员也随之激增。

蒂尔1981年进入圣马特奥国际象棋俱乐部,该俱乐部有数十名成员,他们在午餐时段聚在一起进行比赛,吸引了大批观众。他们要么玩快棋,一种玩家时间有限的变种玩法,通常在5~10分钟内完成一局对弈；要么玩"四狂象棋"，一种团队运动，玩家可以抓抢棋子，并将其传给队友来下。该俱乐部排名榜的插槽上留有30个点位，蒂尔总是能让自己的名片保持在第1个点位，而他的国际象棋棋盘上还贴着一张纸，上面写着"天生会赢"。他是学校里最好的棋手，而且至少一度是美国13岁以下的最佳棋手之一。

如果真的遭遇失败，这个惯常坚忍的年轻人也会失去冷静。有一次，在一届锦标赛的比赛间隙，蒂尔为了好玩打了一场练习比赛，而且好像根本没有用心。他的对手缺乏经验，对当下的局面也完全没有概念，横冲直闯就出了一着。接着，他意识到，且令他们双方都大感惊讶的是，这一着实际上就是制胜的一击。蒂尔明显变得心烦意乱，无法在后续的正式比赛中保持镇静，最终输掉了剩余的所有比赛。一次失败，即便是毫无意义的失败，也让他难以化解。

不忙于在棋盘上所向披靡时，他就会沉浸在幻想和科幻小说的世界里。除了《龙与地下城》，当然还有约翰·罗纳德·瑞尔·托尔金，他痴迷于托尔金的作品，一遍又一遍地读，后来甚至吹嘘自己能背下《魔戒》三部曲。他还玩电子游戏，包括《魔域帝国》，这是一款粗糙的自选项目冒险游戏，他在克劳斯带回家的坦迪TRS80上玩。

计算机革命就发生在向南几千米之外的地方，另一位美国天才史蒂夫·乔布斯在那里创立了苹果电脑公司，现在该公司的销售额超过了1亿美元。克劳斯是计算机技术的早期应用者，他敦促加利福尼亚金矿的同事们都来使用电脑，他的儿子也延续了他对科技的兴趣。彼得·蒂尔编写过一些程序，但真正吸引他的是对未来的憧憬。他读了艾萨克·阿西莫夫和亚瑟·C.克拉克的作品，这两位作家用想象勾画了人形机器人、太空旅行、月球定居点、能填饱肚子的石油源食物、飘浮在空中而不靠轮子行驶的汽车,甚至长生不老。

蒂尔不是个招人喜欢的男孩。一位同学(也是极客)说,他和其他人都很"敬畏"彼得,但发现他高深莫测、拒人于千里之外,还很高傲。"我不知道他有没有亲密的朋友。"他说。蒂尔的头脑和体格使他成为霸凌的目标,读中学那会儿,他很瘦小。他的朋友凯文·瓦克诺夫回忆说,蒂尔在刚上高中时就被人欺负。

所有这一切,尽管从未被人评说过,但他举手投足间表现出的那种微妙的娘娘腔,使他成为众人嘲弄的对象,就连那些自认为是蒂尔朋友的人也概莫能外。他的同学们最喜欢搞的一个把戏就是在晚上开车到附近转悠,寻找前院竖有待售标志的房子,他们拔起尽可能多的标志牌,有时能搜罗十几个,然后直接开车到捕鲸人岛,把牌子插在蒂尔家的前院。

"彼得,我听说你要搬家了!"第二天他们会这么说。他们第一次这么做时,让人感觉很好笑。"现在回想起来,很明显我们是在欺负人,"一名恶作剧参与者说,"我一直在想,他也许在某处放着一张他想要杀掉的人的名单,而我赫然在列。"

随着身体逐渐发育成熟,蒂尔的自信心越来越强。到高三的时候,他已经变得英俊帅气,下巴轮廓分明,鼻子棱角坚挺,一头浅棕色的头发梳到一边。他的成绩也是一路高歌猛进:在国际象棋上最强,在数学团队中也最优秀,在SAT考试中更是获得近乎完美的成绩,还得到了美国优秀学生奖。他不仅自信,更多的是倨傲不恭,用一个朋友的话来说,那就是走在哪里都带着那副表情,好像在说:"去你的,世界!"

1984—1985年版的圣马特奥高中年鉴《榆树》里，满满都是对舞蹈表演、足球比赛、学校草坪上的午餐及在半岛另一侧沙滩外冲浪的回忆。彼得·蒂尔并没有出现在任何一个这样的社交场景的页面上，但在几乎所有纪念圣马特奥国际象棋俱乐部及各学术社团活动的页面上都有他的身影。这与前几年迥然相异，同学们猜测，这或许正是所有人都认为最不全面的那个人为了向大学招生人员展示自己有多么全面刻意为之的努力。

他充满自信地站在航天俱乐部的前排，穿着一件会员专属定制的蓝色风衣，戴着卡西欧电子表；在一副棋盘前，他摆出沉思状；他时常出现在德语俱乐部和拉丁语俱乐部的成员合影中。他还出现在科学俱乐部、模拟联合国、执行理事会，并在该年鉴的最高级页面上拿着一支笔和一堆文件摆姿势，就好像他准备提交一份法律摘要似的。他被票选为"最有可能成功的人"。

蒂尔最看重的一句引语出自《霍比特人》："最伟大的冒险就在眼前／今天和明天还未可知。"若干年后，他会说这一整段他都能背诵，这段话接下来是："机会和改变都在你的手中有待创造／生活的模式亦在你的手中有待打破。"在某种程度上，这段话将成为他的座右铭，尽管在这一点上，这仍然是一种混乱的生活。事实上，这段文字并非出自令蒂尔痴迷不已的《霍比特人》和《魔戒》三部曲的作者托尔金，它其实源自朱尔斯·巴斯为1977年上映的动画版《霍比特人》创作的主题曲，朱尔斯是20世纪80年代的动画片《霹雳猫》的天才制作人。1985年春，蒂尔考入斯坦福大学，这是他梦寐以求的学校。在他的同学中流传着这样一种说法：在填写入学申请表时，蒂尔按要求必须选一个最能恰当描述自己的词，他选择了"聪明"。

从那以后，朋友们注意到蒂尔与他们越来越疏远，好像他已经从福斯特城搬走。他从来没有想过要跟谁秋后算账，也从来没有与以前折磨过他的人发生正面冲突。在毕业纪念册上，蒂尔除了像往常那样嘲讽他们的分数没有他的高，还提到他一点儿也不想再见到他们。"祝你今夏快乐，生活愉快！"他这样给布利斯题写留言，显得既冷血又温存，"我绝不会（哪怕假设）打掉你。"布利斯认为这一定是因为她跟蒂尔讲了她母亲怀上她是个意外，并认为蒂尔试图以一种非常奇怪的方式表现他的良善。他在留言下面签了名："爱你的，彼得·蒂尔。"

蒂尔一直很冷漠，但现在他似乎对一切都无所谓了，包括高中、朋友和老师，他开始挑战各种底线。据一位同学说，蒂尔曾对低年级的学生说，他愿意代他们参加 SAT 考试，每次收费 500 美元。那年秋天，在斯坦福大学，两位同学回忆起蒂尔谈论搞副业的情景，其中一人说他四处讨教该如何"安排无法追踪的付款"。

在他漫长的职业生涯中，这是他第一次利用自己的智慧和对规定的不可抑制的蔑视来获利。考虑到蒂尔的野心和丢掉斯坦福大学学籍的可能性，这么做有难以置信的风险。但蒂尔似乎并不在乎。他对学术规则并不忠诚，就像他对自己忽视的其他社会礼仪一样。也许这就是他与众不同的地方，也是他自诩的"天生会赢"的题中之义。

第 2 章
重新定义投资和生活的指导原则

1907年5月的一个星期三,在斯坦福大学一年一度的毕业典礼上,大约200名青年男子和少数女子聚集在学校大礼堂,聆听旧金山湾区最初的右翼无政府主义者的演讲。

在简短地讲解了"maverick"(特立独行者)这个词的历史之后,斯坦福大学校长戴维·斯塔尔·乔丹建议,该校第16届毕业生应当效仿那些热爱自由的牛("maverick"这个词曾经是指那些尚未被牧场打上烙印的自由散养的牛)。"我今天早上的演讲主题是人类的特立独行者——那些生而自由的人、那些没有被打上人类烙印或标签的人,他们是美国自由制度的希望。"乔丹在演讲中说,此演讲文稿后发表于《斯坦福日报》。

按照学术培训的标准,乔丹是一名鱼类研究者,即鱼类生物学家,但他以神童般的大学校长而闻名,他首次担任校长时年仅34岁,是在印第安纳大学;6年后,他又成为可与常春藤盟校相媲美的加利福尼亚大学的第一任校长。乔丹后来作为优生学家的名声很差,2020年10月,斯坦福大学宣布将他的名字从校园建筑物上去除。但相比于他的种族主义理论，那次的毕业典礼演讲更关注的是一个非常具体的自由概念，即斯坦福大学的毕业生应在不受政府干预或监管的情况下自由行动。

1906年，厄普顿·辛克莱出版了《屠场》一书，全面揭露了芝加哥肉类加工业的劳作条件。乔丹认为，这本书的"真正寓意"不在于工人被工厂主和其他资本家剥削，而在于工人本身就是问题。乔丹说："成群结队的人没有也不可能有自由，他们挤在大城市的贫民窟里，他们不可能维护自己的权利，这些人的存在威胁着自由制度，从中可以找到这本书的寓意。"换言之，真正的受害者是工厂主，他们因为按照工人应有的待遇对待工人而受到不公平的诽谤。"人类所有的种族生来就是要被剥削的，"乔丹说，"但剥削他们的国家倒霉了。"

毫无疑问，在乔丹的头脑中，也许还有他的听众的头脑中，新毕业生注定会成为剥削者，他感兴趣的就是如何捍卫他们的权利。乔丹说，他们是"头脑贵族"的新成员，他将此称为"民主的最终目的"。他敦促这些新晋贵族把美国当作个人自由的堡垒，尤其是免除高税收的自由。他们将"站在一起，做财政部的监督者，做加利福尼亚纳税人权利的守护者"。

这种极端保守的世界观，尽管已在官方历史中与乔丹的白人至上主义一起被抹去，但从未在心理上完全消失，并完全嵌入了斯坦福大学的格调之中。后来，斯坦福大学引入了赫伯特·胡佛的保守派智囊团。

胡佛研究所由胡佛——这位后来的美国总统和新政的坚定反对者，在1919年创立，它当时还只是一家专门收藏第一次世界大战档案文献的资料馆。但在20世纪四五十年代，胡佛研究所野心膨胀，无论是从字面还是从现实来看，它都变得越来越政治化，也越来越阴森可怖，其对学生生活的影响贯穿了整个20世纪。胡佛研究所所在的塔楼高约87米，是斯坦福大学校园里最高的建筑物，也是其地标性建筑物。在1964年的总统大选中，胡佛研究所的执行理事W. 格伦·坎贝尔曾担任巴里·戈德华特的高级顾问。10年后，他又提名戈德华特的意识形态后继者、时任加利福尼亚州州长的罗纳德·里根为胡佛研究所的名誉研究员。

1985年9月，蒂尔入读斯坦福大学时，里根已进入第二届总统任期，白宫里到处都是胡佛研究所的校友和研究员，包括以撰写那份促成里根经济学的政策备忘录而闻名的经济学家马丁·安德森。里根任命了至少30名安德森在斯坦福大学的同事担任政府要职，他认为是斯坦福大学"奠定的知识基础，使得华盛顿当下所发生的变化成为可能"，这是里根在白宫为这批人举行的招待会上说的。斯坦福大学被推测为未来里根总统图书馆的选址地，也是许多聪明绝顶的保守派人士接受权力职位培训的地方。

对蒂尔来说，重要的是，斯坦福大学也是一所优中之优的顶尖大学。《美国新闻与世界报道》在两年前将该校名次排在了哈佛、耶鲁和普林斯顿之前。这地方应该完美地适合他。

然而，蒂尔却发现斯坦福大学令他失望透顶，他从入学第一天起就不开心。他被分配到布兰纳宿舍，这是一座教会风格的建筑，住着147名大学一年级学生，距离主院有好几个街区。他和另外两名学生合住在240室：格雷格·劳登是个行进乐队极客，而克里斯·亚当森是个颇有抱负的喜剧创作者，那年春天亚当森还在一个平台上竞选学生会职位，而就是这个平台竟呼吁在全校范围内开展捉迷藏游戏，而校长必须在游戏中找到每一个注册的学生。他们对待蒂尔好像既嘲笑又惊奇。

蒂尔原以为在这里可以好好读些经典好书，四周也应该是充满书卷气的宁静氛围。可谁承想，他在宿舍生活中看到的竟然全是荒唐愚蠢。斯坦福大学的各个宿舍楼里都有晒日光浴的场地，那里挤满了光着膀子的男生和穿着比基尼的女生，在本该上课学习的时间里，他们播放喧闹的音乐、喝酒、谈情说爱。不消说，这些蒂尔一样也没有参与，他似乎对交朋友真的不感兴趣。"在他看来，很多人（包括我）都极不正经。"当年同住在布兰纳宿舍的一个同学说道。

每天清晨，蒂尔都从240室出来走到喷泉边，然后刻意作秀似地服用维生素，一粒接一粒，而且总是在同一时间，以相同的顺序，总是在两粒之间喝一口水。这一切好像就是要向同学们证明，他在各方面都比那些宿醉不醒的同龄人优秀。"搞得像某种仪式，"他的同学梅甘·马克斯韦尔说，"他就是一个特别奇怪的男生。"

蒂尔以同样的强度来完成课业。他想要学到东西，更重要的是，他想要超越、支配他的同龄人。他早上8点离开宿舍，而且通常不到图书馆关门是不会回来的。1986年年初，圣诞节假期结束后，蒂尔打开了一个装着成绩单的信封，得知他的平均学分绩点为4.0，这一成绩将使他作为一年级拔尖的学生之一获得当年的校长奖。为了庆祝，他找到了他唯一认识的另一个平均学分绩点也是4.0的同学，并花了10分钟向对方论证为什么他的4.0更好，因为其中包含了更多他得了A+的课程。"一言以蔽之，这就是新生彼得！"一位同学回忆说。

除了争最好的成绩，彼得只有两个爱好，至少在他的同学看来是这样，那就是国际象棋和政治。他是保守派，支持里根，反对1986

年第四次当选的加利福尼亚州参议员艾伦·克兰斯顿,尽管这些观点使他在斯坦福大学显得相当传统守旧。里根刚刚以自1820年詹姆斯·门罗无对手选举以来最大的绝对优势胜选,而这个本科生班里也有不少颇有抱负的"威廉·F.巴克利"。

这倒不是说蒂尔也花了很多时间和他们混在一起,至少一开始没有。大一的每个星期五下午,他都会开着他那辆旧的大众兔子汽车,驱车32千米回到福斯特城,与克劳斯、苏珊和已上初中的帕特里克一起在捕鲸人岛的小房子里过周末。蒂尔对社交缺乏兴趣,加上他刻意表现出的优越感和一本正经,这一切都使他成为同伴们嘲弄的对象。他的一群同学录制了一盘反映布兰纳宿舍狂欢作乐的搞笑录音带,其中出现蒂尔的地方只有几秒:只听有人傲慢地说了声"再见",又"砰"的一声关上车门,发动车子开走了。"天哪,"其中一个录音带制作者说,"我们对他来说就是一群浑蛋。"

还有一次,蒂尔在转述一个室友的话时爆粗口。对此,室友打印了一张纪念贴纸,并把它粘到了天花板上。贴纸上标着"1986年1月",并注明"就在此地,彼得·蒂尔第一次说脏话"。这张纸在那儿贴了一整个学期,就好像高中同学在他父母家门前插上的"此屋出售"的牌子一样。整个宿舍楼里的人都被逗笑了,只有蒂尔除外,他没注意到,也没有人告诉他。5月,他收拾好行李准备离开宿舍时,才有人把那标志指给他看。

他的一个室友说:"哥们儿,往上瞧!"他抬头看了看,一言不发地把桌子挪到那张贴纸下面,站上去将它一把撕了下来,然后离校去过暑假了。

他的虚荣心使他容易受到更多的嘲弄,也容易被人家不露声色地操纵。有一回，他的几个同学搞鬼下套，假意挑战蒂尔，跟他们下所谓的"啤酒象棋"，其实是想骗他喝醉。规则是，每输一子，就得喝酒，但真实动机是想看彼得·蒂尔能否放松一两个小时。当然，蒂尔是国际象棋高手，不过，格雷格的水平也算过得去，他们以为他或许能在比赛中早早地拿下彼得足够多的棋子，让他们好好乐呵一晚上。蒂尔架不住他们一直挑战，喝了不少啤酒，但也轻松地赢了比赛。他一直都皱着眉头。

对他的嘲弄与政治无关，至少一开始是如此，但蒂尔恰恰搞得像与政治有关似的。"他透过有色眼镜把自由主义者都看作对自己不好的人，"一位同学说，"在斯坦福大学人们那样对待他，造成的影响非常大。直到现在还影响着他。"他在高中时并不积极参与政治活动，但在斯坦福大学，他开始接受了一个新的身份——右翼煽动者。

他开玩笑说要建立一个假的慈善机构——"和平自由派"，仅基于一个含糊其词的左翼事业议程来募集资金，然后除了付钱给他，根本不用拿这些钱去做任何事。至少有两次，他对同学说，他认为他们对种族隔离的担忧有些过头。

在一次有关推动大学和公司停止与南非这个施行种族隔离的国家做生意的交谈中，他对梅甘·马克斯韦尔说："这招儿管用。"当时，包括斯坦福大学在内的全美各高校的黑人学生会组织一直在举行静坐活动，鼓动投资者从南非撤资，而这些抗议活动让蒂尔感受到一点点针对个人的意味，因为他经常满是怀念地谈起自己在南非的童年。马克斯韦尔说，当他实事求是地解释说那个国家不应该按照美国学生的道德标准行事时，她着实大吃一惊，而且他在任何时候都没有承认过，作为黑人女性，马克斯韦尔有可能会把此话当成一种冒犯。"他说得那样心安理得，"马克斯韦尔回忆说，"这可能才是此事最诡异之处。"

另一名非洲裔美国学生朱莉·利思科特-海姆斯对蒂尔支持种族隔离的立场提出疑问，一天晚上，她敲开240室的房门，要求他解释清楚。根据利思科特-海姆斯的描述，蒂尔一脸茫然地看着她，跟她说，南非制度性地拒绝给予黑人公民权从经济上说是正确的。任何道德问题都无关宏旨。有这么个说法，通常那些替这个种族隔离国家辩解的人都会拿它来说事，好像就是说南非要比邻国发达得多，那里的生活，即便是对那些被制度性地剥夺了权利的人而言，也要比其他地方（比如埃塞俄比亚和布隆迪）好得多。

在之后的若干年里，在成为畅销书作家之前，利思科特-海姆斯曾就读于哈佛大学法学院，后在知名的科律律师事务所从事法律实践，并担任过斯坦福大学法学院院长。（她所著的《如何让孩子成年又成人》一书就是对所谓的"直升机式父母"的批评。）尽管如此，她照样在2016年写道，那一次打交道"对我来说就是如鲠在喉30年"。蒂尔的发言人回应说，蒂尔"不记得有陌生人询问过他对种族隔离的看法"，他也"从来没有支持过种族隔离"。

蒂尔最终加入了"大学共和党"组织，并结识了安·兰德。他还与南非学者、神学家罗伯特·哈默顿-凯利以友相待，此人曾担任斯坦福大学教堂的教长和校内大型无教派教会的牧师，他认为该教会成员人数不断增加与"促成罗纳德·里根当选总统的力量一脉相承"。哈默顿-凯利在南非问题上持温和的态度，他反对种族隔离制度，但坦承自己感到有"矛盾心理"，赞成部分而非全面撤资。

除了有共同的南非之根，蒂尔和这位牧师还有一些共同点，即他们都仰慕和迷恋校内另一位反传统者勒内·基拉尔，此人经常在学生宗教团体组织的活动中发表演讲。基拉尔是法国文学教授，虽然在斯坦福大学还算不上尽人皆知，但在法国可是赫赫有名的知识分子。他在校园里与众不同，因为他毫不掩饰地表达自己对宗教的虔诚，并把基督教作为其世界观的核心。

基拉尔的一大观念是人们在自己的内心深处总是受相互模仿的欲望驱动，蒂尔将其内化并作为其投资和生活的指导原则。基拉尔争辩说，我们不要我们想要的东西是因为我们认定它们是好的，我们想要它们则是因为其他人也想要它们。这种"模仿欲望"是普遍的，导致嫉妒，进而引发暴力。历史上，各种社会曾使用替罪羊的方式，即将暴力冲动转向社区中某位无辜的成员，以疏导和控制这些情绪，为避免战争和大规模杀戮提供了一个发泄口。根据基拉尔的说法，俄狄浦斯、圣女贞德和玛丽·安托瓦内特都是替罪羊，但最重要的替罪羊是耶稣，他的牺牲确保了引领人类超越过去的嫉妒暴力。这些观点大多体现于文学作品当中，但对于那些觉得自己形单影只的人，对于那些有受害者情结的人，对于那些了解其福音书——塑造了本科生蒂尔的所有特质的人来说，这些观点不可否认地引起了共鸣。

虽然蒂尔说他的成长经历是福音派的，但他似乎一直封存着自己的信仰。当时的朋友们都不记得他谈论过宗教，也不记得在学校的《圣经》学习小组中见过他。他冷静理性，给人的印象更像是一个有信仰的人，而不是无神论者。但基拉尔的发现似乎唤醒了蒂尔身上的某些新东西，如果不是一种对于个人热情的深刻感知，就是对宗教在其公众身份中发挥的作用的认识。做保守的基督徒，或许就是对他所鄙视的校园文化的一种挑衅。这对彼得·蒂尔来说极具吸引力。他后来把基拉尔描述成"一位对世界有着不同描述的、非常有趣的教授。

这一点与时代极不合拍，故而它对有点儿叛逆的本科生有一种天然的吸引力"。

他就是这样开始看待自己的：他不是一个彬彬有礼、骨瘦如柴的书呆子，而是一个叛逆的人。在斯坦福大学，他成了健身房的常客，身上绑着举重腰带，大汗淋漓，一边举铁健身一边滔滔不绝地谈论柏拉图。若不在健身房，那他一定在"咖啡屋"（其实就是该校学生会的别称），那里有一个摆满棋盘的房间。每到晚上，蒂尔都会到那儿去，在一张桌子旁与人捉对厮杀。

当时玩的是闪电棋，也叫极速国际象棋，蒂尔会在那里一坐就是几个小时，连续下几十局5分钟棋，从这种极限烧脑的活动中汲取经验教训。在闪电棋中，诀窍就是尽可能地快速走棋，这不仅是为了节省自己的时间，也是为了限制对手在双方换手之间的思考能力，迫使他们在耗掉时间的同时直冒冷汗。由于这种动态，一开始看似要赢的棋局可能瞬间一败涂地。如果你落于下风，那基本上你唯一的希望就是装出一副笃定、果断的样子。快速且有目的地走棋，就好像你胸有成竹一般，即便你其实根本无计可施。让他们认为你知道自己要往哪儿走，并指望他们犯错。

在他大学二年级的第一个学期，他和另外几个学生组成团队，在每星期二晚上组织一场俱乐部比赛，并开始努力宣传这支团队。虽然他们只吸纳了为数不多的选手，但把蒂尔推到了斯坦福大学国际象棋舞台的中心位置。

精英象棋需要将头脑规划和直觉判断结合起来。你不仅要记住每个常见的开局，以及可能的攻防组合，还必须能够随着棋局的变化快速调整。蒂尔强在前者,而非后者,所以假若对手出其不意,他很容易就被打乱阵脚。正如另一名学生亚当·利夫所说,"他完全按照教科书的规则",使用事先准备好的开局,尤其是鲁伊·洛佩斯开局,也叫西班牙开局,一上来就使出王兵,这是鲍比·费舍尔喜欢的战术。"在我看来,他完全是自学成才,很有竞争力,也喜欢攻击。"蒂尔的队友格里沙·科特利亚尔说。科特利亚尔毕业于莫斯科的国立石油天然气大学,并在一家州立国际象棋学院接受过训练,后到斯坦福大学读研究生。

读大学三年级时,蒂尔和利夫(所有本科生里唯一排名比他高的)有时会在宿舍里摆开棋盘对弈,这便成了当晚整个宿舍楼的一大娱乐活动。"场面非常壮观。"利夫说。据利夫回忆,有一次,他还播放霍华德·琼斯的唱片做背景音乐。这期间,还听到了这位英国低吟男歌手1985年最火的那首《无人应受责备》。"你可以看到巅峰,但你无法企及/拼图已是最后一块,可你就是无法将它拼起,"琼斯悲伤地唱道,接着,吸引人的来了,"别怪,别怪,谁也别怪!"

蒂尔的视线离开棋盘,他抬起头来。"这也太扯了吧,"他说,"总归有人要怪的。"在他们几千场比赛中,这是利夫记得的唯一一次蒂尔的注意力被分散。

另一位国际象棋选手也分享了他对那个时代的蒂尔的美好回忆。大约在1988年春,国际象棋团队开车去蒙特雷参加一场比赛,蒂尔驾驶着那辆大众兔子车。他们走的是加利福尼亚州17号公路,一条穿越圣克鲁斯山脉的四车道高速公路,人称加利福尼亚最危险的公路之一。

他们并不需要特别赶路,但蒂尔开车时就像着了魔。他像迈克尔·安德雷蒂一样过弯，在车道上左突右冲，超车时几乎追尾，而且好像大部分路段都在踩油门。不出所料，一辆加利福尼亚州公路巡警的车灯闪现在他的后视镜中。蒂尔被拦截到路边停车，交警问他知不知道自己开得有多快。坐在车里的年轻人一边为车被拦下而松了一口气，一边又害怕那个交警，他们紧张地面面相觑。

"嗯，"蒂尔以他平静而稳重的男中音回答道，"我不确定限速是否有意义。"

交警什么也没说。蒂尔接着说："这可能是违反宪法的。这绝对是对自由的侵犯。"

交警看了看蒂尔和车里的极客们，觉得为这件事浪费时间不值当。他告诉蒂尔减速行驶，并祝他愉快。当时坐在副驾驶位置上、现已50多岁的男子说："对于那次国际象棋比赛，我什么都不记得了，但我永远不会忘记那次乘车经历。"

这件事真正令人难忘的是，当蒂尔成功辩解并奇迹般地只得到口头警告就被放行后，蒂尔照样像之前一样重重地踩下油门。就好像他不但确信加利福尼亚州的法律奈何不了他，而且相信物理学定律也拿他没招儿似的。

当不下国际象棋的时候，他就会被知识界的反叛者所吸引。大学二年级时，蒂尔结识了极具极客气质的计算机科学家、国际象棋高手巴尼·佩尔，从而接触到反熵主义，即认为技术的进步将使人类获得永生，应该使用人体冷冻法来冻结人体解剖后的大脑，以便将来再次激活它，或者将他们的思想上传到计算机里。

与此同时，他和里德·霍夫曼也走得很近。他们虽在同一个班级，但直到大二第二学期（4—6月）才在一次题为"心灵、物质及意义"

的哲学导论讲座上开始交谈。下课后,他们一起走出去,在院子里又聊了一个小时。"争论着生命、宇宙和一切。"蒂尔后来回忆道。

霍夫曼在高中时也曾被人欺负,他在伯克利的一个激进活动分子家庭长大,曾就读于一所进步的新英格兰预科学校。他对蒂尔的宿舍极端主义有所耳闻,所以认为他是一个"自由意志主义的疯子",这是他后来说的原话。但霍夫曼与蒂尔的室友不同,他对待蒂尔的保守主义是非常认真的。

在之后的几年里,他俩一起度过了很多时间且相互仰慕,以至于决定联手造势竞选学生会职位。他们的平台是反官僚主义的:据他们了解,斯坦福大学的学生自治机构,官称"斯坦福大学学生联合会",仅翻修办公室就花掉了大约8万美元。霍夫曼扮演着进步分子的角色,用这件事指摘斯坦福学联没有把预算花在改善学生生活上。蒂尔的论调则听起来更像典型的茶党人士,声称自己"极为反感"有些学生"帮朋友包装简历来获取学联官僚机构的职位"。

他们都胜选了,但蒂尔进入这个左倾的机构却是有点儿奇怪。就在这场选举中,学生们以压倒性的票数通过了要求从南非撤资的决议,并否决了将里根图书馆建在校园里的计划。蒂尔欣然接受了他的反对派角色,但常常感到沮丧。在里根总统基金会宣布取消在斯坦福大学设立里根图书馆,转而选址南加州后,蒂尔发表了一场演讲,称斯坦福的自由派领袖们犯了一个严重的错误,结果他被轰下台来,他后来把这件事告诉了一位朋友。带着高中时输棋后时常表现出的沮丧,蒂尔走了出去。这位知情人士说,这一事件影响深刻。蒂尔认为斯坦福大学从根本上说就是一个充满敌意的地方。"很多同学对他很不友好。"这位朋友说。

他在《斯坦福评论》上大肆抱怨了一通。《斯坦福评论》是一份八卦小报风格的月报，主要面向保守派读者，是蒂尔和一位高中时的朋友（斯坦福大学准新生）诺曼·布克在那年春天创立的。这是他第一次创业，将纳入后来主宰硅谷的那张庞大的人脉网的最初一批节点。1987年6月9日出版的创刊号的报头位置列有一份12人的名单，其中蒂尔任主编。这12个人都是男性，这种模式贯穿了蒂尔的整个职业生涯。

创刊号的内容既有政治评论，也有校园新闻，包括一篇关于某班级赴萨尔瓦多旅行的头版报道，作者认为这篇报道向读者展示了一种对拉丁美洲政治"不平衡"的看法。有一篇涉及性的专栏讽刺文章《性变态者的自白》，讲述了一位选择独身的年轻异性恋男子的故事，还有一份"另类的"夏季读物清单。（可能有些奇怪的是，鉴于《斯坦福评论》对性的故作正经，布莱特·伊斯顿·埃利斯探索情欲的处女作《零下的激情》竟有资格与托尔金、T.H.怀特和埃德蒙·伯克的作品比肩入选。）"少数声音成功地主导了讨论，"蒂尔在编者按中写道，"他们的观点往往与斯坦福大学的主流观点截然不同。斯坦福大学社区中许多更为温和的学生保持沉默，认为他们说不说出自己的想法都没什么分别。"

蒂尔对《斯坦福评论》的主要创新是将小众精英群体（保守的斯坦福大学本科生）的狭隘关切与国家主流政治联结起来。因此，这个左倾的学生组织收取的会费就成为税收与消费自由主义的缩微版本，即使涉及的金额微乎其微（每个学生每年可选择性地支付29美元）。因拟在斯坦福的"西方文化"课程中增加佐拉·尼尔·赫斯顿等非白人作家的作品，斯坦福大学一项关于课程设置的计划就此演变成"圣诞节之战"。《斯坦福评论》以"悬而未决的西方文化课"为题，刊发了专题封面报道，并附有大幅配图：一边是《圣经》、柏拉图和莎士比亚，另一边是隐约可见的大问号。

《斯坦福评论》将用支持校园保守派的美国院际研究协会的拨款，以及借由自由主义正在斯坦福大学蔓延的警告而向校友们募集的捐款来维持运营。几年后，一封特别成功的筹款信提醒校友，斯坦福大学的一位教授正在教授一门关于黑人发型的课程，这意味着斯坦福大学实际上已经用关于卷发的讲座取代了传统的西方文化课。无论从何种角度看，这种说法都是假的，但不管怎样，捐款还是会滚滚而来。

关于斯坦福大学核心课程的争论，最终引起了教育部长比尔·贝内特的注意，他在1988年春同意参加《斯坦福评论》主办的活动。之后，贝内特在美国公共电视网的《麦克尼尔/莱勒新闻一小时》节目上说，他的听众举着双手表示他们是被"吓到了"才去改变斯坦福的课程。斯坦福大学校长唐纳德·肯尼迪试图反驳，他准确地指出听众中都是被《斯坦福评论》诱导才做出如此反应的右翼学生。蒂尔在接受合众国际社、《华盛顿邮报》和《洛杉矶时报》的采访时为贝内特的话辩解。他对《华盛顿邮报》的采访者说："有一方施加了相当大的压力。"那年夏天，他被贝内特的教育部录用为实习生。

蒂尔毕业于1989年，但他并没有离开学校，而是在斯坦福大学法学院继续读书。他后来承认，自己并没有特别深入地考虑申请法学院的这个决定。他认为自己"仍旧还是做本科生时的模式，只想怎样才能拿到A，怎样才能在法学院入学考试中取得好成绩"。他说："也许我被法学院吸引是因为它在某种程度上非常精准地按顺序排名。"

但这不仅是为了自我超越。蒂尔现在有了一个对手，他想继续战斗。西方文化课的相关变化将于1989年秋生效，而那些佐拉·尼尔·赫斯顿的书是不可能控告自己的。在斯坦福大学的4年里，他逐渐认识到该校的多元文化自由主义格外卑劣，甚至还很危险。

在斯坦福大学1989年的年鉴中，有一部分是专门纪念该校首个百年校庆的内容，其中包括学生事务主任迈克尔·杰克逊的档案照片。杰克逊是一名黑人，20世纪60年代在斯坦福大学读本科，后又回到母校担任大学行政管理人员。几年后，蒂尔专门就这幅画撰文，尤其着重于杰克逊个人风格的演变。"在杰克逊主任摄于1969年并被收入百年纪念年鉴的这张照片中，他是激进的时尚派，留着蓬乱的非洲头，穿着色彩艳丽的喇叭裤，"蒂尔这样写道，"现如今，大约过了20年后，这位主任衣冠楚楚地在校园里漫步，与学生们交谈，他的头发梳得一丝不苟，双排扣的西装也熨烫得整整齐齐。许多60年代的激进分子从未离开过校园，现在都当上了教授和老师。"

蒂尔的观点似乎是，在斯坦福大学本科学位之外又拥有了马萨诸塞大学阿默斯特分校教育管理学博士学位的杰克逊主任，根本就是20世纪60年代决意要将斯坦福大学文化多元化的某种"潜伏"力量的一分子。蒂尔说，自由主义者也许看起来令人尊敬，但他们其实很危险。定义这种危险会消耗他几十年的时间。他认为斯坦福和其他精英大学并不是培养人才的机构，而是令人窒息和危险的权力结构的基本组成部分，是一种"就像500年前的天主教会一样腐败的"祭司体系。蒂尔最终会发现技术和金钱的诱惑，一旦他找到融入现实世界的路径，摧毁或取代这种祭司体系的意愿只会变得更加强烈。

第 3 章

自由意志的世界观

1992年1月,《斯坦福评论》出版了一期特刊《现实世界》,专门讨论蒂尔特别感兴趣的话题——找工作。他在斯坦福大学的第七个年头已经过去一半,但他像是被封冻在时间里了。他是法律学院三年级生,却仍在与那些将Polo衫套穿的10多岁预科生一起打校园文化战争。他还在为《斯坦福评论》撰写"编辑来信",尽管严格说来,他已经有两年半的时间没有担任编辑了,而且更准确地说,这是本科生的出版物。

蒂尔在一篇编者按中写道:"在政治上不正确是一种解脱,因为这样一来,人们就不能被禁止去做那些有可能让校园思想警察失望的事情。"他的专栏名为"从政治正确到就业",在此可以展开对其政治正确的同龄人另类的循规蹈矩的嘲讽。按照蒂尔的说法,优秀的自由主义者可以接受的工作选择是攻读人类学研究生、清点斑点猫头鹰的数量及"教人们如何使用避孕套"。

蒂尔作为一个热爱里根的保守派,又就读于一所热爱里根的大学,当然会百思不得其解地发现,斯坦福竟然是一场恶毒的自由主义阴谋的中心，其目标就是全力攻击像他这样的人，而这至少有一部分肇始于其自身的不安全感。在 21 岁开始读法学院时，蒂尔仍然封闭自我，似乎对自身感到不舒服。他不跟别人约会，尽管可以在法律和政治问题上口若悬河，但他并不热情。多年后，他的同学们说，这就好像他要把自己的一切都与世界隔绝开似的。这不仅关乎他的性取向，而且似乎涉及人类大多数的正常情感和亲密关系，例如喜悦、友谊、愚蠢、愤怒、仇恨等。

但蒂尔肯定也认为，这种在斯坦福受迫害的感觉是有用的，而且似乎还有意识地营造了这种感觉。保守主义的不满，特别是大学校园里的人所表达的不满，在 20 世纪 80 年代末 90 年代初都极有市场，其中打头阵的就是艾伦·布卢姆 1987 年出版的《美国精神的封闭》一书。布卢姆是芝加哥大学教授，也是新保守主义先驱列奥·斯特劳斯的门徒。他在书中抱怨学生们因为沉迷于摇滚乐而变得愚蠢，并将校园左派与 20 世纪 30 年代的希特勒青年团相提并论。

当时，对评论家来说，称嬉皮士和纳粹一样思想封闭的观点似乎很聪明，而且出乎意料地吸引了厌恶反主流文化的那部分美国民众。布卢姆的书收获了评论家们的高度好评，在《纽约时报》畅销书排行榜上连续数月位居榜首，并帮助培养了整整一代抱怨自己的声音被左翼思想警察夺走的信徒。

显然，这是一个矛盾，但似乎并没有困扰蒂尔或他的保守派同龄人。"这是一次大规模的普遍对话，"曾就读于斯坦福大学法学院并为非营利组织提供咨询的唐·奇鲁瓦说，"我们班上的保守派相当直言不讳。我还以为他们是爱发牢骚的宝宝呢。"另外，对像蒂尔这样的人来说，指责自由派同学可能是进入共和党精英圈最直接的途径。"他这是在趁火打劫，"当时任斯坦福大学招生负责人和讲师的乔恩·雷德说，他曾有一次在校园里就多元化问题与蒂尔进行面对面的公开辩论，"《斯坦福评论》中有时会出现明智的保守主义。但彼得不是，他要向政府扔石头。"

所有这一切的典型代表是一个名叫迪内希·德索萨的年轻保守主义者，他比蒂尔大6岁，在20世纪80年代初，作为《达特茅斯评论》的创始编辑，在美国东海岸扮演了与蒂尔几乎相同的角色。《达特茅斯评论》成为《斯坦福评论》等创办于同一时代的同类校园出版物的模板，它的反动明目张胆，还充满无情的挑衅，往往还极为残酷。在德索萨担任编辑期间，《达特茅斯评论》还发表过一篇白人学生恶意模仿黑人的英语撰写的反平权运动的专栏文章、一篇对前三K党领袖大卫·杜克的采访录，以及一份机密的男同性恋学生团体的成员名单，其中有些人的名字没有披露。

当蒂尔1985年入读斯坦福大学的时候，德索萨已经凭借自己尽情发挥的吸睛才能，在《展望》杂志觅得了一份编辑工作，这是一本由富有的保守派资助的、面向普林斯顿大学校友的右翼杂志。1987年，德索萨成为白宫政策顾问，与曾同在《达特茅斯评论》工作的校友劳拉·英格拉哈姆和彼得·鲁宾逊在白宫会合，这两个人后来还做过保守派电视评论员，在白宫担任演讲稿撰写人。

为撰写涉及校园左翼偏狭态度的《非自由教育》一书（于1991年年初出版），德索萨进行了调研，其间他曾到访斯坦福大学，当时蒂尔还在法学院读二年级。该书获得主流媒体的好评，登上了畅销书排行榜，这些成功无疑影响了蒂尔，也有助于解释为什么《斯坦福评论》描述的斯坦福大学与其他亲历者记忆中的那所真实的大学如此不同。

1987年年初，就在关于以新课程（即在《圣经》、柏拉图和莎士比亚之外增加非白人作家的作品内容）来取代旧课程的投票即将进行之前，民权活动家杰西·杰克逊出现在一个集会上。"嘿嘿，嗬嗬，"学生们齐声喊道，"西方文化必须滚出去。"他们指的是"西方文化"课程，但在他自己关于那个时代的书中，蒂尔声称学生抗议者"指的是西方本身，指的是西方的历史和成就，指的是西方的自由市场资本主义和立宪民主制度，指的是基督教和犹太教"。

为了保守派读者的利益，蒂尔总是耸人听闻地炒作自己的在校时光，描述对杰西·杰克逊的示威场面并不是他唯一的方式。现实中，斯坦福大学并不是一个性泛滥的地方，本科生中就流传着一个笑话（精英大学里很常见的那种），调侃这些奋斗者太笨拙或太书呆子气，根本找不到情人。但是《斯坦福评论》把大学生的性生活描述得放纵不羁，给人的印象竟然是：去男厕所却没看到同性恋在苟且，是绝对不可能的；要是你从楼宇之间的空地穿过，却没有人硬塞给你一把免费的避孕套，那也是绝对不可能的。

斯坦福大学发放避孕套是有充分理由的。艾滋病在旧金山湾区肆虐，估计已经有4%的人感染了艾滋病。在男同性恋中，这一比例被认为接近50%。到1988年，旧金山死于艾滋病的人数超过了20世纪所有战争中死亡人数的总和。专家们警告说，旧金山可能会出现劳动力短缺和内乱。《斯坦福评论》对此的反应是哈哈大笑和摇动手指。"如果这一疾病的传播如此令人担忧，为什么主流媒体不主张禁欲呢？"一位专栏作家这样问道。他将同性恋描述为一种上瘾，这位专栏作家写道，男同性恋进行过"不自然的性行为"，"多次屈服于诱惑，欲火在他们体内燃烧，使他们确实难以控制自己"。

"当时普遍存在'恐同'情绪，"梅甘·马克斯韦尔说，"但《斯坦福评论》对此的评价很尖刻。"对《斯坦福评论》而言，恐同不是一种需要克服的偏见，而是一种自由主义的阴谋。蒂尔的报纸指出，真正的灾难是"恐同恐惧症"，即害怕被贴上恐同者的标签。在1992年的一篇专栏文章中，后来在多家蒂尔的公司工作的时任主编内森·林建议，反同性恋偏见应该被更名为"厌女-鸡奸"（miso-sodomy），即对肛交的憎恶，以关注这种"越轨的性行为"。

20世纪90年代初，所有这些都与职业生涯不相容——至少是与蒂尔憧憬的那种职业生涯不相容。当时跟他相熟的朋友说，蒂尔认为自己是巴克利式的人物，或者也有可能是未来的最高法院大法官。

他也想要钱。在《从政治正确到就业》专栏中，他抱怨说，斯坦福大学的校友中仅有四分之一是百万富翁。他称赞这一阶层是斯坦福大学保守主义的伟大传统，可以追溯到戴维·斯塔尔·乔丹和赫伯特·胡佛，认为他们在道德上优于自由主义群体。"正是这些人支付了本国大部分的政府转移支付项目，并帮忙资助了像我们这样的大学，"蒂尔说，"贪婪并不像迈克尔·道格拉斯扮演的戈登·盖柯在电影《华尔街》里夸耀的那样好，但比他所知道的自由主义者的普遍情绪——嫉妒要好。"

蒂尔认为，他将以声望很高的助理开启自己的职业生涯，供职于顶级律师事务所，年薪数百万美元，以及在那之后收获无尽的荣耀。在法学院时，他结识了最高法院大法官安东尼·肯尼迪的儿子格雷戈里·肯尼迪，成为《法律评论》的编辑，并加入了联邦主义者协会。他还继续培养他能发现的最保守的大学生，尤其是比他小两岁的基思·拉布瓦，此人在很多方面堪称他的缩影。

拉布瓦也是一名有抱负的律师，和蒂尔一样，本科毕业后即入读斯坦福大学法学院。他也自我封闭。蒂尔的一位朋友说，《斯坦福评论》在这些年里是"如此男同化"，这既奇怪又完全在预料之中，都是拜该报对同性恋问题所做的牢骚太盛的报道所赐。然而，在个人气质上，蒂尔和拉布瓦又截然不同。拉布瓦比他的导师更外向一些，他甚至是一个学生兄弟会的成员，他也没有一丁点儿蒂尔那样的冷静。他是《斯坦福评论》的驻报写手，他的专栏文章通常包含一系列侮辱性嘲讽，主要针对校园内的不同群体，包括少数族裔、文科生、同性恋、女权主义者、《斯坦福日报》的员工及斯坦福大学的行政管理人员，此外也会夹杂一些体育方面的内容。

1992年3月，在蒂尔发表了他关于就业前景的编者按一个月后，当时还是法律专业一年级学生的拉布瓦决定把他的恶意攻击延展到《斯坦福评论》的版面之外。几年前，他在兄弟会里的一个哥们儿的兄弟被赶出了大学宿舍，因为那个人用不敬的言语描述了一个同性恋宿管助理。现在，当结束了一晚上的社交活动，并从这座涉事的奥特罗公寓楼走过时，拉布瓦决定挑明立场。他站在奥特罗公寓楼的宿管指导员丹尼斯·马蒂斯的家门外，反复喊叫着那个词。

"鬼基佬！"拉布瓦扯着嗓门喊着，"你会死于艾滋病的。你会得到报应的！你会得到报应的！该死的鬼基佬！"在这番长时间的叫骂中，他还时不时地加上一句挑衅的奚落："看你们能不能把我也赶出宿舍！"

马蒂斯是一名讲师，他教授名著典籍课程，据大家所知，他并不是同性恋。当时他还没有回来，但学生们报告了这起事件，《斯坦福日报》报道称，此事可能涉嫌违反学校禁止仇恨言论的规定。拉布瓦坚称自己没有做错任何事，并表示他特意校准了自己的羞辱方式，以避免与相关规定发生冲突。他对《斯坦福日报》表示，他的那些评论是被允许的，因为主要是说同性恋总体上是不好的，并没有特别针对马蒂斯。他说自己之所以发飙，就是想要抗议校园内相关的言论规定。"我可是法学院一年级学生，"他自负地说，"知道什么能说，什么不能说。"他在随后的信中写道："我并非完全讨厌同性恋，但我认为他们不应该当教师。"

可想而知，校方的反应是有多么严厉。拉布瓦说的没错，大声喊叫反同性恋的话语并不违反斯坦福大学的政策，但这可挡不住斯坦福大学行政管理人员公开谴责他的行为。有一份新闻稿不仅历数了他的言论，还附上了迈克尔·杰克逊校长的反驳，称拉布瓦的情绪爆发是"幼稚且野蛮的"。他所在的兄弟会也出面道歉，法学院的学生则在社交场合回避他。"他是个不受欢迎的人！"一位学生说道。

这件事及其后果与德索萨在书中描写的如出一辙，这本书是前一年在美国密歇根大学出版的《非自由教育》，在这本书中，发表恐同言论的学生被迫公开道歉，在德索萨看来，这是一场悲剧。拉布瓦才不会这么做，他离开了斯坦福大学，轻松地考入哈佛大学法学院，随后在联邦政府担任助理，并在一家知名的律师事务所谋得一份工作。但在之后的几年里，蒂尔将这件事描述为一种迫害，其利用此事的手法与德索萨利用密歇根案的套路几乎如出一辙。

《斯坦福评论》虽然没有直接为拉布瓦的言论辩护，但其指责杰克逊发出那篇新闻稿，并将针对拉布瓦言论的口诛笔伐视为"政治正确"的疯狂行为。当《斯坦福评论》的一位前作者写了一封批评拉布瓦的信时,另一位专栏作者就发表了一篇回应,指责写信人是在提倡"一种生活方式,其中常常包括多个性伴侣、匿名的厕所性行为、吃下身体排泄物、施虐受虐狂、恋童癖和虐待沙鼠"。

在拉布瓦发飙骂人两天后,《斯坦福评论》发表了《性侵问题》一文。在此文中,与蒂尔关系密切的另一位保守派本科生戴维·萨克斯为斯图尔特·托马斯进行了一番慷慨激昂的辩护。托马斯是斯坦福大学的大四学生,他对依法认定他性侵一名一年级学生没有提出抗辩,于是他能否拿到毕业证就成了问题。萨克斯认为托马斯值得同情,也应该获得学位,因为所谓法定性侵就是个"狗屁"罪名,简直就是"性革命前的甲壳纲动物留在书本上的道德指令",而且至少根据他的说法,受害者并没有反抗。为了说明这一点,萨克斯对此事进行了生动的描述,指出17岁的受害者"仍然具备进行口交的身体协调能力"且"想必可以说出'不要'这个词"。

在看起来比较轻松的话题上,编辑们还为那些希望避免卷入女权主义政治迫害的男性提供了一本指南,书中插入了一个融合在纳粹万字符上的女性气质符号。"女权纳粹将此定义扩大化,于是所有的男人现在都成了性侵者。"迈克·纽曼抱怨说,他建议《斯坦福评论》的读者远离斯坦福大学的女性,反正她们中很多人都"太丑"了。相反,他们应该把自己的情爱之意投向当地专科学院的女性,"这些女性忙于秘书职业的培训,才没有那个时间去看贝蒂·弗里丹的作品"。拉布瓦也为该报撰写了一篇专栏文章,他与另一位合著者开玩笑说,萨帕塔公寓楼就是托马斯欺负那位比他小的女生的地方,也许那里有"解决一年级新生无性恋困扰的办法"。

今天，关于蒂尔时代的《斯坦福评论》并没有完整的档案记录。与提供在线档案（包括自1892年以来的每一期的扫描件）的《斯坦福日报》不同，凡是1999年之前在《斯坦福评论》上发表的内容，都只能到斯坦福大学图书馆的一个特殊区域才能阅读，那里存放着斯坦福大学的记录档案和珍本书籍。要阅读这些资料，你必须事先提出查阅申请，签署一份冗长的警告不得复印任何资料的协议，然后在一堆破损的纸箱中翻检这些旧时报纸，它们完全不按时间顺序存放，甚至还有几期不见了踪影。多年来，斯坦福大学的校园里一直有传闻说丢失的那些都是为保护蒂尔的声誉而故意从档案中删除的。但是，考虑到仍有尚待发现的东西，这些传闻也就无关紧要了。

2019年年底，我用了一整天来翻阅这些旧报纸，其间不断被惊得目瞪口呆，因为在其后的几十年里，这些作者竟然设法积聚了如此强大的力量，却没有受到任何明显的冲击。但也有个例外：2018年被提名为联邦法官的联邦检察官瑞安·邦兹1995年发表在《斯坦福评论》上的一篇专栏文章浮出水面后，特朗普政府就把他的名字从候选名单中删除了。在这篇专栏文章中，邦兹抱怨校园多元化举措"更进一步助长限制意识、加剧不宽容及文化认同上的对号入座，其影响远甚于纳粹焚书"。以特朗普政府的标准来看，这是令人反感的，但并不比拉布瓦的所作所为更极端。

蒂尔原谅了这一切吗？多少有点儿吧。他似乎对拉布瓦的上蹿下跳感到尴尬，他自己永远也不可能干出那样的事，但他也发现这么干挺管用。他一直告诉朋友们，保守派的一个问题就是，他们对自己的社团过于保守。他的一位同学、《斯坦福评论》的前工作人员说，在蒂尔的心中，他认为主流自由主义者已经接受了共产主义，但保守派无法让自己与极右翼成员握手言和。"他真希望右翼变得更像左翼，"此人说道，"他们会说，虽然我不认同这个观念超前的人，但我们可以一起做事。"这位前工作人员认为，正是这样一种"核心"思路，促成了蒂尔在25年后对特朗普的全力支持。

蒂尔本人没有卷入这场争斗，而是朝着自己的职业目标努力。他会时不时地参加一些社交活动，但活动主题几乎都是严肃的，如案例法、政治学、政治哲学等。从法学院毕业后，他直接成为设在亚特兰大的美国第十一巡回上诉法院法官詹姆斯·拉里·埃德蒙森的助理。1992—1993年，蒂尔一直住在布鲁克黑文北郊的一套公寓里。埃德蒙森和蒂尔一样，也是雄心勃勃的保守派，当年作为年轻的律师，在里根提名他为法官之前，他曾主持里根在亚特兰大郊区的竞选活动。

联邦法律助理通常不像有抱负的法学院学生或第一年参加工作的公司律师那样玩儿命，所以蒂尔为自己创造了一点儿额外的强度。他的一位同事告诉我，每次他去看蒂尔时，他的厨房桌子上都堆着一摞书。"他说他需要充实自己，"这位知情人士说，"所以他正在重读《尤利西斯》。"

蒂尔在现实世界的经历始于第二年秋天，当时他搬到纽约，开始在大名鼎鼎的苏利文·克伦威尔律师事务所担任第一年的助理。蒂尔在现实世界中的经历并不像他在大学校园里想象的无政治正确地带那么光彩夺目。他曾经把律所想象成一个充满正义的行业；事实上，这是一种折磨。在现实世界中实践的法律有着斯坦福大学那种赤裸裸、卑微的雄心壮志，但没有那种令人愉快的自以为是。这里没有自由主义者需要对抗，有的只是如流水般的青年男女，分散在一个个耳熟能详的顶级精英律所中，人人拥有近乎完美的成绩，同样近乎完美的法学院入学考试分数，同样愿意每周工作 80 个小时，而不管执行的任务多么无聊。蒂尔没有明显的过人之处，就好像他无足轻重似的。

蒂尔告诉一个朋友，作为一名公司律师，他觉得自己就像一个齿轮、一个公务员，没有希望对任何事情产生任何影响。从某种意义上说，能成功地找到一个好搭档还是令人兴奋的，但这个目标感觉也没有任何真正的意义。如果他对自己诚实，他就会变得沮丧。"我认为，许多传统的竞争方式导致太多的人去做传统的事情，"几年后他这样说，"于是你就会陷入激烈的竞争，然后即使你赢了，也不太值得。你也许会得到一份薪水稍高的工作，但你不得不出卖自己的灵魂。听起来这桩买卖无论在经济上还是在道德上都不划算。"

法官助理的任期结束后，蒂尔本以为自己会顺理成章地走向成为世界一流年轻律师的下一步：担任最高法院的法律助理。他接受了大法官安东尼·肯尼迪（他的朋友格雷格的父亲）和安东宁·斯卡利亚对他的面试，觉得自己发挥得很好。但在 1994 年春，正当他还在律师事务所苦苦打拼时，他收到了求职拒绝信。"我崩溃了。"他后来说，并把接下来的那段时间描述为"四分之一人生的危机"。他突然意识到，他的律师生涯到此结束了。七个月零三天之后，他走出了苏利文·克伦威尔律师事务所，而这期间他一直在数日子（这本身就不是什么好兆头）。

他在纽约又待了一年左右，在瑞士信贷金融产品公司找到一份衍生品交易员的工作，但他在那里也很不开心、很沮丧，工作中的大部分时间都在走过场。要是以前的同事还记得的话，那对他的印象也就是彬彬有礼但印象不深。"他就是个无名小卒。"一个人说。

蒂尔在瑞士信贷短暂任职期间学习了商业知识——至少他的同事

是这么认为的。事实上，他已在谋划，他打算搬回到旧金山湾区。他想出版一本讲述他在斯坦福大学经历的书。他非常怀念宿舍里的辩论，很想再回去和朋友们好好唇枪舌剑一番。他还想要钱，他每年挣10万美元，却不知为什么还是觉得自己很穷。如果他留下来，就算有他那样的血统和才华，也还得10年甚至更长时间，他才有可能掌管一些事情。所以他又辞职了，这一次他告诉同事，他要回加利福尼亚创办一家对冲基金。他们礼貌地点了点头。前文提到的那位银行前同事说："比他级别高的交易员都在背后耻笑他，就好像在说'真是个白痴！'"

在纽约，蒂尔很难交到朋友。他后来抱怨说，在苏利文·克伦威尔律师事务所，似乎没有人彼此喜欢，甚至在他们不写备忘录或起草合同时，彼此之间也好像无话可说。杰克·雷南是蒂尔在纽约的室友，他是房地产商之子，比蒂尔早几年在斯坦福大学读书。他在汉普顿斯度过了一个悲惨的周末，但也就仅此而已。他似乎没有过任何形式的约会生活，这一定使他感到痛苦，但也可能是当时负责任的选择。纽约的同性恋群体比世界其他地方都大，也更活跃，当然也是艾滋病病毒活跃的热点地区。

当蒂尔将自己完全隔绝于社交之外时，他一直在写一部把拉布瓦的恐同情绪爆发描绘成殉道的书稿，尽管拉布瓦其实并没有受到斯坦福大学的惩罚，还和蒂尔一样取得了传统意义上的成功。但不管怎样，在蒂尔的笔下，斯坦福大学决定评论拉布瓦的言论是不合情理的，尽管这些言论是作为言论自由噱头的一部分公开发表的。用如今的话来说，拉布瓦被取消了（即某人因其言论或行为违反了一些社会规范，而不再受到支持）。专门讨论他的案例的那一章题为"欢迎来到塞勒姆",拉布瓦作为"该书采访过的多元文化主义受害者之一,无私地分享了自己的独特见解",故而在致谢中得到了特别感谢。

虽然《多元神话——校园的多元文化主义和政治不宽容》一书只做了有限的尝试来捍卫言论的实质,但它将蒂尔和合著者戴维·萨克斯对同性恋权利的信念展露无遗:

> 有一种模糊的不安感、一种不祥的预感,认为"容忍"和"接受"(通常理解为"你别管我,我也不管你")不足以满足一些更好斗的同性恋活动家。许多同性恋维权运动似乎超出了公共教育或公民意识所需要的范围,看起来更像是刻意要让普通公众感到震惊。许多美国人都想知道,如果同性恋仅仅是想和其他人一样被宽容,那么他们为什么还要想尽办法,不仅把自己定义为寻求自由生活的个体,而且把自己定义为要求赔偿的一群特殊的受害者。

当然,蒂尔认为自己是受压迫的不是因为他是同性恋,而是因为他是一个白人、保守派、非政治正确人士。"他有一种受害者的核心心态。"《斯坦福评论》的一位前同事说。在网上社区出现的几十年前,这些自封的"非自愿独身者"通常是右翼男性,他们将自己糟糕的约会前景归咎于不断变化的道德观念。而《多元神话》一书指出,大学校园里存在一种"对约会场景的公开敌意"。用蒂尔和萨克斯的话说,这种敌意正在毁掉年轻人的浪漫前景。

尤其是,蒂尔和萨克斯指责自由派在性侵犯问题上的主张过度,他们说,如此一来"调情"就被重新定义为"性侵",让他们认为正常的性行为变得不再可能。他们写道："当口头施压意味着胁迫，而胁迫意味着性侵，那么性侵的数量就会和事后反悔的调情的数量一样多。"2016年，在蒂尔向特朗普竞选团队捐款后，这段文字出现在各种专栏文章中，表明他似乎和特朗普一样对性侵漠不关心，于是蒂尔做出道歉，萨克斯也表示道歉。蒂尔在一份声明中说："我希望我从来没有写过这些东西。"然而，第二年，据称在《斯坦福评论》的一次活动上，他告诉一名学生编辑，道歉不过是做做样子，蒂尔说："有时你得跟他们说些他们想听的。"

与此同时，按照《多元神话》的说法，同性恋享受着所有的乐趣。蒂尔和萨克斯还在这本书中抱怨："尽管对那些想要正常使用公共卫生间的人产生了不良影响，但斯坦福大学未能封死许多公共卫生间中的'寻欢洞'。"当然，这很容易被用作心理学分析。一些认识蒂尔的人很有说服力地推测，蒂尔在20世纪90年代中期的恐同症是一种自我厌恶的表达。但《多元神话》的煽动性特质很可能只是蒂尔一门心思想要有所成就的产物。蒂尔想要成名，他当然明白，应届毕业生们的前景会因力挺一个在精英大学校园里高喊"去死吧，鬼基佬"的人而备受关注。保守派的媒体会接受的。

《多元神话》于1995年由独立研究所出版。独立研究所是旧金山湾区的保守派智库，该智库聘请蒂尔为研究员，给他开少量的工资并为他提供了一个推广自己想法的平台。从那年秋天开始，他和萨克斯在《华尔街日报》上发表了一系列专栏文章，首篇题为"快乐的土著人民日"，这篇文章针对大学校园里与"反西方"节日挂钩的新多元文化主义进行了轻蔑的调查。斯坦福大学校长格哈德·卡斯珀和教务长康多莉扎·赖斯给《纽约时报》写了一封信，称他们的文章"妖言惑众"。由此，双方开始针锋相对。

　　致力于培养"反知识分子"的保守派非营利组织约翰·M.奥林基金会，以及德索萨的《非自由教育》一书的资金提供者，曾向独立研究所提供4万美元，以资助其宣传推广《多元神话》。蒂尔充分利用了这一点。这本书得到了德索萨的支持，当然支持者还有勒内·基拉尔、《旗帜周刊》的威廉·克里斯托尔、《美国观察者》的埃米特·蒂勒尔及时任国会众议员克里斯托弗·考克斯。（考克斯后来在乔治·W.布什总统任期内担任美国证券交易委员会主席。）《国家评论》、《华盛顿时报》和10多家地方报纸都刊登了专栏文章，帕特·罗伯逊的《700俱乐部》节目及右翼广播电台也有所提及。《多元神话》是由青年美国基金会和美国院际研究协会共同推广，蒂尔本人也参与其中，他站在学生会前面，守着一大摞书向路过的人分发。准确地说，这还算不上名人效应，但蒂尔是如此喜欢这种反应，以至于想在他和大学老友、自由主义者里德·霍夫曼合办的政治脱口秀节目中也充分利用，遂于1996年在湾区公共频道短暂播放。（想象一下：双雄斗智，但肯定更加自负。）

　　当然，蒂尔可不只是想在知识界功成名就，他还想成为富人，这似乎是一个遥不可及的目标。1995年重回旧金山湾区后，蒂尔曾短暂地和父母住在一起。之后，他和室友合住在离圣马特奥市高速公路很近的一间低矮的公寓里，吃饭就订中餐外卖，需要发泄情绪时就到帕洛阿尔托城里去下象棋。

　　就这样，1996年的一天，他和另一位前法律助理走进了斯坦福法律图书馆，开始研究如何创建对冲基金。他聘请野心勃勃的保守派、《斯坦福评论》的总编辑杰夫·吉西亚担任自己的助理，并在沙山路上租了一个衣帽间大小的办公室，作为该基金的通信地址。

随后的一年里，蒂尔忙着从朋友、朋友的家人及任何他能找到的人那里筹集足够的资金。表面上看，这或许并没有那么高大上，他的那些瑞士信贷的前同事，以及苏利文·克伦威尔律师事务所的那些充满野心的初级律师同事肯定也都不怎么看好，但是蒂尔并不在乎，他选择拒绝那些曾经拒绝过他的人，并决心不把自己未能获得最高法院法律助理一职视为失败，反而视为一种幸运。自视清高的东海岸当权派可能不想要他。这也没问题。一位当时与他关系密切的朋友说："在纽约的经历并没有让他感到自卑，他已经准备好接手一切。"

在这方面，蒂尔并不是独一无二的。此时此刻，硅谷满是成就卓著的年轻人，他们对自己的天赋深信不疑，并决心不懈地努力致富，而硅谷也刚刚开始回馈他们。蒂尔当时还不清楚这一点，但对于不劳而获的自信，从来没有比这更好的天时地利了。

第 4 章

找到自己的"黄金极客"：转战科创投资

"黄金极客"是《时代》周刊在其 1996 年 2 月的一篇封面报道中对他们的称呼，他们便是美国工商业新时代的先驱。这些年轻的科技企业家积累的财富规模甚至超过了铁路和钢铁巨头。历史学家艾伦·布林克利在接受《时代》周刊采访时表示："在世纪之交，确实有很多人穷尽一生由身家平平而致巨富。但这与今天的这些人完全不同，他们前一天身家还只有几十万美元，第二天公司一上市，就转瞬成为亿万富翁。"

极端富有并不是唯一令美国最具影响力的周刊编辑们印象深刻的东西。他们不仅比强盗大亨们还有钱，而且这些年轻的科创者更酷。《时代》周刊称："这些新贵并没有在纽波特、棕榈滩或阿斯彭建造品位堪忧的豪宅，他们仍住在两居室的公寓里，还穿着 T 恤和牛仔裤。"这种低调看起来是真诚的。如今的超级富豪们是自由企业家的典范，但有一点除外：他们似乎对金钱不那么感兴趣。"有人告诉我们，这是一个新的'镀金时代'，却没有任何那个时代的负罪感。"

过去，如《时代》周刊所说的，首次公开募股一直是贪婪的银行家们试图将劣质证券兜售给普通投资者的粗略尝试。但现在，它已经成为一种平等主义的东西，不仅让高管和银行家发财，也使持有股票期权的底层员工致富。《时代》周刊称，那种激动是如此深入人心，以至于有可能打破传统的党派之争。保守派和自由派对此意见统一：硅谷企业家是"理想的经济代理人"。

"黄金极客"最初的典型是马克·安德森。年仅24岁的他就以安坐在红天鹅绒宝座上的形象登上了杂志封面。他光着脚，一副狂野的、张着嘴的表情，似乎混合了惊奇与好斗的情绪。读者了解到，安德森发明了第一个商用网络浏览器——网景浏览器，它将互联网带入了主流。

1993年，马克·安德森还是伊利诺伊大学厄巴纳-香槟分校的学生，在大学附属的实验室工作，时薪为6.85美元，他帮助开发了一款早期浏览器——马赛克浏览器。由于当时网络上无钱可赚，实验室便把马赛克浏览器提供给搞学术的人免费使用，他们几乎就是唯一使用互联网的人。安德森明白，互联网其实可以成为一个巨大的产业，于是他创造了对使用者更友好的网景浏览器，并以每份50美元的价格出售。

安德森的每一步都恰好踩在了点儿上。随着计算机拥有率的爆发式增长，几乎每家大公司和诸多小公司都开始使用网络。报纸和杂志媒体开始在网上发布文章，餐馆菜单逐渐数字化，目录零售商开始接受电子订单。到1994年，网景浏览器已无处不在，第二年，该公司上市了，银行家们最初计划将发行价定为每股28美元。然而，开盘时股票价格直接翻了一番还多。数小时之后，安德森的净资产就飙升至 5 800 万美元。

与此同时，蒂尔一直在努力维持自己的地位。在帕洛阿尔托，他似乎是唯一一个没打算在科技领域发大财的人，他的老把戏也有点儿快要绷不住了。文化斗士们在 20 世纪 80 年代和 90 年代初表现不错。1992 年，比尔·克林顿因批评撤资活动人士兼说唱歌手修女索尔佳而与杰西·杰克逊决裂，并轻松赢得了总统大选。接着，在 1993 年，他敦促美国人："现在已经到了别再为你认为的政治正确担心的时候了。"蒂尔和他的同伴们赢得了这场争论，但这意味着到《多元神话》1996 年出版时，这本书似乎已不再那么具有挑战性。在短暂的火爆过后，人们对《多元神话》的兴趣迅速消退，甚至在蒂尔的母校也不例外。正如一位专栏作家所说，蒂尔的抱怨都是"斯坦福大学近 10 年前的文化阶段"的产物。

蒂尔打算利用他在政治上的名声，将自己打造成一个严肃的宏观投资者，即那种专门对全球经济大波动下注的基金经理，而这些大波动往往与政治密切相关。他曾与萨克斯在《华尔街日报》上共同发表了一篇评论文章，将民主党的预算挥霍与同一时期亚洲经济的失败联系起来，并在《旧金山纪事报》上发表了另一篇文章，利用莫妮卡·莱温斯基的丑闻事件大谈互联网的破坏性力量。但几乎没有人注意到这些专栏文章，而且由于没有以往的投资记录，蒂尔艰难地为自己的基金筹集初始资金，起初只是从朋友和家人那里东拼西凑了 100 万美元左右。为了增强吸引力，蒂尔承诺拿出一部分绩效奖金分给投资者，而这些奖金通常都是基金经理留给自己的。

蒂尔作为投资者的表现，至少一开始并不令人看好。在纳斯达克指数上涨 40%、旧金山半岛所有的餐馆和酒吧几乎全靠银行家的公司信用卡撑起的一年里，蒂尔却把投资者的钱赔在了外汇交易上。

因此，1998年，随着互联网的蓬勃发展，蒂尔决定从对冲基金投资转向这个当时最热门的领域——他会找到自己的"黄金极客"。

事实证明，科创投资者比马克·安德森等人干得更好。虽然《时代》周刊几乎忽略了他，但安德森在网景浏览器上的联合创始人吉姆·克拉克发展得更成功，是他聘请安德森创办了这家公司，提供了初始资金，并安排从风险投资家那里筹集资金。为此，克拉克最终在网景上市时获得了约6亿美元的股票，是安德森收入的10倍。

克拉克并不符合当时的文化原型：他已经不是20多岁的人，不再写代码，也不是那种住着两居室公寓的人。他用从网景赚来的钱买了一艘约46米长的游艇，带遥控驾驶功能，而且最终花费1.25亿美元与第三任妻子离了婚。蒂尔将以克拉克（而非安德森）为榜样，去开创自己职业生涯的新阶段，在某些方面，甚至是开创他的人生。蒂尔既不是一个理想主义的技术迷，也不是《时代》周刊上那种穿着破洞牛仔裤、一心只想造出酷炫产品的硅谷企业家，他是这些人背后的投资者。因此，在1998年一个令人汗流浃背的夏日，他在斯坦福大学弗雷德里克·E.特曼工程中心的教室里，试图和一个局促却才华横溢的程序员聊天。

马克斯·列夫琴当时23岁，刚从伊利诺伊大学毕业，获得了计算机专业学士学位，比安德森略晚几年。在某些方面，他比安德森更加令人印象深刻。在苏联解体前几年，列夫琴出生在乌克兰的一个犹太家庭。他的父母买不起电脑，所以列夫琴学会了用纸和笔编程。1991年，随父母移民到美国后，他自学了英语，而且大部分英语是通过观看电视剧集《细路仔》学到的。

在伊利诺伊大学厄巴纳-香槟分校,他对密码学产生了兴趣。密码学是一门制造和破译密码的科学,这是一个神秘的领域,对任何希望建立安全运行的互联网服务的人来说,都是至关重要的。列夫琴确信,他注定会创办一家公司,这意味着他必须尽快搬到旧金山湾区。列夫琴后来回忆说:"我毕业那会儿,如果你是计算机专业的优等生,你一定会到帕洛阿尔托去找最便宜的公寓。"

列夫琴口中最便宜的公寓就是睡在朋友家的地板上。但在此之前,他的朋友斯科特·巴尼斯特已经卖掉了一家小微公司,转型成为一名投资者;因为房间没有空调,所以为了熬过那个夏天,列夫琴不得不花很多时间在斯坦福大学校内旁听客座讲座。他常常只是摸到某个教室的后面,假装感兴趣几分钟,然后就打起瞌睡,享受凉爽的冷气。当他刚坐下来听一位才从斯坦福毕业的学生谈论外汇交易时,他或多或少也还是这么打算的,他隐约听过那人的名字。他是这间教室里的六位听众之一。

出于道义,他一直没有睡觉,在这么小的房间里打瞌睡似乎有些奇怪。当蒂尔结束他的演讲后,列夫琴做了自我介绍。他告诉蒂尔,他们有个共同的朋友——企业家卢克·诺塞克。诺塞克创办了一家公司,而蒂尔当时正好资助了这家公司,列夫琴说自己也想创办一家公司。蒂尔似乎随着话题的转变而轻松了许多,他俩一起走出教室去停车场。分手前,蒂尔说对列夫琴说:"我们一起吃个早饭吧。"

"好啊。"列夫琴应声道。

"明天怎么样?"蒂尔问。

第二天早上,他们在斯坦福大学校园南部的一家小餐馆见了面。

蒂尔啜饮着一份浆果香蕉奶昔，列夫琴则谈到他对"掌上电脑"的迷恋，这种掌上电脑对极客来说具有一定的吸引力。他自学了在这种数字规划器上编程，数字规划器有点儿像苹果手机的原型，上面有应用程序，用户可以写备忘录、设定约会提醒，以及"神奇中的神奇"——远程发送信息。这个过程很笨拙：你必须买一个特殊的调制解调器，接在设备的终端，把整个华夫饼烘烤模具大小的设备插到一个电话插孔上，然后忍受拨号调制解调器传输数据时嘈杂且缓慢的过程。但列夫琴认为这简直太棒了。

"总有一天，"列夫琴对蒂尔说，"人人都会在工作中使用这些东西。"

列夫琴说，但掌上电脑有一个问题，它没有内置的安全系统，这使得它实际上对企业毫无用处。作为密码学者，列夫琴认为解决方案就是建立一个加密网络，使掌上电脑可与大公司运行的大型计算机系统进行通信。蒂尔目不转睛地看着列夫琴。

"太棒了，"蒂尔说，"我想投资。"

不到 24 小时，蒂尔就同意为列夫琴的构想投入 25 万美元，这就像是在快速下注，把宝押在一位完全没有经验的创始人身上，而蒂尔后来也因此而出名。列夫琴将公司命名为 Fieldlink，因为他的构想就是将分散于工作点（即现场）的 PalmPilot（掌上电脑）与公司系统连接起来。这个想法远远超前于它的时代：掌上电脑还需要 10 年才能在企业环境中普及，企业系统和个人设备之间的安全通信问题直到 21 世纪 10 年代中期才会被广泛认识。但从其他方面来说，列夫琴和蒂尔的合伙人关系还有其他好处。

在 1998 年年底与蒂尔和列夫琴会面后，斯坦福大学计算机学教授马丁·赫尔曼签约担任 Fieldlink 的顾问,条件是获取少量股权。赫尔曼以发明构成网上银行和电子商务基础的加密技术而闻名。"5 分钟后,我就明白了,列夫琴比大多数密码学博士懂得都多,"赫尔曼说,"他如饥似渴。"

蒂尔和列夫琴认为,他们需要一个与赫尔曼一样有信誉的人,来说服像微软这样的商业软件大供应商与他们合作。但是大的软件公司几乎对他们的询问不理不睬,几个月之后,他们转向了列夫琴加密技术的新用途,这种加密技术不需要任何大型软件公司的许可,也不需要任何中介机构。

当年早些时候,美国手持设备制造商 Palm 公司宣布其最新设备 Palm III 不仅将配备 2 兆字节的内存(这在当时是巨大的),还将配备一个红外发射器,类似常见于车库门遥控器中的那种。这个功能可以用来在设备之间发送数据,比如联系人信息,而无须拨号。自 1998 年年底开始,列夫琴和蒂尔试验使用同样的技术发送借据的想法,一旦 PalmPilot 连接到数据坞,借据就可以与银行账户相联。他们将 Fieldlink 更名为"康菲尼迪"(Confinity),这是列夫琴为了表达"无限的自信"而发明的新词,并任命蒂尔担任首席执行官。

列夫琴的技术应用窄得离谱,当时只有超级书呆子才用 PalmPilot,但蒂尔仍然认为这个基本理念具有潜在的颠覆性。列夫琴后来并没有发明新的借据,而是发明了一种新货币。一旦你在掌上电脑上安装了康菲尼迪的支付应用程序(可从朋友的手持设备上下载),你就可以用数字借据而不是美元来购物。

他们将这种转账服务称为 PayPal,但从最开始,蒂尔就明白它可能不仅是一种聪明的兑现支票的方式。在亚洲、俄罗斯、中南美洲等地的金融危机期间，担心恶性通货膨胀的国民未能将资金转换成美元存入外国银行。而有了 PayPal，他们要做的就是在他们的 PalmPilot 上操作，它也就变成一个口袋大小的瑞士银行账户。蒂尔曾向记者夸耀说，如果该计划得以实施，政府将无法调控经济，这将导致"民族国家的衰落"。

对留意他这番说辞的人来说，这句话的含义深远，当然，也有引发动乱之嫌。蒂尔想让所有人都能拥有匿名的外国银行账户，但这样的账户也被偷税者、洗钱者、军火交易商和其他国际罪犯所使用。按照蒂尔的逻辑，政府将无法阻止各种灰市和黑市的交易，而这些交易的费用将成为 PayPal 的收入。这是蒂尔在《斯坦福评论》时期所发表的疯狂论点的现实版。忘掉打倒道德沦丧的大学管理者吧，PayPal 现在有潜力打倒政府。20 年后，比特币的狂热者们也用类似的逻辑来追求同样的目标。

蒂尔毫不掩饰自己的革命性抱负，直率地与早期员工和投资者交流解释。1999 年 7 月，这些投资者在一次新闻发布会上用 PalmPilot 转账给蒂尔 300 万美元，这是他们给该公司的投资。"纸币是一种古老的技术。"同年晚些时候蒂尔在一次会议上这样解释道，他认为 PayPal 完全可以成为"支付领域的微软"。但这只是个开始，因为纸币也是政府实施控制的一种手段。"当然，我们所说的对美国用户而言的'便利'对发展中世界来说将是革命性的。"他继续说道，政府"利用通货膨胀，有时还利用大规模货币贬值……来夺走其公民的财富"。PayPal 会让这一切变得不可能。

蒂尔将这种自由意志主义的精神推行于大大小小的各个方面。在 PayPal，员工可以随意在全体会议上迟到，只要每迟到 1 分钟支付 1

美元就行。尼尔·斯蒂芬森的新赛博朋克流惊悚小说《编码宝典》几乎成了必读书目,当然还有《阿特拉斯耸耸肩》。斯蒂芬森的书主要讲述了一群企业家,他们是第二次世界大战的密码破译者的后代,他们建立了一个秘密的离岸"数据避风港",以保护加密的网上银行系统免受独裁政府的干预。

大多数(但并非全部的)早期雇员认为自己是自由意志主义者,包括列夫琴,他在苏联成长的经历使他对大多数形式的权威持怀疑态度。最终,蒂尔雇用了许多他在斯坦福大学就读时期《斯坦福评论》的编辑,包括基思·拉布瓦、戴维·萨克斯、内森·林、诺曼·布克、戴维·华莱士,以及6名年轻的《斯坦福评论》前员工,包括保罗·马丁、肯·豪厄里和埃里克·杰克逊。列夫琴带来了几个他以前在伊利诺伊大学厄巴纳-香槟分校的同学,包括诺塞克、潘宇和拉塞尔·西蒙斯。

康菲尼迪在帕洛阿尔托闹市区的一家文具店和一家法式面包店的楼上租了第一间办公室。没过多久,这20来个年轻人就被堆得齐腰高的油腻腻的比萨盒包围了,四周还有成堆的空可乐罐。"那里看起来就像科技联谊会会场。"马丁说。他大学三年级时在《斯坦福评论》工作,曾经来拜访这家公司,后来干脆退学并全职加入了这家公司。PayPal的员工年龄都不超过35岁,大多数人也就20岁出头。"经验被视为污点,"另一位早期员工托德·皮尔逊说,"如果他们发现你有工商管理硕士学位,可能会炒了你。"

除了年轻,PayPal的另一个特点是其员工基本上是白人男性。这位《多元神话》的作者充分利用了他对多元文化主义的厌恶。在早期,PayPal没有聘用女性,也没有一个黑人员工。多年后,列夫琴吹嘘自己拒绝了一个使用"hoops"（篮框）来代替"basketball"（篮球）这个词的求职者。他说："没有一个PayPal人会使用'hoops'这个词。也许甚至没有人知道怎么打'hoops'。说'basketball'就够糟的了，更不用说'hoops'了！那家伙显然不适合这里。"

列夫琴后来说，他对多样性的看法是短视的，但在当时，对PayPal的招聘方式感到不舒服的只有那些担心蒂尔是在招自己的跟班儿的人。"我过去觉得这是个错误，因为一个在周报工作的人怎么会懂得技术支持呢？"赫尔曼说，"但彼得很聪明，他能雇到那些视他为领袖而不与他作对的人。"

硅谷引以为豪的是其精英管理方式，以及它能聘用超级聪明的怪人和书呆子，而不管他们是什么性格类型的人。这包括照顾困难员工的需求，只要这些人有生产力。埃里克·施密特在《重新定义公司：谷歌是如何运营的》一书中说："只要人们能想出与著名女歌唱家合作的方法，而且著名女歌唱家的成就超过了她们以著名女歌唱家的方式所造成的附带伤害，你就应该为她们而战。"但是除了能力，蒂尔看重的还有忠诚和同质性。他后来写道，也许并没意识到这可能会被误解为有偏见，"我们都是那种一模一样的书呆子"。

除了看似随意的文化测试，例如"你会打乒乓球吗"，蒂尔还拿当时在华尔街很常见的脑筋急转弯题目来测试新员工。他会目不转睛地盯着一个年轻人说："你有一张圆桌，还有无限提供的25美分硬币。你和一个竞争对手轮流在桌子上放置一枚硬币，硬币不能重叠。最后那位放好25美分硬币却没有碰到其他硬币的人就是获胜者。你是先放还是后放？"解决方法是：要先放，并把硬币精准地置于桌子的正中央，接着就完全模仿对手的动作即可。那些回答正确的人将被要求集中精力于摧毁 PayPal 的众多竞争对手。

在过去 20 年里,你只要在硅谷待上几天,就会有一种被空投进了一场秘密革命的感觉。从外表看,帕洛阿尔托和介于圣何塞和旧金山之间的半岛的其他地区跟图森或塔尔萨的郊区一样,到处遍布着小房子、单排商业街和办公园区。但随后你会走到一家帕尼拉面包店或万怡酒店的自助早餐厅,只消瞥一眼某人笔记本电脑上的演示,就能看到要么是 3D 打印房屋的规划图——这种房屋价格低廉,可以终结无家可归的窘况,又或者是实验室人造肉的分子结构。

那些准备抑或接受演示的企业家和金融家一定会兴高采烈地谈论如何推翻他们称之为"纸张地带"的旧秩序。他们指的是纽约、洛杉矶和华盛顿特区,他们相信这些地方总有一天会步弗林特、伊利和扬斯敦的后尘。而且,当你想象着你的生命在你的面前延展 1 000 年,而且完全摆脱了无知、疾病和不便时,你真的很难不这样想:"谢天谢地!"(总算摆脱了!)即使你来自那些正在衰亡的地方。

但稍微多走走看看,你就会注意到两件事:首先,实际上大多数的初创公司起步时并没有那么雄心勃勃,他们大多试图选取旧经济中的一些体量很小但可期利润丰厚的部分,在互联网上做营销(例如 20 世纪 90 年代中期的亚马逊网上售书、21 世纪初的谷歌广告业务,以及 21 世纪 10 年代以优步为代表的网约车业务)。其次,这些自由思考者往往并不是特别具有独创性。他们几乎全都是斯坦福大学、加州大学伯克利分校、加州理工学院、哈佛大学、麻省理工学院这五所高校的毕业生,而且都得到了同一拨风险投资公司的支持。众所周知,风险投资公司言必称颠覆和发明,但其实它们经常支持当下最流行的东西。

在硅谷，在20世纪90年代和21世纪初科技繁荣的鼎盛时期，支付显然是下一个将被征服的市场角落。互联网的发展已经覆盖数以亿计的人，他们在线阅读新闻、发送信息和浏览色情内容，但尚未利用这种新媒体来周转资金。硅谷的企业家们开发出许多不同的选项，包括PayMe、Ecount和eMoneyMail这样的纯支付公司，像Flooz这样的在线礼品卡公司，以及像Beenz这样基于积分的数字货币公司。（不知何因，当时美国最聪明的人都对字母z情有独钟。）每家大型零售和金融公司都有数字支付部门。亚马逊的支付服务叫作Accept.com，雅虎有一家被称为PayDirect的公司，易贝也有了跟PayPal叫板的自家的新武器Billpoint。

市场上提供几近相同服务的竞争对手简直太多了，以至于PayPal甚至都不是其所在楼宇中的唯一一家此类型的公司。1999年年初，但凡要去位于大学大道394号的蒂尔办公室，就得从一家小文具店旁边的门道进入。往里面有一段楼梯，上去就是二楼的楼梯平台。这儿一边是蒂尔和列夫琴正在建立的公司，另一边是一家名为X.com的公司，创始人是一位在各方面都和彼得·蒂尔一样野心勃勃的企业家——埃隆·马斯克。

马斯克17岁时离开了位于南非比勒陀利亚的家，经由加拿大来到硅谷。和蒂尔一样，他也通过了斯坦福大学的招生考核，并于1995年，即蒂尔回到加利福尼亚的这一年，以研究生的身份入学。他原本打算在斯坦福攻读物理学博士学位，但后来放弃了，转而创办了Zip2公司，这是一个商业目录网站，相当于纸质黄页的线上版本。马斯克几乎从一开始就与他的投资者意见不和，他想把Zip2打造成一个目标网站，像雅虎一样，风投资本却想与媒体公司合作。1996年，他们聘用了一位专业人士担任首席执行官，取代了马斯克，并最终解雇了担任董事长的马斯克。马斯克内心受到了伤害，但财务方面的回报还算不错，1999年年初，当公司被以大约3亿美元的价格卖给康柏时，他拿回了2 200万美元。

尽管马斯克和蒂尔有相似之处，但两人在气质上截然相反。马斯克天生好斗且有点愚笨，有一种热情洋溢的富有青少年气息的幽默感。相比之下，即使在密友之间，蒂尔也会流露出遮遮掩掩的神秘感，马斯克却从不会刻意修饰自己。蒂尔倾向于从限制风险的角度考虑问题，马斯克则总是孤注一掷。卖掉Zip2后，他花了100万美元买了一辆迈凯伦F1，然后将余下的大部分钱投入了X公司，该公司不仅提供电子支付服务，还提供支票账户、股票交易和X.com共同基金。

马斯克的愿望就是，凡是从朋友那里收钱的用户都可以把钱留在自己的账户里，慢慢地再把钱转到网上银行。有条新闻标题宣称，"高新科技的'IT新人物'：埃隆·马斯克准备成就硅谷的下一个大事件"。1999年年中，凭借一个演示网站，马斯克从红杉资本的迈克尔·莫里茨领导的一群投资者那里筹集到2 500万美元。对蒂尔和PayPal来说，这是个不好的消息。莫里茨是硅谷最受尊敬的风险投资人之一，因为是他投资了雅虎及突然崛起的搜索引擎谷歌。

一如既往，马斯克花X公司的钱花得潇洒大方。新注册的用户只要开通账户就可以直接获得20美元。然后，该服务鼓励用户添加朋友的电子邮件地址并邀请他们也来使用该平台，用户每推荐一人，平台奖励10美元。马斯克选择无视大多数既定的银行业惯例。金融机构历来被要求通过查验身份证明来核实客户的真实身份——这种做法被称为"充分了解你的客户"。如果金融机构未能向政府报告客户的不当行为，他们可能会因此被追究责任。如果有人走进银行，把600美元扔在柜台上，要求以"米老鼠"的名字开一个支票账户，出纳员不应该只是微笑着将钱接过来。马斯克不熟悉正常的银行业惯例，他创建了一家允许这种事情发生的公司。1999年年底，他向哥伦比亚广播公司新闻频道吹嘘，在X公司获得信用额度比注册一个电子邮件账户还要容易。"你只要填写相关的表格，两分钟就能搞定，然后就可以进入你的账户，而且资金瞬时就能到账。"马斯克说。

当然，没有什么能阻止使用X网站的客户在注册账户时谎报自己的身份和住址信息，他们一直都是这样做的。每天，邮差都会停在大学大道394号，将一大包X公司寄给客户的信件再投递回来，这些信件都是送达假地址后被退回给寄件人的。由于不知道该怎么办，X公司的一名员工购买了一个保险箱，把这类信件都塞了进去。

X公司为其大多数客户提供支票账户，因此能够收到他们邮件的客户有时就会马上开出一系列空头支票，以从中获利。一位专门负责处理欺诈行为的早期员工说："我当时就想，我这到底是进了什么公司？根本就没有适当的风险缓解措施。"当员工们告诉马斯克"与X公司合作处理支票账户的银行抱怨收到空头支票"时，他似乎对此完全没有概念，马斯克说："我真不明白，要是账户里没有钱，为什么还要开支票呢？"

马斯克和他的员工不知道，二楼楼道对面的工程师们也在进行数字化资金转账，只不过是通过PalmPilot。他们只知道这家公司的门上有一块牌子，上面写着"康菲尼迪"。"我们不知道他们在做什么，他们也不知道我们在做什么，"一位X公司的前员工说，"直到他们在垃圾桶里找到了一份商业计划书。"

X公司和康菲尼迪在大楼后面的巷子里共用一个垃圾桶。后来，康菲尼迪的工程师们向X公司的员工们吹嘘说，他们发现了描述X公司的网络支付和客户扩流方案的文件，并将之整合进了PayPal的总体战略中。这件事发生在康菲尼迪在394号的办公空间不足而搬到大学大道的另一头之后。虽然马斯克对这一说法表示怀疑，但与我交谈过的X公司员工们却挺当事的。"我敢肯定这99.9%是真的！"其中一位说道。马斯克则表示："我想有这可能，不过有点儿像在说'你窃取了我的登月构想'。"

无论如何，那年秋天，蒂尔和列夫琴转而关注X公司的商业模式。11月，他们还创建了一个粗糙的互联网页面，模仿掌上电脑的转账服务功能。之后一个月，他们又从高盛集团和科技孵化器创新实验室获得了2 300万美元的风险投资，同时，聘请在《星际迷航》中饰演斯科蒂的演员詹姆斯·杜汉出席一场首发式，给一群幸运的客户送钱，他说："在我的整个职业生涯中，我一直在传送人，但这是我第一次能传送金钱！"斯科蒂在新闻发布会上说。

这个笑话在蒂尔的"和平自由党"老笑话中不起作用，但PayPal最终撞上了成功的受众：易贝平台的卖家。当时，为在线上拍卖中购得的东西付款的主要方式就是到邮局购买一张汇票，然后把它寄给卖家，卖家还得拿着它到银行去兑换成现金。"这也太离谱了，"易贝的一位高管说，"卖个东西竟然需要几个星期。"

为了加快购物交易速度，列夫琴编写了一个自动软件程序，可以自动给卖家发送信息，表示有买家要购买他们的物品，条件就是卖家要接受PayPal。如果PayPal在竞拍中获胜，它将把拍得的物品捐赠给红十字会，这是好事，因为这个计划有点儿上不了台面（更不用说还违反了易贝的服务条款）。列夫琴并不是想要赢得竞拍，他只是试图让卖家注册一个 PayPal 账户。

PayPal 进一步加速了自己的增长，其方法就是利用 X 公司的主动进攻策略，即付给每位新用户 10 美元，若成功介绍了新用户则每介绍一位用户再给 10 美元。为了让这一做法更加诱人，PayPal 允许用户立即提现，这些钱可以以支票的形式寄给他们，或者以退款的形式直接转入他们的信用卡账户。这么做成本很高，PayPal 每增加一个新用户平均要支出 20 美元。

这样很快就积累了很多用户。卢克·诺塞克是列夫琴和蒂尔共同的朋友，现在是 PayPal 的营销主管。他开发了一个应用程序，用它来追踪新注册账户的数量。它以标注为"世界支配指数"的小方框的形式出现在员工的电脑显示器上。每当有新用户加入，计数器显示的数量增加时，应用程序就会播放敲钟的声音。

整个 11 月，PayPal 的用户不过几千人。到次年 1 月时，世界支配指数上升到 10 万，仅仅 3 个月后，这个数字已达 100 万。即使在硅谷，这也是前所未有的增长速度，但这意味着至此 PayPal 筹集的 2 800 万美元中约 2 000 万美元已成为客户介绍费。早期员工们纷纷讲述，每当走进公司，看到一夜之间新增成千上万的用户，内心便感到敬畏和恐惧。

PayPal 通过一种比 X 公司所追求的更极端的监管套利形式加速了增长。X 公司至少还注册为银行，PayPal 却连这个也懒得做。在收集用户信息或阻止他们将钱用于非法目的方面，PayPal 几乎没有做出任何明显的努力，而且至少在一些员工看来，它这是在公然蔑视银行业的规则。事实上，PayPal 用来返还给用户现金的信用卡退款机制被信用卡公司在技术上禁止了。第二年，当这些公司抱怨时，PayPal 只是简单地道歉了事。"他们说：'你们他妈的在干吗？'"皮尔逊回忆道，"我们则说：'我们正试图利用你们不可思议的系统来为支付提供便利。'然后我们就谈判，我们已经这样做很多次了。"

当然，有这么一片领地，这种公然的侵犯行为在那里被视为合法，甚至值得庆贺，这就是蒂尔和许多 PayPal 高管都非常熟悉的领地：激进的保守派政治。《斯坦福评论》关于"黑头发"危险的筹款邮件是直接从理查德·维格里的剧本中抄袭而来的。理查德·维格里是著名的支持戈德华特和里根的反叛保守主义的筹款人。维格里运营着美国青年争取自由组织，该组织曾向《斯坦福评论》和其他保守派大学校园刊物提供资助，并通过在众议院书记官办公室抄写记录建立了一份筹款名单。他想要一份所有已经向戈德华特捐款的人的姓名和地址清单，然而复印相关记录涉嫌违法，所以他就带着一帮秘书走进众议院书记官办公室，直接手抄那些记录，最后形成了一个邮件地址列表。他将它卖给了右翼激进组织及亚拉巴马州的种族隔离主义者乔治·华莱士。

维格里和他在华盛顿政界的崇拜者几十年来一直将此事作为保守派勇气的例子反复提及，事实上，据说迪内希·德索萨也曾在《达特茅斯评论》中如法炮制。当然，任何一位硅谷企业家现在都会用另一个名称来形容这种手段：求增长的黑客行为。如今，使用不可持续的或道德上存疑的手段来启动一家初创公司已被广泛接受，甚至在某些科技圈子里还备受推崇，甚至被普遍认为滥觞于蒂尔和他的同僚们在 PayPal 开发的"增长黑客"。

但在当时，竞争对手们对他的公司的做法极为不满。PayPal 不计后果地花钱，允许通过它的系统进行交易，而这在普通银行是绝对不可能被允许的，而且在没有遵守许多基本规则的情况下就与用户签约。从本质上讲，蒂尔向他们传达的信息就是，要把关注的目光投向世界支配指数，权当它是记分牌。有记者注意到，其他许多在线支付公司选择遵守联邦银行的规定，例如，在允许用户支付前要求其提供社会安全号码并核实其地址，蒂尔却说他们是"脑子不正常吧"，并暗指这就是它们增长缓慢的原因。当记者提示 PayPal 也应该这么做时，蒂尔耸了耸肩说："没有人清楚银行到底应该是什么样，根本就没有明确的标准。"就算 PayPal 违反了法律，现在也不是道歉的时候，更不是循规蹈矩的时候。繁荣开始了。

第 5 章

风险投资

时至 2000 年年初，在硅谷的企业家、投资者和工程师中，普遍的前景就是有"无限的机会"。股票市场如火如荼，纳斯达克指数在过去两年中增长了 200%，10 亿美元级别的公司横空出世。"很难形容当时的疯狂程度，"X.com 的投资人、风险投资家迈克尔·莫里茨说，"在那些公司里，每个人都很年轻，一天工作 24 小时，吃得也非常差。所有这些全都碰撞在一起，造成了一场令人不安的情感混乱。有些人非常自信，相信自己所向披靡，有些人则认为自己会失去一切。"

这是新千年的肇始，但似乎完全没有那种感觉。阿尔·戈尔似乎已为克林顿的第三届总统任期做好准备，"千年虫"问题（即人们担心计算机编码日期发生故障会导致全球网络崩溃，进而引发一场末日灾难）则被证明是危言耸听。千禧时刻如期而至，但什么也没有发生。

2000 年 1 月，PayPal 又融资 2 300 万美元，火爆一时。每天都有大约 9 000 名用户加入，其中大部分是易贝的买家和卖家，他们都要求兑现那 10 美元的新人费，继而再推荐一些新用户，以充分利用每介绍一名新用户奖励 10 美元的政策。因此，用户数量增长达到了硅谷历史上前所未有的水平，甚至可能达到世界历史上前所未有的水平。蒂尔向《华尔街日报》吹嘘说："这比得感冒还容易，而且扩散得就像病毒一样迅疾。"该报指出，投资者根据用户数量多少来评估在线金融服务公司，这意味着仅在开放此服务几个月后，PayPal 的价值就达到了 1 亿~10 亿美元之间，虽然这只是假设 PayPal 在某种情况下至少还是能够赚到一些钱的。

对科技公司来说，寻求收入的飞速增长，同时承受一定的亏损，即著名的曲棍球杆形模式，这是很典型的做法。从长远来看，这可能行得通，因为随着亏损公司不断发展，它可以利用规模经济，其亏损也会缩小。公司只要保持增长，最终就能够盈利。但 PayPal 并没有遵循这一套路，因为与它之前成立的大多数快速增长的初创公司不同，PayPal 没有任何收入，它的服务是免费的。蒂尔曾正式告知投资者和公众，该公司计划通过收取用户留在系统中的现金利息来赚钱。银行将这些现金称为浮款。不幸的是，几乎没有人在 PayPal 里面存钱。

更糟糕的是，系统中仅有的那一点点钱都来自 PayPal 本身。2000 年 2 月，它每天都要支付 10 万美元的奖励金，而这只是为了吸引新用户注册。一旦用户开始使用 PayPal 付款购买商品，该公司的损失就会更大。信用卡处理机构收取高达 3% 的所谓交换费，这意味着一笔 100 美元的"免费"交易也要 PayPal 支付 3 美元。人们转付的钱越多，PayPal 的损失就越大。假如 PayPal 用户实施欺诈，盗用别人的信用卡，然后在 PayPal 上进行交易支付（这种情况似乎越来越有规律地出现，尽管还没有人能确定到底有多频繁），那么信用卡发行商通常会迫使 PayPal 赔偿被盗付的金额，如此便使 PayPal 的损失雪上加霜。

所有这一切的结果就是，PayPal 越接近于替代金融系统，它在财务上就越不成功。由于一直在密切关注该公司的发展，易贝高层管理人员对这种战略感到困惑不解。他们将 Billpoint 的使用限制在顶级卖家，以阻隔系统中可能出现的可疑人物，防止欺诈行为的发生。同时，PayPal 似乎没有采取任何措施来确保自己的运营有利可图，或者遵守银行业的规章制度。"他们可真是花了一大笔钱呢！"易贝的一位高管告诉我。

有一个办法可以摆脱这一困境，也就是说，既然 PayPal 能够搞得这么大，那其他竞争对手也就维持不下去了。如果 PayPal 一家独大，就没有人还会想用 Billpoint 付账；一旦出现这种情况，PayPal 就会垄断整个市场，并且很容易就能找到为其服务收费的方法。这一手法在互联网公司中非常普遍，甚至还围绕它形成了具体的完整理念，但在当时，蒂尔甚至不确定这是否奏效。他认为，还是真金白银地套现比较好，也可将 PayPal 的损失转嫁他人。

他的一位同事说："他似乎害怕失去这项业务。"把 PayPal 卖给一个更大的收购者的想法一直贯穿 PayPal 历史的大部分时间，并成为蒂尔与其投资者之间紧张关系的根源。他请大学时的朋友、当时的副手之一里德·霍夫曼试着把 PayPal 兜售给潜在的收购者，很多公司都接到了霍夫曼的电话。处理在线信用卡交易的威瑞信公司刚刚推出了针对 PayPal 的竞品服务，似乎对此交易持开放态度，雅虎也是如此。但在谈判即将进行时，埃隆·马斯克半路杀了出来，他听说了这笔可能达成的交易，并担心如果 PayPal 成为雅虎的一部分，那 X 公司就会被挤出市场。2000 年 2 月，他找到了蒂尔，并安排与他在大学大道上的一家餐厅见面。

合并的逻辑无可拒绝。PayPal和X公司的用户规模大致相同——各有20万人，市场份额大致相同——各占易贝支付额的50%。两家公司都在亏损，合并后的公司在2000年第一季度的亏损约为2 500万美元。马斯克认为，如果能够合并，他们生存的概率会更大，而且就算有朝一日政府要打击新的数字支付技术，他们一起与联邦监管机构打交道也能更容易些。

马斯克和蒂尔达成协议，两家以50%对50%进行合并。但X公司拥有更知名的投资者和一位著名的创始人，故正式成为收购方。后来，"康菲尼迪"这个名字被取消，PayPal也成为X.com金融服务部门的一部分。马斯克独自创办了X公司，因此拥有更多股权，他成为该公司的董事长和最大股东。两个月后，他任命自己为首席执行官。

这种合作关系对投资者来说很有吸引力，那年春天，他们又向合并后的公司投入了1亿美元的风险投资，但事实证明这种关系在个人层面上很尴尬。或许并不令人意外，埃隆·马斯克和彼得·蒂尔相处得不太好。一天，当蒂尔坐着马斯克价值100万美元的迈凯伦去红杉资本和迈克尔·莫里茨开会时，埃隆为了炫耀汽车的加速性能，撞到了沙丘路的路堤上。撞击后的迈凯伦飞了出去，完全报废了。他们离开汽车残骸时，马斯克告诉蒂尔："我读过很多这种故事，说有人赚了钱，买了跑车，然后就撞车了。但我知道这种事永远不会发生在我身上，所以没有投保。"

这件事令蒂尔感到震惊，他开始认为马斯克做事莽撞；马斯克则认为蒂尔就是喜欢赚钱，只把技术当作赚钱的工具。"我不是说我俩是油和水——不相容，但的确存在相当大的分歧，"多年后马斯克告诉我，他的评价更加谨慎全面，但也令人沮丧，"彼得喜欢搞点儿投资的小把戏，就好像我们都在下棋一样。我不介意，但我从根本上还是喜欢做工程和设计。我不是一个投资玩家，我觉得用别人的钱一点儿也不酷。"一个和这两人都分别谈到过对方的人则说得更加直白："马斯克认为蒂尔是个反社会者，而蒂尔认为马斯克是个善于欺诈、好吹牛的人。"

这些感觉自上而下地蔓延开来，一些曾经的康菲尼迪的员工认为，马斯克和他们的老板一样自大、爱哗众取宠。他们对被迫放弃公司名称感到愤懑。PayPal 现在被称作 "PayPal by X.com"，这个拗口的名字似乎就是照顾到马斯克的自负。他们怀念蒂尔的低调。PayPal 的营销经理、《斯坦福评论》前编辑保罗·马丁说，马斯克完全不适合这家公司。"埃隆给人的印象是，他最了解情况，你最好按他说的做。而彼得给人的印象是你才最清楚情况。"

但蒂尔给马斯克设了一个陷阱。虽然马斯克成了首席执行官，但蒂尔的副手们，包括霍夫曼、列夫琴、萨克斯等人，大部分成了高管。X 公司的前高管被边缘化了，马斯克身边的团队对蒂尔比对他更忠诚。

崩盘来得如此之快，以至于大多数硅谷人都没有意识到它已经发生了。纳斯达克指数在 3 月达到顶峰，当时，蒂尔和马斯克正在完成 PayPal 的合并和 1 亿美元的投资。几周后，在 4 月初，一名联邦法官裁定微软违反了美国反垄断法，这增加了政府将其拆分的可能性。微软的股价下跌了 15%，纳斯达克指数也下挫了 350 点，跌幅达到了 8%，创下了有史以来的最大跌幅。

当时，人们很容易将这一切当成一种反常现象，此种市场调整更多的与比尔·盖茨有关，而不是与向尚未完全成熟的网络公司注入的愚蠢资金有关。但11天后的星期五，也就是4月14日，纳斯达克指数再次下跌350点。该指数当周跌幅达25%，使得这次的突然调整比1987年的黑色星期一崩盘还要糟糕。即便如此，对科创股持乐观态度的人仍能将这些亏损视为获利回吐、税务筹划或市场已经触底的迹象。美国金融服务公司坎托·菲茨杰拉德的一位分析师对美国有线电视新闻网表示："现在是该乐观的时候了。"PayPal这样的初创公司在银行里仍有资金，人们普遍有一种感觉（尽管不那么现实）：没有理由惊慌失措，信息革命还会继续。虚拟货币初创公司Beenz从拉里·埃利森等人那里又筹集了5 100万美元，用于重塑金融体系。2000年8月，英国《卫报》援引伟大的自由主义经济学家弗里德里希·哈耶克的话报道说："Flooz有机会实现哈耶克关于'企业向政府挑战货币发行权'的梦想。"这两家公司年底之前都不会遇到大麻烦。

事实上，在第一批互联网公司资金告罄之前，几乎没有人注意到这一次崩盘。Pets.com突然宣布破产，开张仪式也变得越来越少，科创者开始紧张地查看一个新的恶搞新闻网站——FuckedCompany.com。

但是，蒂尔已经注意到了。其实，几乎就在他刚刚筹集到1亿美元，并且泡沫就要破灭之前，他消失了。他不再来办公室，也切断了与员工和董事会的定期联系。他告诉几个同事他在巴西，其他人则听说他在下棋。那年春天，莫里茨打电话请求他回来，蒂尔回绝了。接着在5月，蒂尔发了一封形式上的备忘录邮件，标题显得冷淡无情："执行副总裁辞呈"。

蒂尔告诉员工，他已经"筋疲力尽"，他认为自己"更多的是个愿景家，而不是管理者"。他说，现在是时候让马斯克掌舵，以继续"实施我们主宰世界的计划了"。员工和投资者对他的突然离职感到难以理解，这种感觉肯定不会持续太久。但是，就目前而言，如何应对经济低迷及其可能产生的所有后果，这将完全是马斯克的问题。

对天生乐观、一心只想当首席执行官的马斯克来说，这似乎非常自然，而且一开始一切都进展得很顺利。PayPal 开发出了一种创新但有点儿麻烦的系统，用来验证用户是否提供了被盗的银行信息。其中包括将两笔各有几美分的小额存款存入一个银行账户，然后要求新用户提供该账户准确的实际金额。该公司还削减了付给新用户的奖励，由之前的 10 美元减至 5 美元。

可惜的是，这未能完全解决 PayPal 真正的软肋——欺诈。蒂尔过去并不太担心康菲尼迪的欺诈，而马斯克也继承了他这种自由放任的态度。事实上，PayPal 里没有人真正知道有多少欺诈行为。

2000 年夏，由刚从斯坦福大学商学院毕业的南非年轻人鲁洛夫·博塔领导的该公司财务部门开始比较 PayPal 预测的返款率和公司实际亏损的金额。当某个卡号被用来给 PayPal 账户转账后，一旦被报失，就会发生返款。根据信用卡行业的协议，如果发生这种情况，信用卡服务提供商就会直接拒绝付款，这对 PayPal 来说是一个难题，因为到那时，提供假名字的客户可能早已经把钱花光了（连同他们的开户奖金）。

起初，情况看起来很糟糕，但还不是灾难性的，以任意一周为例，PayPal 支付退款的损失大约为其收入的 1%。这一比例虽然不算高，但已经接近行业标准。不过，博塔随后意识到，这些计算是在有缺陷的前提下进行的：欺诈报告是即时的。如果去咨询银行业人士的意见，他们没有一个人会做出这种假设。因为用户有长达 120 天的时间来对一笔信贷费用提出异议，这意味着在给定的期限结束后，

PayPal还将继续记录亏损达几个月之久。公司没有考虑到这一点，而是简单地将某个月的退款金额除以同期的总收入，这是一种错误的计算方法，因为公司发展非常迅速。事实证明，欺诈率至少是博塔猜测的两倍，而且还在继续上升。"天哪，"博塔想，"我们就要破产了。"

随着蒂尔的离开，这一切都落在了马斯克的肩上，他转而集中精力拓展PayPal的野心。由于马斯克一向认为X公司不仅是一家支付公司，他要求公司营销部门重新设计PayPal的标志，要在其中加入X公司的元素，并将该服务更名为X-PayPal，还逐步开始了彻底取消PayPal名称的进程。

对蒂尔雇用的团队来说，这么做简直是疯了。易贝的卖家早已经习惯说"把钱PayPal给我"之类的话，直接拿公司名字当动词用，这可是语言学家的噩梦，但对初创公司来说恰恰是里程碑式的成就。与此同时，X公司进行了一系列焦点小组调查，结果显示消费者并不喜欢这个品牌名称，因为它让他们产生色情的联想。马斯克不为所动，员工们这样私下议论也许是沉没成本的缘故。公司内部有传言说他至少花了100万美元购入X.com的域名。PayPal的营销人员马丁说："什么都说服不了他。"

当时，蒂尔在沙丘路为他的对冲基金设立了一间办公室，但他仍与这支忠诚的团队保持着联系，其中包括不满马斯克重塑品牌的《斯坦福评论》的前编辑们，以及对重新编写PayPal软件极为愤慨的列夫琴。这些矛盾冲突使公司陷入瘫痪，导致因欺诈造成的损失持续增长，1亿美元的储蓄金也不见了。一位前高管说："这就像一张水床，你刚堵住一个漏洞。砰！人家又会发现其他漏洞。我们需要重整旗鼓，而马斯克对此丝毫不在意。"

1月，马斯克与大学时的女友朱斯蒂娜结婚，但他几乎立刻就被PayPal掏空了，连蜜月也没了。这时，马斯克夫妇正在筹划为期两周的假期，其中包括去观看2000年悉尼奥运会，并在新加坡和伦敦与投资者会面，马斯克希望这些投资者能帮助PayPal维持偿付能力。

后来回想起来，马斯克承认，他对整件事都考虑不周。他知道员工们不开心，所以应该留下来。"那段时间我可能不应该离开办公室，"他说，"我们做了不少冒险的事。这太可怕了。"蒂尔和列夫琴的老朋友卢克·诺塞克秘密委托他人进行了一项新调查，目的是向马斯克表明他贬损PayPal品牌的做法是错误的。马斯克发现后就把它丢掉了，命令产品经理删除公司网站上PayPal的名称。然后，他就去了机场。

在马斯克旅行期间，这个团队在博塔女友的家里聚会。她家住在帕洛阿尔托市中心以南大约8千米的地方，这意味着他们不太可能被马斯克的人发现。除了博塔是马斯克在合并前聘用的人，霍夫曼、萨克斯和列夫琴等人都是蒂尔的亲信。他们绕着桌子来回走，针对公司目前错误的品牌重塑、代码重写、不严肃对待欺诈行为及现金储备不断减少等情况，大声地发泄着心中的不满。这期间，有人打电话给蒂尔，征询他的想法：如果董事会解雇马斯克，他会回来担任首席执行官吗？蒂尔说他会的。

这个计划直截了当：他们威胁要辞职，除非董事会同意这个计划。"作为一个团队，我们为什么不能把彼得重新请回来担任乐队的指挥呢？"博塔说，"是的，他没有超凡的首席执行官经验，他只掌管过一家很小的初创公司，而且仅一年就与X公司合并了，但我们认为这事能成。"

第二天，他们开始游说其他员工，请他们都来签署请愿书，以敦促董事会撤换现任首席执行官马斯克。在正常情况下，如果马斯克出席会议，那这一切将困难重重，但他将离开办公室两周。大多数仍然忠于马斯克的 X 公司前员工被蒙在鼓里，他们什么也不知道。

当马斯克已经登上航班时，包括博塔和列夫琴在内的一群同谋者就开车到城外沙丘路上的红杉资本办公室，直接与莫里茨对峙。他们给了他一个夹着辞职信和请愿书的文件夹。莫里茨看了看文件夹，把它收了起来。蒂尔的支持者们提出了强有力的理由。PayPal 现金即将告罄，如果继续目前的做法，公司将重蹈 Flooz 和 Beenz 的覆辙。而且，如果公司的联合创始人、最有天赋的工程师列夫琴，以及那些顶尖的程序员和业务开发团队的一半都一起离开，那公司就绝无生还的机会了。

随后，双方进行了一场谈判。在谈判中，莫里茨告诉阴谋者，他可以同意更换领导者，但对蒂尔的安置只是临时的，公司还需要面试其他候选人。这一点对蒂尔来说已经足够，他便接受了。日后，他会找到办法让对他的这一安排永久化。这伙人在当地的一家廉价酒吧"安东尼奥坚果屋"庆祝。

马斯克并没有一声不吭地平静离场，他怒不可遏："这种做法恶劣至极！"他在董事会上为自己的决定辩护，并对蒂尔一伙人没有与他正面交锋表示失望。这些阴谋者专门等到他与外界切断联系，而且是在他度蜜月时下的手。

他宣布要飞回帕洛阿尔托，一下飞机就把自己的团队召集来，策划重新掌权。莫里茨不为所动，没过几天，董事会就投票罢免了马斯克。蒂尔出任临时首席执行官。

在接下来的几天里，蒂尔试图劝说马斯克雇用的那些人不要辞职。他无奈地坐在那儿，员工们陆续跟他提出辞职。他们对秘而不宣的"政变"表示强烈不满，并为马斯克的战略辩解。

蒂尔会平静地说"谢谢你"，然后敦促那个人留下来。蒂尔说，他的计划就是放弃马斯克关于超级银行的想法，转而一心一意地把PayPal搞好。他指出，PayPal已经取得巨大的成功，拥有400万用户，而且就算马斯克费了那么大的力气来削弱它，它依然是互联网上的知名品牌之一。这个方法奏效了，几乎没有人离职。X公司的一位前职员表示："我对他非常尊敬，那是一段成长的经历。"

但是，留住公司的工程师只是蒂尔面临的最小的挑战。公司需要解决欺诈问题，还需要更多的现金。幸运的是，蒂尔已经想好一个计划。在被任命为永久首席执行官后不久的一次董事会会议上，他建议PayPal将所有现金交给他的对冲基金蒂尔资本，这样他就可以利用后互联网泡沫造成的经济动荡。

莫里茨认为蒂尔在开玩笑，但蒂尔平静地解释说，他的计划是要增加公司的"跑道"（创业术语，指在没有筹集额外资本或实现盈利的情况下，公司能够存续的月数），办法就是赌利率下跌，而考虑到美国经济似乎正走向衰退，蒂尔认为这差不多是板上钉钉的事。

了解董事会审议情况的人士透露，董事会否决了这一提议，莫里茨更是非常愤怒。一个拥有巨大的机会的首席执行官居然要把有限的现金放在投机上，尤其是有可能让其个人大赚的投机上，这种想法是任何一个硅谷风投者和有自尊的科创企业家都不曾尝试的。事实上，蒂尔拿到这个职位的方式本身就不体面，他却在被任命为首席执行官仅仅几周后就提出了这个建议，这一点更是让人倍感难堪。"从管理的角度来看，这事着实奇怪，"一位知情人士说，"就连想要提出这样建议的念头都让迈克尔十分恼火。"这表明，对莫里茨和其他董事会成员来说，赞同他的观点，就是没有道德准则。

在接下来的一年里，乔治·W. 布什在一场有争议的投票中当选总统，这场投票一直闹到了美国最高法院，蒂尔却在默认方式下赢得了永久首席执行官的职位。即使在被提名为首席执行官后，他和莫里茨仍然冲突不断。他们之间的分歧在一定程度上是私人恩怨，因为毕竟莫里茨最初投资的是马斯克的公司，而不是蒂尔的公司。但这也反映出，蒂尔与莫里茨、马斯克及几乎所有先于他来到硅谷的重要人物都截然不同。

在几年后的一次采访中，莫里茨表示，"说到底，彼得就是一个对冲基金人士"，而非企业家。人们期望企业家将全部的身家和精力都投入公司，甘愿冒财务的甚至个人的风险，一切旨在尽可能地将公司做大做强，如果说还有理想情怀的话，那就是要让世界变得更美好。这就是马斯克的看法，这就是为什么他在职业生涯中多次濒临破产，也是为什么他跟我说他认为接受投资者的钱"一点儿也不酷"。

按照这种逻辑，蒂尔应该是在为事业流血，而不是在一旁算计着如何增加他的投资组合。但是，蒂尔并不在意莫里茨的感受和硅谷的规矩。他是从权力的角度来构想投资者和企业家之间的关系，他也不把创建一家公司看得那么浪漫。

PayPal之所以能走得这么远，是因为它对效率低下颇有思考，很好地利用了监管漏洞，并且做了一些正常且有自尊的公司不屑于尝试的事情。这一切与讲规矩毫不相干。从那时起，蒂尔就开始从心所欲，无论多么受人尊敬或经验丰富的风投公司都无法控制得了他。

第 6 章

灰色地带市场的力量

在蒂尔发动 PayPal "政变"前后，硅谷的神话或多或少是由一个人定义的，这个人就是史蒂夫·乔布斯，他在 20 世纪 80 年代初创造了个人电脑，在 "流亡"中创建了皮克斯，归来后又开发了苹果电脑 iMac、苹果音乐播放器 iPod，将苹果变成了有史以来最大的消费品公司。根据流行的说法，乔布斯之所以成功，应归功于他对反主流文化的忠诚——他是一个骄傲的嬉皮士、一个禅宗信徒、一个电话飞客，而且他有意愿把所有这些古怪的东西都培植到一个盈利的企业身上。

乔布斯不是一个自由主义者，但他的理想主义帮助硅谷从旧式研究园区的"口袋保护器"保守主义转变为一个充满新时代热情的地方。在乔布斯之前，对科技公司来说，最高的使命可能就是一份大型军事合同；在乔布斯之后，最高的使命则转变为类似于对大众的启蒙。苹果公司及后来的所有科技公司都开始告诉用户，其产品可以改变他们的生活和世界。

这是一种"头脑的自行车价值体系"，风险投资家罗杰·麦克纳米解释说。他与 U2 乐队主唱博诺共同创立了高地风险投资公司

（Elevation Partners）。"头脑的自行车"是乔布斯发明的词，用来描述可以拓展人类潜能的机器，他曾用"自行车"作为苹果 Mac 电脑的原始名称，因为他认为电脑会使人的头脑更加高效，就好比自行车能够让人们的出行速度更快、出行距离更远。

根据麦克纳米的说法，蒂尔代表了一种与上述思维截然不同的强硬路线。他对人的潜力没有兴趣，他感兴趣的只是市场的力量。在收购易贝后，硅谷几乎每家有远大目标的公司都会有类似 PayPal 的世界支配指数。蒂尔的终极追随者马克·扎克伯格将其发挥到了极致，将自己塑造成罗马皇帝奥古斯都的样子。他剪了一个奥古斯都式的发型，甚至用古罗马的战争口号"Carthage delenda est"（迦太基必须毁灭）来激励他的员工与谷歌作战。

这种帝国式的科技资本主义有其商业原理。互联网让新产品如"病毒式传播"，故而单独一家公司往往就可以主导某个特定领域。一旦 PayPal 达到一定的规模，一旦你所有的朋友都拥有 PayPal 账户，那么再尝试竞争产品就毫无意义了。即使你喜欢 Billpoint，要是其他人不用它，你的偏好也就变得无关紧要。这一点不仅适用于支付，实际上也适用于互联网上的一切，包括社交网络、外卖、网约车等。这意味着想要成功的科技企业家都必须尽可能快速地、无情地成长。

对于这种现象，可以用一个专门的术语来形容，那就是"闪电式扩张"，这个词是由蒂尔的好朋友、PayPal 的副总里德·霍夫曼发明的。许多公司将其解释为试图投入巨额资金来占领市场，一旦获得市场主导地位，就尝试提高价格。但有相当一部分企业家，如扎克伯格和优步前首席执行官特拉维斯·卡兰尼克，似乎也看到了闪电式扩张蕴含的道德哲学。乔布斯把商业看作一种文化表达形式，甚至是艺术，但对蒂尔和他的同人来说，这是一种越界模式，甚至是激进主义，是他在《斯坦福评论》所表现的又一版本。

创办公司不再是为了帮助人们挖掘其真正的潜力，而是要蔑视规则，进而改变规则，并让自己在改变规则的过程中借助新秩序发达致富。脸书将形成对社交媒体的垄断，并利用这种垄断地位碾压竞争对手，向广告商收取越来越高的费用，同时告诉全世界，这种掠夺行为对社会有益。

正如脸书的格言所说，科技将"快速行动，打破局面"，企业家将被告知，与其请求许可不如请求原谅。这个行业将被这些陈词滥调所定义，并使自己相信，美国非营利组织 TED 举办的 TED 大会的演讲者常挂在嘴边的流行词"颠覆"不仅是创新的不幸结果，也是其本身的目的。它会出现在无耻地向儿童推销电子烟的 Juul 公司，也会出现在用有问题的金融产品吸引新手投资者的在线交易平台罗宾汉，还会出现在优步，这家公司显然违反了市政法规，不仅付给司机过低的工资、忽视共同的安全标准，还时时处处都在庆祝这些越界行径。当许多城市抱怨优步违法时，卡兰尼克把自己的推特头像换成了安·兰德的作品的封面照片。正如我发表在《商业周刊》上的文章所写，优步无人驾驶部门的员工到处分发上面豪横地写着"安全第三"的贴纸。在某种程度上，这些都是 PayPal 的延伸。"PayPal 的黑帮哲学成为整整一代科技公司的创立原则。"麦克纳米说。

即便如此，在 2000 年年末，蒂尔还没有考虑要快速行动和打破局面。科技崩溃已在进行中，他正在考虑如何挺过去。如果蒂尔想避免像 Pets.com 这样的公司的命运，他迫切需要减少 PayPal 的损失，也就是说要处理欺诈行为。犯罪分子已经注意到该公司的成长黑客行为，其中之一就是决定在用户开户时不核验他们的身份，使它成为利用身份盗窃受害者洗钱的理想场所。他们会盗用信用卡信息为每个人开通 PayPal 账户，这些空壳账户将试图向其他诈骗者控制的 PayPal 账户付款。当然，被盗信用卡的提供者有时会拒绝收费，例如，如果有人报告了一起失窃案，但通常在受害者还没意识到发生什么之前，这些被指控的行为就已经得逞。当受害者意识到这一点时，他们会打电话给银行，银行则会要求偿还。PayPal 作为记录在案的商家，要承担损害赔偿的连带责任。

蒂尔本可以实施严厉打击，比如强迫所有用户上传驾驶证照片，但他也认识到 PayPal 的部分吸引力就是比竞争对手更宽松的用户政策。因此，列夫琴专注于如何在不惩罚匿名用户的情况下阻止大规模欺诈。他与另一位工程师戴维·高斯贝克合作，编写了一款软件，迫使新用户复制在屏幕上纵横交错的图案背景下出现的一系列字母。PayPal 称之为高斯贝克-列夫琴测试，计算机几乎不可能通过，但对人类来说就很容易。这一技术被科创行业广泛采用，并被称为验证码。这就是为什么你必须点击屏幕上的消防栓图片才能登录银行账户，有点儿烦人，但这是打击网络欺诈的重大创新。

尽管如此，这项努力并没有解决掉作案最多的犯罪团伙，他们从 PayPal 窃取了数百万美元。2000 年年末，PayPal 的首席安全调查员约翰·科塔内克对此有所察觉。科塔内克曾是军事情报官员，同年早些时候加入了 PayPal。他在一个会议室里工作了数周，对涉嫌欺诈的数千笔交易进行了筛选。这个过程是人工进行的，简直令人抓狂。

科塔内克想到了一个主意，试图对涉嫌欺诈的行为做可视化的表述，于是便在白板上绘制了蛛网图，以勾勒出账户之间的关联。他的发现令人吃惊，所有的账户都回指一个单一的幕后黑手，即一个明显以俄罗斯为基地的主谋。据一位熟悉该欺诈案的知情人士透露，这一主谋化名为"Igor"，独自从 PayPal 侵吞了 1 500 万~2 000 万美元。

这是一个突破，并不仅因为 PayPal 的安全团队能够斩断这个用户。俄罗斯行动的诸多挑战之一就是，欺诈者经常会掺入一些与老牌商户的真实交易，让调查人员无迹可寻，也令 PayPal 更难区分哪些交易是合法的。你可以把全世界的 Igor 都切断，但前提是你也要切断数千家合法商户，还有可能将他们拱手让给 Billpoint 或其他竞争对手。科塔内克的可视化方法却可以让分析师既关闭坏账户又把真正的商户保留在线。

列夫琴和一个工程师团队开始编写软件，以实现这一方法的自动化。该软件将识别来自可疑地点（如俄罗斯）的账户，然后会在每个人的屏幕上创建与科塔内克蛛网图相当的图表，这样 PayPal 的安全团队（至 2001 年已有 75 名分析师）就能迅速拦截欺诈者，而并不妨碍合法用户。他们称这个系统为"Igor"，它非常新颖，以至于美国联邦调查局也开始用它来寻找洗钱者。一小队执法人员在 PayPal 总部拥有一间自己的会议室，专门来使用这一系统。

Igor 系统使欺诈行为在原有的基础上减少了 50%，并引发了几起刑事调查。其中一起是针对一名洛杉矶用户的，该用户在 PayPal 上接受了价值 120 万美元的索尼 PlayStation 2 视频游戏机订单，却没有交付任何东西；另一起是针对两名俄罗斯人的，他们似乎正在大规模窃取信用卡号码，并利用这些号码为 PayPal 账户提供资金。游戏机一案没有提出任何指控，但俄罗斯人阿列克谢·伊万诺夫和瓦西里·戈尔什科夫被起诉，其中部分证据是 PayPal 提供的信息，两人随后被联邦调查局设局诱骗到美国，最终被判犯有阴谋罪、黑客罪和欺诈罪：25岁的戈尔什科夫被判处三年监禁，20岁的伊万诺夫被判四年。从某种角度来看，PayPal使这些犯罪成为蒂尔的超自由主义愿景的一部分，即金融体系不受任何权威的控制。但现在，蒂尔公开了其公司与当局一起开展的工作，以便宣传PayPal是多么安全并吓退诈骗者。蒂尔说："我们已经能够阻止大量蠢蠢欲动的犯罪活动，并起诉那些暂时得逞的人。"

当时，科技公司收集数据的范围并没有被广泛认知，PayPal愿意与执法部门分享相关数据这件事被视为一个经典的硅谷创新故事，而不是潜在的隐私侵犯。《新闻周刊》的一篇题为"打击网络强盗"的赞扬文章，就犹如《执法先锋》剧集的基调一样，把蒂尔和列夫琴描绘成选择严厉打击骗子的极客。这篇文章的结论是"也许PayPal根本就不是一个容易受害的伟大网站"。《华尔街日报》援引一位隐私专家的话说，这种信息共享是一个"灰色地带"，但他指出"PayPal表示自己在保护客户隐私方面付出了极大的努力"。这样信誓旦旦的说法再过十多年也不会受到质疑，直到与蒂尔相关的一项风险投资牵涉更广泛（对某些人来说，甚至更可怕）的隐私问题，才导致人们开始质疑这些保证。

互联网的繁荣都与免费赠品有关，但风险资本用于支付这些免费赠品的资金正在枯竭。因此，2000年年底，PayPal开始迫使易贝卖家注册商业账户，这样一来他们就要支付大约每笔交易2%的费用，从而使PayPal至少在某些交易中获得一定的利润。易贝卖家虽然抱怨，但几乎所有人都无可奈何，因为PayPal已经近乎垄断了竞拍网站的支付服务。"这是一个纯免费的东西。使用它，爱上它，让它成为你生活的一部分（如上瘾）吧！"一位易贝卖家抱怨道，他把 PayPal 的经营者比作毒品贩子，"然后，我们就开始用收费来一点点榨干你的钱。"

这听起来很夸张，却完全正确，并成为硅谷闪电式扩张剧本的标准桥段。但这并不是 PayPal 试图增加收入的唯一途径。当时，色情和赌博在互联网上蓬勃发展，但一些银行和信用卡处理机构都拒绝批准任何被标明为以上两种类别的网上购物。也就是说，色情和赌博供应商已无路可走，除非他们选择使用 PayPal，因为 PayPal 将每笔交易都简单地编码为电子商务，即使这种交易涉及赌某球员的个人得分或下载一段淫秽视频。

这不一定是故意的，PayPal 发展得太快了，根本没有人会费心关注合规性。"我们只是大规模地给物品编错了码。"托德·皮尔逊说，他的工作就是要让 PayPal 达到正常的银行标准。即使在 PayPal 清理并开始对交易进行准确归类编码后，也还是有一个变通的办法。如果客户通过银行转账给 PayPal 账户注资，然后再通过 PayPal 购买色情商品或下赌注，银行也无法阻止交易，而且由于并不涉及任何信用卡，PayPal 负担的成本基本为零。这使得这些购买变得有利可图，而且完全不同于 PayPal 上发生的其他事情。

这对 PayPal 来说是一大福音，它开始直接面向赌博和成人娱乐业进行推销。向赌博用户收取更高的每笔交易 4% 左右的费用，相比之下，向一般卖家只收取 2% 的费用；此外，PayPal 还要另收 10%~15% 的费用，以弥补潜在欺诈行为造成的银行退款。据 PayPal 的一名前职员称，由于这种收费结构，再加上在线赌博的发展，使得仅在线赌博这一项收入就能占到PayPal总利润的30%左右。这也是该公司没有受到信用卡手续费和欺诈行为影响的一部分业务。

这给PayPal办公室造成了一些尴尬。在线赌博在美国许多州都是非法的，而且尽管很多PayPal员工是坚定的自由意志主义者，不一定在意严格遵守涉及网上扑克和性爱视频的监管法规，但也还是有一群基督教徒在公司会议室定期举行小组祈祷活动。当与更虔诚的信教员工交谈时，蒂尔和其他人会小心地避免提及赌博和色情占到公司销售额与增长的很大一部分。

网络色情尽管不完全合法，但普遍来讲，联邦和州当局也都宽容以待，但PayPal还是因其赌博业务受到纽约州检察长艾利奥特·斯皮策和密苏里州东区检察官雷蒙德·格林德尔的传唤。在这两起案子中，PayPal都将支付和解费用。纽约州、路易斯安那州、加利福尼亚州和爱达荷州也都对PayPal进行了审查，因为它允许用户在其账户中持有资金，以便其开展与博彩有关的业务，根据这些州的说法，这意味着它是一家无照银行。

蒂尔进行了反击，游说国会议员保持在线赌博的合法性，并防止PayPal被联邦监管机构列为银行。蒂尔通过独立研究所在华盛顿建立了诸多关系，基思·拉布瓦也是如此。拉布瓦在加入PayPal之前，曾在苏利文·克伦威尔律师事务所任职，是专职的反垄断诉讼律师，并兼任丹·奎尔短暂的总统竞选的政策主管。PayPal高管还联系了得克萨斯州众议员、极端的自由主义者罗恩·保罗的办公室。罗恩·保罗曾涉足许多边缘事业，包括结束美联储的主导地位和回归金本位制度。保罗在共和党内是边缘人物，但PayPal的政策团队认为他也许是在线赌博合法化的可能倡导者。其他几位《斯坦福评论》的前编辑也都曾为一些有影响力的众议员工作，包括萨克斯，他曾在实习期间为加利福尼亚州众议员、后来的美国证券交易委员会主席克里斯托弗·考克斯工作。文斯·索利托于2000年开始担任交流和公共事务主管，他曾为考克斯和乔恩·凯尔工作，凯尔曾在参议院司法委员会和财政委员会任职。皮尔逊说，在PayPal的敦促下，参议院财务委员会成员致函维萨和万事达的首席执行官，威胁如果信用卡公司阻止PayPal交易，将举行反垄断听证会。这些议员都收到了PayPal政治行动委员会的竞选捐款。

这种政治钻营活动在当时是不寻常的。硅谷的企业家往往以不沾政治而自豪，像PayPal这样一个小小的初创公司还积极游说国会，这种事几乎闻所未闻。一些员工认为，考虑到蒂尔的理念，这也是一种虚伪。为了实现针对其竞争对手的反垄断审查，自由意志主义者真的就应该花钱去游说吗？难道这不就是蒂尔等自由意志主义者所反对的"规制俘房"的定义吗？

皮尔逊记得，在他和蒂尔一起去面见一位董事会成员的途中，政治问题竟然出现了。皮尔逊大抵是个自由主义者，当他说出要投票给民主党人时，心里便做好准备等着看蒂尔的反应。令他惊讶的是，蒂尔并没有批评支持表面上错误的政党的选择，而是批评支持任何政党的选择。他还说，投票毫无意义，"你们在支持这个腐败的制度"。

皮尔逊大吃一惊。他知道，在PayPal，自由主义者的身份让他属于少数派，但蒂尔认为任何一种政治都是不道德的，这可是个新的观念，尤其是自从他加入PayPal以来，该公司就一直热衷于政治。2001年，该公司成立了一个政治行动委员会，筹集了大约4万美元，并将这笔钱分发给了参众两院有影响力的政客。没有人被硬性要求进行捐赠，那样是违法的，但强烈鼓动高管们这样做，可以使公司里一部分人感到不舒服。"我们确实是在督促员工做出捐献，"多年后皮尔逊在一次采访中回忆道，他个人给这项事业捐了500美元，"我们一边参与政府工作，一边却持有这种愤世嫉俗的观点。"

另一方面，蒂尔的政治套话是否注定要从字面上理解，这一直都不清楚。还有一次，他建议说（也许是开玩笑），或许政治上的保守派应该干脆把接下来的几次选举抛到一边，让自由派为所欲为。然后，他希望发生军事政变。蒂尔说："也许美国军方比政客们能更好地管理这个国家。"

如果说互联网崩溃，以及随之而来的增加现金流的需求，从未远离蒂尔内心的想法，那么易贝也一样，其几乎所有上得了台面的用户（如为色情和赌博以外的东西付费方面）都在使用 PayPal 的服务，但易贝有实力随时抛弃 PayPal。

拍卖巨头易贝由拥有普林斯顿大学和哈佛大学学位的著名首席执行官梅格·惠特曼经营，她曾在迪士尼、宝洁及玩具制造商孩之宝工作过，在那里她令人难以置信地把讲述四个胸口装着电视机的大型生物的超现实冒险故事的英国儿童节目《天线宝宝》打造成了全球热播节目。在加入易贝之前，她从来没有在科创行业工作过，她周围都是像她这样的中年工商管理硕士，他们穿着卡其裤，通常都会避开网上赌场。PayPal 的许多人都认为，惠特曼是典型的常春藤盟校里的墨守成规者，也正是蒂尔和《斯坦福评论》的校友们决意与之死战的那种人。"梅格就是敌人的化身，"PayPal 的营销副总监比尔·翁德多克说，"她已成为众矢之的。"

与其照章办事的性格相比，更糟糕的是，惠特曼显然对易贝实际上的支付平台是一家外部公司极为不满。作为"易贝网店"服务的一部分，易贝会为卖家提供个人电商网址，同时要求卖家注册 Billpoint。PayPal 认为这是一种挑衅行为，与易贝高层保持联系的里德·霍夫曼向他们明确表示，此举可能导致通过 PayPal 在华盛顿的人脉关系引发的反垄断审查。"里德干得漂亮，他总是能唤起人们对反垄断的恐惧。"一位易贝当时的高级职员说。

惠特曼不仅退让了，还表示她更乐于买下 PayPal，而不是与之对抗。2000 年年末，她向蒂尔出价约 3 亿美元收购 PayPal。这低于 PayPal 的估值，但惠特曼用威胁来证明这个报价是合理的。一位熟悉谈判情况的知情人士透露，惠特曼对蒂尔说："我们正与富国银行携手合作，将把你们打得屁滚尿流！你们根本没戏！"

蒂尔几乎被说服了。"我们感觉自己正从一个濒死时刻走向另一个濒死时刻，"一位前高管表示，"当时并不清楚我们是否还有把握盈利。"同时，莫里茨极力反对。互联网泡沫的破灭对红杉资本来说是毁灭性的，该公司除了对 X.com 的投资，在 1999 年前后进行的所有投资几乎全都失败了或接近于失败，PayPal 仍然是一个能产生巨大回报的机会，莫里茨花了几个小时来说服蒂尔和列夫琴相信 PayPal 有潜力。

"马克斯，马克斯，马克斯，"当列夫琴建议莫里茨卖掉 PayPal 后再搞一个新的 PayPal 时，他争辩道，"请相信我，像 PayPal 这样的机会不是每天都会出现的。就算你可以再活十辈子，你也不会再遇到 PayPal 这么大的机会了。"

2001 年，蒂尔继续拿 PayPal 待价而沽。他们与花旗集团时任董事长兼首席执行官桑迪·威尔及美国在线的代表进行了会谈，但没有取得任何成果。那年夏天，蒂尔还开始与银行家讨论首次上市募股的事宜，其招股说明书显示，PayPal的财务状况稍有起色：2001年第二季度，该公司亏损2 800万美元，收入为2 000万美元。按照美国证券交易委员会的规定，招股说明书还对该公司所面临的法律和监管风险进行了较长篇幅的讨论，指出PayPal存在极大可能被利用于毒品交易、软件盗版、洗钱、银行欺诈、证券欺诈和儿童色情。即便如此，银行家们仍然相信，PayPal有足够的潜能以比易贝开价更高的价格达成目标。

蒂尔被说服了，但在同意首次公开募股之前，他要求董事会大幅增加他的薪酬。当时，蒂尔和列夫琴各自持有约3%的公司股份。相比之下，自掏腰包支付X.com早期费用的马斯克的股份则多得多，占比达14%。熟悉谈判情况的三位知情人士透露，蒂尔认为这种差距简直太荒谬了。董事会正在敦促蒂尔拒绝有可能给他和列夫琴带来数百万美元的收购交易，而这对他和PayPal的员工们来说，可都是能够改变人生的大钱，尽管这对红杉资本来说微不足道。如果莫里茨要他继续担任首席执行官，他需要拥有更多的股权。如果不要他继续当了，他说那他当天就辞职。

这一威胁震惊了董事会，而自从蒂尔试图将PayPal的现金投入他自己的对冲基金之后，其中有些人就对他产生了怀疑。如果创始人兼首席执行官突然辞职，投资者们会认为这是一场灾难，有可能危及PayPal的资金筹措能力，而且考虑到公司的亏损和科创行业的危险状况，甚至有可能导致公司破产。"当时的阵仗就像是'要么给我钱，要么我开枪自杀'，但你也死定了。"一位知情人士说。

当然，董事会选择了给钱，PayPal 以巨大的折扣价奖励其首席执行官近 450 万股股票，使他在公司的股份占比增加到 5.6%。PayPal 为这些股票向蒂尔收取了 135 万美元，上市后其价值为 2 100 万美元，而就算这笔钱也都是 PayPal 贷给他的。有点儿令人好奇的是，蒂尔只贷了 85 万美元，其余的 50 万美元，他用的是他在罗斯个人退休账户里的收入，这个账户大约可以追溯到他在纽约的时候。这意味着他从最后一分钟"人质谈判"中赚得了 2 000 万美元，并且未来的任何升值都将完全免税。

撇开最后 11 个小时的威胁不说，蒂尔动用个人退休账户的资金就使他处在了法律的灰色地带——用罗斯个人退休账户购买你所控制的公司的股票是违法的。虽然蒂尔对 PayPal 没有法定的控制权，但也有充分理由说他拥有 PayPal 的实际控制权。对蒂尔来说，幸运的是，直到 10 多年后才有人注意到，而到那时他的免税收入已达数十亿美元。

当 PayPal 准备提交上市申请时，蒂尔与首席财务官鲁洛夫·博塔一起前往纽约，与摩根士丹利的银行家们会面。那是 2001 年 9 月 10 日，那天下午的会议是彻底失败的。PayPal 令银行家们困惑不已，他们搞不懂，这到底是一家科技公司，还是一家无照银行，而且蒂尔和博塔都没有给人留下特别深刻的印象，33 岁的蒂尔是个一门心思要当政客的保守派，而作为一家上市公司的首席财务官，27 岁的博塔年轻得近乎荒唐，也缺乏必要的经验。

摩根士丹利的银行家们表示不感兴趣，于是蒂尔和博塔在雨中驱车前往肯尼迪国际机场，心情沮丧极了。他们乘坐的飞机是当天美联航的最后一个航班，在机坪上延误了好几个小时，他们越发感到凄凉悲苦。最后，机组人员允许乘客自行选择下机并改乘早班飞机，有几名乘客选择了离开，蒂尔和博塔却选择留下坐等。

第二天早上，他们很早就回到了旧金山。几小时后，蒂尔获悉一架从纽瓦克机场飞往旧金山的美联航飞机（UA93航班）被劫持，并在宾夕法尼亚的一个机场坠毁。似乎至少有一些前一天晚上曾与他们在一起的人现在已经遇难了。

这次袭击和他差一点儿就成了遇难者的感觉使上市的想法更加令人望而却步，但蒂尔坚持继续推进，9月28日，PayPal向美国证券交易委员会提交了招股说明书。该公司现在由所罗门美邦公司代表，预期筹资8 050万美元，但并没有多少人对它有深刻印象。美国股票市场很糟糕，自"9·11"事件以来就没有新股上市，PayPal也从未盈利。《从地球到帕洛阿尔托》，这篇文章的标题暗示上市代表着网络公司过度发展的回归。

惠特曼让事情变得更加棘手，她又向PayPal抛出了一个收购报价，这回大约是9亿美元。蒂尔意欲接受，但被董事会否决了。在PayPal为上市路演期间，惠特曼变换了另一种手法，她抢在PayPal向主要投资者进行电话推销之前亲自去各家跑了一圈，到处表明自己的看法，说PayPal的大部分业务都依赖于易贝，要是作为一个独立的实体，它注定会完蛋。"梅格上个星期来过了，"银行家们直言不讳，"把你们好一通贬损。"

这些伎俩无一奏效。2002年2月14日，PayPal的股票开始交易，股价从每股13美元暴涨到20美元左右。帕洛阿尔托的办公室里气氛异常热烈，员工们在停车场喝啤酒、抽雪茄。蒂尔头戴皇冠向一群员工挑战，要和他们同时下 10 盘国际象棋。在斯坦福大学，他曾怀着敬畏和仰慕之情观看超级优秀的国际象棋选手完成这一壮举，但在 PayPal，蒂尔自己就是超级大师。最终，他的战绩是 9 胜 1 负。

股票上市从另一个方面解放了他。尽管法律上不允许蒂尔单方面出售自己的股票（高管需遵行 6 个月的锁定期），但只要易贝提供高于该公司股价的报价，他就可以将公司全部出售。蒂尔甚至都不需要莫里茨的祝福。没过几周，他就等来了报价，这次惠特曼同意支付约 12 亿美元，略高于公司当时的市值。蒂尔同意了，但在这场交易的消息于 4 月中旬泄露，并且 PayPal 的股价随之开始上涨后，他又反悔了，进而要求对方支付更多的钱。惠特曼非常愤怒，把交易信息泄露怪到蒂尔头上，并指责他未能履行协议。她决定不再和蒂尔做生意，并命令副手们切断与他的一切联系。

尽管如此，惠特曼还是允许 PayPal 保留为举办 eBay Live 大会而租赁的 9 平方米多的展位。eBay Live 大会是易贝召开的卖家年会。PayPal 充分利用了这个机会，在阿纳海姆会议中心对面租了一个酒店的宴会厅，会议就在此举行。这一计划就是为了让易贝在自己的地盘上难堪。"人们开完 eBay Live 大会后，应该更喜欢 PayPal，而不是易贝。"当时担任 PayPal 首席运营官的戴维·萨克斯这样对员工们说。

在会议的第一天（21 日）晚上，PayPal 邀请了 1 000 多人出席鸡尾酒会，不仅免费提供酒水饮料，还送给每位来宾一件背后印有 PayPal 标志和"新世界货币"字样的 T 恤衫。但实际到会的人数要多得多，大概有 2 500 人。席间，酒水饮料无限供应，参与者还被告知，PayPal 第二天还会举办抽奖活动，获奖者的名字会从帽子里抽出，奖金为 250 美元。不过，为了具备抽奖资格，他们必须在早上穿上这件T恤衫。

比尔·翁德多克说，这么做就是要"造成一种视觉上的冲击：整个业界想要的就是这个"。第二天，当惠特曼上台做主旨演讲时，她看到了数百个PayPal的标识出现在眼前，大约1/4的参会者都穿着这件免费的赠品。PayPal公司客户服务中心负责人阿普丽尔·凯莉说："就好像用户都在问梅格，'你为什么还不把PayPal买下来？'"

事实就是这样。在惠特曼演讲的第二天，萨克斯找到了在易贝的首席运营官杰夫·乔丹。

"我们要不要再试一次？"萨克斯问。

7月2日，两人再次会面，商定了大约15亿美元的价格，以易贝股票的形式支付。谈判一直持续到周末，他们策略性地选择了时间框架：市场将在7月4日闭市，7月5日周五交易清淡，大部分华尔街人士将在这一天休息，这样就能把消息泄露的可能性降到最低。最重要的是，蒂尔届时可能在夏威夷，因此无法与惠特曼产生正面冲突，惠特曼也正好在洛杉矶的一个静修处所——无法联系到。

由于两位首席执行官交恶，惠特曼自己也退避三舍，仅让乔丹代表她进行谈判。两家公司的董事会于周末批准了这笔交易，到周日，交易就完成了：彼得·蒂尔将变得非常富有。公司上市后，他将拥有4%的股份，这意味着他的股票价值超过5 000万美元。

按照官方说法，蒂尔将留下来，至少这是他和惠特曼在接下来的周一对PayPal员工说的话。在场的人对此表示怀疑。工程师们都穿着蓝色牛津衬衫和卡其裤，这是对拍卖网站严肃氛围的一种挑衅。但是蒂尔安抚了他们，承诺不会裁员——"除了Billpoint"，他高兴地告诉他们将会关闭Billpoint。

惠特曼走进会场后表现得很好，没有理会工程师们的着装，愉快地戴上了一顶 PayPal 的棒球帽，对蒂尔、萨克斯和 PayPal 的员工大加赞扬。她说："尽管我们有时会设置一些障碍，但你们应该为自己创建的公司感到自豪。"

演讲结束后，惠特曼和蒂尔走进蒂尔的办公室。惠特曼坐下来时注意到地板上一个打开的公文包里有什么东西露了出来。她说，看起来像是一张飞机票。

"你是要去哪里吗？"惠特曼问。

蒂尔冷静地回答，是的。收购之后，以及随着中东爆发战争的可能性越来越大，他不打算留在易贝。蒂尔解释说，他想挤出时间去与当地的投资者见面。

蒂尔说："我决定创立对冲基金。"

惠特曼接受了这一解释。"彼得，"她问，"你打算告诉 PayPal 团队吗？"

他疑惑地看着她，说："问得好，梅格，问得好。"

惠特曼离开时还以为蒂尔会听从她的建议，可他并没有，而是继续给高层员工留下他打算留下不走的印象，就连他与易贝谈退出条件时依然如此。

10 月 3 日，也就是易贝宣布交易完成的那天，高级经理们聚集在一间会议室，等待新闻发布。他们认为新的结构完全说得通，即 PayPal 将以全资子公司的身份加入易贝，并由彼得·蒂尔担任首席执行官。

当信息发布时，新闻稿中还说了些别的："彼得·蒂尔今天宣布，他已辞去 PayPal 首席执行官一职。"接替他的将是易贝的一位副总裁，之前曾在麦肯锡咨询公司担任咨询顾问。换句话说，正是蒂尔训练他的追随者要去鄙视的那种经理人。

蒂尔向一名PayPal员工解释说，之所以要谈判离职，是有经济方面的原因。他认为易贝——这家他将PayPal卖给它并公开称赞其为最理想搭档的公司，其价值被高估了。他计划利用看跌期权来对冲自己在易贝的头寸，这种衍生品能够让投资者在股价下跌时赚钱。换言之，正如这位员工所说，蒂尔想做空他的新同事，以便"优化自己的对冲基金"。有些人认为这合情合理，尽管有点儿冷酷；有些人则更直白地看待这一切：他们理想主义的首席执行官不仅放弃了PayPal，还放弃了一个将创造力和创新视为最高目标的价值体系。在硅谷，任何一个称职的人都明白选择对冲基金而非科创意味着什么——贪婪！

"我们心里一沉。"那位工作人员说。就连蒂尔最好的朋友、PayPal的联合创始人列夫琴也是一脸震惊。"我们谁也不知道。"

其实蒂尔并不只是在保护自己的经济利益。他正确地意识到，他在PayPal的成功给了他在硅谷以外的天空翱翔的通行证，他想要抓住这个机会。在当时，甚至直到今天，在科创行业的某些领域，蒂尔仍然被视为技术专家。当然，科创只是他当作投资机会偶然闯入的，并不是一个他真正怀有激情的领域。这场繁荣已经结束，但新的繁荣已经崭露头角。

第 7 章

对冲

当乔治·W. 布什走出来的时候,白宫东厅已经挤满了人,只见他身着深色西装,系着一条淡蓝色领带,面带他那标志性的憨笑。蒂尔已经在此等了很久,他是被白宫邀请与新总统见面的约 200 名科技公司高管之一。布什是哈佛大学工商管理硕士,即使在担任得克萨斯州州长之后,他也仍然标榜自己为商人。在竞选总统期间和竞选之后,他积极主动地向硅谷示好,聘请了凯鹏华盈公司的风险投资家弗洛伊德·夸默担任他的技术和科学顾问。这是一种背离传统的做法,因为以往的美国总统科学技术顾问委员会主席都是科学家,而夸默并不是。

布什以互联网泡沫破灭作为开场白,指出"本届政府对美国科技产业的未来充满信心,尽管目前股市可能发出了一些别样的信息"。2001 年 3 月,在就任总统仅仅两个月后,布什在演讲中承诺,将扩大化石燃料的生产,减少企业税收,并追求不受限制的自由贸易。他警告说,如果经济持续低迷,"美国周边的保护主义情绪可能会浮出水面"。这位商人总统承诺要予以抵制,他慢慢从朴素的演讲台上走下来:"我们不应该试图在我们的国家四周建立围墙,也不鼓励其他人这样做，我们要做的是拆除它们。"

当时，有一些地位重要的硅谷精英对政治感兴趣，但他们中的大多数人都支持布什的对手阿尔·戈尔，以及他所倡导的中间派的以技术官僚理政的民主党政治构想。硅谷的其他人则表现出自由意志主义的倾向，至少在公开场合，他们从来不做任何政治表达。这就是《连线》杂志所称的"技术未来主义"，它夹杂着"爱之夏季时代"的嬉皮士区的个人自由，以及戴维·斯塔尔·乔丹时代以来定义了加利福尼亚州政治的"不要践踏我"精神。

于是，无论是在政治上重拾活力，还是与戈尔之类软弱无力的"雅达利民主党人"分道扬镳，蒂尔都是一个异类。他一直沉浸在新保守主义思想中，阅读保守派哲学家（纳粹法律学者）卡尔·施密特和列奥·斯特劳斯的著作，施密特有时被认为是布什政府扩大行政权力的灵感来源，而斯特劳斯——这位芝加哥大学的德裔犹太人政治学教授——认为西方在拥抱自由价值观的时候已经迷失了方向。蒂尔对被邀参加布什的会见活动兴高采烈，即便那其实就是拍张大合影而已，次年他被布什极力推进的先发制人的伊拉克战争的前景迷住了，他对员工明确表示自己完全赞成。对 PayPal 的自由意志主义的员工来说，这简直太过奇怪了，他们不明白为什么一个意识形态上的同路人会主张军事扩张。其中一人说道："这太奇怪了！你在胡说些什么，彼得？你这是在为大政府站台。"

这是蒂尔从 2002 年前后开始做出的众多意识形态妥协之一，目的是要适应他同时在尝试的各种项目。这些项目既相关又有所不同，每一个都需要一套略有差异的信念，并迫使他根据当时的听众呈现出稍微不同的形象。其中包括：一个赚钱的项目，目标是增加蒂尔的财富，有时要求他接受华尔街大亨的品位和举止；一个科技项目，旨在互联网泡沫破灭后，让他自己成为硅谷的权力掮客；还有一个政治项目，他需要用到两样东西——他的金钱和技术信誉——来确立自己思想领袖的地位，并在华盛顿积蓄影响力。当他接受了自己作为对冲基金经理的身份时，这三种努力往往会处于紧张状态。蒂尔会离开硅谷，去拥抱巨富的装备，购买豪宅、豪车和虚荣的玩意儿。但这一切是相互交织在一起的，以这样或那样的方式将蒂尔的反主流思想提升为一种本身就值得颂扬的美德。

互联网泡沫破灭后，华尔街使硅谷遭到重创。据估计，在前几年创建的公司中，有80%预计会失败，将工商管理硕士和其他西方人士带到互联网发家的"淘金热"正在回流，甚至甲骨文等老牌科技公司也在苦苦挣扎。然而，当PayPal成为运气好的幸存者之一时，蒂尔开始接受华尔街的"兄弟会式审美"。当PayPal在2002年2月上市时，蒂尔以一种书生气的方式庆祝首次公开募股，还在公司的停车场举行了一场同时对弈多方的国际象棋大战。不过，到了那年夏天，他在圣克鲁斯山的一家酒坊主持公司的外出团建活动，包括蒂尔在内的高级员工都穿上了宽松的衣服，进到一个围起来的圈子里进行相扑比赛，员工们则在一旁欢呼雀跃。

一年前，他在接受《连线》杂志采访时，扮出一副科创界异类的模样，承诺如果PayPal能够盈利，他将把自己的头发染成蓝色。（此事并未兑现。）"彼得·蒂尔并不经常对冲。"该杂志对这个即将启动名副其实的对冲基金的人表示赞许。《连线》杂志发现，蒂尔在担任PayPal的首席执行官时，衣着普通，上身穿着的是没有塞进裤子的

T恤衫，下面穿着的则是一条褪了色的李维斯牛仔裤，而且他的大部分时间都在帕洛阿尔托周边活动，住的也只是一间简朴的一居室公寓。现在，蒂尔有整整一衣橱的西装，还有一辆银色法拉利360Spider敞篷跑车。2005年，蒂尔在接受《纽约时报杂志》采访时表示："要是红色的，那就太夸张了。"

在PayPal的这次外出活动中，他提到一年前媒体在他提交上市申请后对他的贬损——就是那篇《从地球到帕洛阿尔托》，然而结局逆转了。根据《支付战争》一书的记述，蒂尔曾说："我想从帕洛阿尔托向地球发个信息。帕洛阿尔托这里的生活很美好，我们已经能够改进你们做事情的方式。有时间来帕洛阿尔托参观，学习一些东西。我想你们会发现这里比地球好得多。"

在他说完这番话后不久，蒂尔就搬到了旧金山北边，在四季酒店的一套三居室公寓里安顿下来，并创办了克莱瑞姆资本管理公司。

蒂尔最终将公寓换成了一幢900多平方米的玛丽娜风格的豪宅，从这里可以俯瞰堪称1916年世博会的美术纪念碑的艺术宫，还可以看到雾中若隐若现的金门大桥。这个地段刚好就在旧金山由军事基地改造而成的公园边缘，正如蒂尔有时提醒人们的那样，它唤起了一种边界感，这种感觉很恰当，因为旧金山在经历了经济萧条后再次被边缘化。

蒂尔在房子里摆满了当代艺术品和现代主义家具，诸如Parzinger扶手椅、Niedermaie餐具等，并重新进行了装修，包括一间专门用来开会的董事会会议室、一间专为客座讲师设计的会客厅、一间各种配置都适应自助餐式服务的餐厅，以及屋顶上供聚会之用的"昼夜休息室"。访客们注意到，有一种东西缺失了，那就是带有情感意义的物品。这里没有纪念品、没有杂志,也没有家庭照片。"蒂尔的家,"一位访客说道,指的是蒂尔在普雷西迪奥的房子和纽约的豪华公寓,"看起来就像舞台上的布景,很难说真的有人住在里面。"

现在,几乎蒂尔拥有的所有东西都是由年轻的助理安德鲁·麦科马克为他挑选的。麦科马克是几乎立刻就随蒂尔离开易贝的六名前 PayPal 员工之一。"安德鲁帮他挑选家具,选的就是他那辆法拉利的颜色,"斯科特·凯斯特说。凯斯特是纽约一家餐厅的设计师,蒂尔聘请他来设计另一处资产,即一家名为"Frisson"的休息室风格的夜总会,蒂尔将用它来展示自己的新身份。

当麦科马克向凯斯特介绍 Frisson 的情况时,他滔滔不绝地谈起了位于纽约肉类加工业区的夜总会 Lotus,它因其男女混合浴室而臭名昭著,蒂尔说那里是深夜幽会的理想场所。麦科马克要求凯斯特在旧金山为蒂尔打造类似的场所。在这位设计师看来,这一切似乎是超现实的,所以他对麦科马克说,只要蒂尔在旧金山为他提供一套公寓和一辆崭新的杜卡迪摩托车,他就设计这间"休息室"。令他惊讶的是,蒂尔竟然同意了,"真不敢相信这家伙是动真格的"。为了设计 Frisson 的菜单,蒂尔聘请了旧金山城里炙手可热的年轻大厨丹尼尔·帕特森,并不惜一切代价购置家具。这里有一幅巨大的灯光壁画、一位著名的景观设计师,还有一套价值 100 万美元的音响系统。Frisson 早期的一位服务员回忆说:"对一家餐厅来说,这笔花销数目惊人。"

2004 年,当 Frisson 开张营业时,评论家们对它印象深刻,只是对其过于铺张略感震惊。"伊恩·施拉格和菲利普·斯塔克的餐厅(Asia de Cuba)开业后,设计、艺术、照明、音响和室内建筑就再未出现过如此清晰的融合",一位评论家如是写道,并指出凯斯特的浴室似乎是"特意为寻求快速性爱的情侣"设计的,配有镜子、不雅艺术品及一个迷人的浴室服务员。

在这个显然是寻欢聚会的场所却搞了那么多极度精致的美食,这个决策最终注定了Frisson生意上的失败,但它达到了它的目的。几年来,这里经常吸引各界名流光顾,如拉斯·乌尔里克、罗伯特·雷德福、凯文·史派西及科创业的百万富翁们,因此也就成了蒂尔常去的会面地点。如果他想说服别人在他的其他公司工作,他会邀请他们去Frisson,再点上一杯饮料和一堆帕特森制作的奇奇怪怪的小碟菜。然后,他拿出支票簿,夸张地开始填写。"我现在就给你写一张支票。"他对一位刚毕业的学生说。考虑一下这份工作吧,他劝说道,但不管来不来,这钱你都拿好。"这是一个零风险的机会。"他解释说。

豪宅、夜总会、西装,这一切都适合一个宇宙的主人,也适合一个不会对任何人甚至最亲密的朋友真正敞开心扉的人。蒂尔名义上是直男,有时还被人看到和女性在一起,包括一个特别有魅力的年轻女性,世界上大多数人都以为她就是蒂尔的女朋友。凯斯特认为安德鲁·麦科马克也选中了她。

不过,蒂尔的大多数朋友都知道他只是宁愿完全避开性这个话题。2006年,列夫琴承认,他记得蒂尔从来不曾提到过他的个人生活。有一次,就一次!蒂尔问起过列夫琴的女朋友。"我惊呆了!"列夫琴说。

互联网时代的另一个牺牲品是平面新闻,科创繁荣时期的两家幸存者克雷格列表和谷歌也都开始抢夺起广告收入,而媒体巨头们在20世纪90年代曾认为这些收入会永远延续下去。也许比起开夜总会，蒂尔更让人感到好奇的是他竟然创办了一本名为"美国雷霆"的杂志，其目标读者是美国职业汽车大赛纳斯卡的粉丝，他为此投资了1 000万美元。该杂志创刊引起了一些人的窃笑，《纽约时报》的记者戴维·卡尔写道："即使理查德·佩蒂从他身上轧过，蒂尔也可能不认识他。"为了经营这本杂志，蒂尔雇用了《斯坦福评论》前总编辑阿曼·维吉（维吉是在蒂尔将PayPal出售给易贝之前不久加入的），以及29岁的卡托研究所分析师卢卡斯·马斯特，他也曾经是《斯坦福评论》的工作人员。作为这本新杂志的编辑，马斯特在传达自己内心深处的想法时承诺该杂志"不会体现任何政治正确感"。

事实证明，赛车迷们更感兴趣的是赛车，而不是在宿舍里大声争论要把不可说之话说出来的重要性。该杂志的"真男人"专栏并不是由一位汽车记者写的，而是由《旗帜周刊》的在线编辑写的。他的第一篇专栏文章是关于娱乐与体育电视网已经被"脆弱的政治正确""阉割"的观点。在该杂志的"美食"页面上，不像一般杂志那样只刊登些烧烤食谱，而是放了一篇首刊专栏文章，半开玩笑似地讨论起人类学，以及为什么在家做饭应该被认为是"女性的工作"。这篇文章指出："每天做饭是一件苦差事，很少有男性有时间去做，甚至很少有人愿意去做。我们很感激事情就这样习惯成自然了。我们真的很感激，所以时不时地也会帮忙做做菜。"即使是一页满是趴在赛道边拍摄的衣着清凉的观众的照片——"赛道外的分心风景"，也不足以让读者或广告商驻足。

到年底，这本杂志已经没钱了，蒂尔便停刊了事。丹尼尔·帕特森在Frisson也只是又多待了几个月，2005年年初就离开了。Frisson

撑到了2008年。如果说这些都是失败的话，那也是战略上的失败，因为它们完善了蒂尔真正的赚钱规划，这要求他开始像他想要成为的对冲基金经理那样行事。

此时，信息时代已经来到了投资基金界，领头的是文艺复兴科技公司的大奖章基金，该基金每天使用计算机进行数千笔交易，蒂尔却将自己塑造成回归传统的"全球宏观"投资者，也就是说，他要预测经济和政治领域的重大变化，例如巴西的经济衰退或阿拉伯半岛的战争，然后再根据预测下注。宏观投资者一周可能只会尝试做一次交易，对于蒂尔不寻常的犹豫不决及对风险的高容忍度，这种方法完美地适合他。"他的世界观是，如果你做对了一件大事，并且坚定不移地努力前行，那么其他任何事都可忽略不计。"克莱瑞姆早期的一名员工说。

这也符合他对权力的渴望：量化交易对市场的影响在大多数情况下难以分析，而宏观投资者所下的赌注往往很大，甚至涉及整个经济体，因此就有可能改变这些经济体，极少数情况下也可将其摧毁。作为宏观投资者，如果你在经济衰退上押了足够多的钱，那你最终有可能真的会引发衰退。

另外，蒂尔的战略选择是逆势而动。当时，最著名的宏观投资者是超级自由主义者乔治·索罗斯。2003年，索罗斯的左翼激进主义一直聚焦于美国之外，他本人将成为促成乔治·W.布什下台的行动的最重要的资金支持者。他还是以正确预测并进而加速英镑贬值而闻名的金融家，他的方法就是借贷了数十亿英镑，并用这笔钱购买其他欧洲货币。这个"造成英格兰银行破产的人"后来预见到（同时也被指造成）了东南亚的经济崩盘，但他在20世纪90年代末做空科技股，并在市场见顶时买入生物科技股,因此蒙受了巨大损失。

蒂尔的悲观情绪导致他与 PayPal 的莫里茨之间的关系紧张,现在这成了他的秘密武器。克莱瑞姆的投资理论认为,科技泡沫的破灭必将导致经济萧条,而美国消费者的低利率和高借贷水平阻止了萧条的发生。与此同时,由于发展中国家的需求增加和中东局势的不稳定,油价势必上涨,并将对美国的长期经济前景造成更大的影响。索罗斯押注英国和亚洲股市下跌,蒂尔则赌美国输。

与索罗斯一样,蒂尔自诩为知识分子。正如其首席运营官拉尔夫·何所说,克莱瑞姆"集初创公司、智库和对冲基金于一身"。何自 1999 年以来一直担任 PayPal 的副总裁,也是蒂尔带来的一群忠实拥趸中的一员。这些人中还有曾担任 PayPal 首席财务官的肯·豪厄里、《斯坦福评论》那篇警告同性恋"越轨性行为"的专栏文章的作者及 PayPal 后来的律师内森·林,以及《斯坦福评论》的另一位校友乔·朗斯代尔,他曾在 PayPal 实习。蒂尔还聘请了斯坦福大学物理学研究生凯文·哈林顿担任副手,哈林顿曾为《斯坦福评论》撰稿。

理论上,应该由蒂尔的员工帮助他想出交易和其他投资的点子,可实际上所有重大的决策都是他自己做出的。克莱瑞姆的员工只是看书、下棋和辩论(例如这个话题:如果要你从一张白纸开始设计一个国家,它会是什么样)。每个人都花了很多时间谈论政治,尽管重要的是这些政治总是属于右翼的范畴。一名员工告诉我,人们经常听到否认气候变化的言论,也经常看到网页浏览器对 VDARE 开放(VDARE 是一个极右翼网站,长期以来发布白人民族主义的文章)。克莱瑞姆内部也有一些自由派人士,但他们都明白有些观点最好还是别说出来。如果蒂尔像往常一样在晚餐时问你,你已经改变的观点是什么，你知道最好是想到一个你已经偏向右倾的问题，不管这个问题有多模糊。如果你认为有组织的劳动力的衰落对美国是不利的，而蒂尔又以某种方式把对话引向了那个方向，那么你就该明白应将话题转移到一个双方都感兴趣的潜在领域，比如延长人类的寿命。蒂尔早已开始向致力于治愈衰老的非营利组织玛土撒拉基金会捐款，该基金会声称主流科学忽视了衰老这一问题；包括蒂尔在内的一些克莱瑞姆员工都是名为"阿尔科生命延续基金会"的人体冷冻中心的客户。

至于能够被这样认可的工作，其实并没有多少。大多数时候，他们会在下午3点左右离开。实际的投资，如果不被反对的话，那也只是工作中相对较小的一部分。"每隔两年，我才搞一项投资，"2003年加入该公司的阿贾伊·罗恩说，"接着就只有观望。"

当时，罗恩刚20岁出头，是克莱瑞姆的典型雇员，因为他有令人印象深刻的学历证书和正确的政治立场，即使没有任何传统的资历。罗恩去见了蒂尔，向他推介了投资一家通过邮寄方式运送素食套餐的初创公司的想法。罗恩不会做饭，但他在耶鲁大学的保守圈子里很活跃，在高中也做过一些投资。这种共同的相似经历就足够了。"为什么不来克莱瑞姆创业呢？"蒂尔说。蒂尔的瑜伽食品公司后来倒闭了，这并不奇怪，但罗恩留了下来。

对蒂尔来说，这种随心所欲在当时是很典型的，他在公司上的花费就像他在个人生活上的花费一样，爱怎么花就怎么花。而对员工来说，额外的待遇简直太棒了：合伙人的助理不仅要安排会议，还要打理他们的家。每个人都有免费的食物、免费的假期，还有蒂尔极其英俊的私人教练的免费课程。"他待员工比我以前所有的老板都要好。"他的一位前员工告诉我。

2004 年年初，金融媒体开始关注蒂尔。克莱瑞姆当时管理着 2.6 亿美元，回报率增长了 125%，蒂尔出现在《巴伦》的专栏上，还配有一张他穿着白裤子和白衬衫的照片。鉴于他的世界观，他应该穿黑色衣服才是，专栏作家开玩笑说，并把他描述成一名恰巧也是互联网百万富翁的知识分子。"有很多基金都在追求令人不安的相似策略，"这篇文章援引蒂尔的话说，"没有多少人会提出重大问题。"

PayPal 在去中心化的方式下蓬勃发展，至少在克莱瑞姆，蒂尔给了员工更多的回旋余地，并成立了若干个小研究室团队，请一两个人研究某项交易的思路，或者管理一小笔资金。做得好的人得到的更多，而表现差的人都会被忽视（尽管很少有人被解雇，因为蒂尔似乎厌恶冲突）。

这是一种非常规的方法，可能是源于蒂尔缺乏作为管理者的信心，或者是源于某种宏大的战略，但直到 2005 年，这种方法都一直非常有效。蒂尔曾想押注油价上涨，他的交易员在加拿大遥远贫瘠的北部找到了一个完美的方法。该地区从未生产过大量的常规原油，但这里储藏着巨量的被称为沥青的非常重的石油，混合分布在沙质土壤中。人们知道，这些焦油砂含油量高，但在 20 世纪的大部分时间里，没有人知道如何以足够低的成本将它们从泥土中分离出来。在 20 世纪 50 年代，加拿大政府曾考虑在艾伯塔省引爆一枚 9 000 吨当量的核弹头，那是多达 100 次的预设核爆炸中的第一次，至少在理论上，爆炸将熔化土壤，使钻探变得容易。正如人们可以想象的，有人对此持怀疑态度，该计划在核武器被部署之前就取消了。

但在 2005 年左右，随着石油价格接近每桶 100 美元，从开采出含油沙，用卡车将沙子运到加工厂，在那里与热水混合后分离出石油，再到最后将石油运到炼油厂，这一过程代价极高，并且对环境非常不利，因此被《国家地理》杂志称为"世界上最具破坏性的石油作业"，但这种做法似乎开始有利可图。克莱瑞姆购买了几家新上市的加拿大矿业公司的股票，其中包括在艾伯塔省拥有大型采矿业务的西方油砂公司和加拿大欧普提公司，欧普提是一家以色列-加拿大合资公司，开发出了一种提取沥青的新工艺。那一年，这两家公司的价值都翻了一番，蒂尔看起来就像天才，实现了近60%的回报率。

他接受了自己作为一个思想自由的叛变者的身份，把克莱瑞姆从金融区搬到了普雷西迪奥的一间空气清新的办公室，那里离《星球大战》的制作公司卢卡斯影业的总部不远。他卖掉了四季公寓的房子，搬到了新办公室附近的一栋房子里，鼓励公司的人都效仿他。对于那些住在离公司新址约800米内的克莱瑞姆员工，他每个月再额外给他们每人1 000美元，而不管他们本身薪资多少。他将环境的改变描述为大战略的一部分。正如彭博社在2006年解释的那样，其根本想法就是"让他的团队远离其他可能影响他们思维的基金经理和投资银行家"。那时，该基金管理着超过20亿美元的资金，蒂尔被称为下一个索罗斯。

随着公司不断发展，蒂尔的名气越来越大，他自己也过得越来越舒服。他开始向关系亲密的朋友和同事依次坦言，他是同性恋，并且经常在酒吧或新宅的屋顶与他雇用过的英俊年轻男子交往，许多人都已经离开了。"这是我有过的最好的家庭式经历，"其中一人说道，"我们中的许多人真的很合拍。"

蒂尔的自我实现将得到回报。2007年8月，即经济衰退开始的四个月前，也是大多数美国人意识到经济正在崩溃的近一年前，他给投资者写了一封信，宣布经济扩张正式结束。他在信中写道："我们已经进入可以被称为'漫长告别'的'后长期繁荣'阶段。"不幸的是，普通美国人似乎并没有意识到这一点，仍然在疯狂地借贷，这意味着将出现所谓"痛苦的去杠杆化和流动性减少"，也就是书呆子口中的金融危机。

蒂尔想到一个主意，即使以他的标准来衡量，那也是很出色的。该公司开始做空美元，并做空所有借入大量资金的公司。回报率近乎疯狂，几乎瞬间就从11月的5%飙升至12月的13%，进而又在1月飙升至令人瞠目结舌的24%。2008年上半年，大部分对冲基金都在亏钱，蒂尔的收益率却接近60%。那时，克莱瑞姆管理着64亿美元的资产。"这太不可思议了！"一位分析师称，"他的生意做得简直神了！"

为了庆贺一番，蒂尔租了一架通常由达拉斯独行侠队使用的私人飞机，让整个公司（当时大约有80人）都飞往毛伊岛去过一个长周末。当一行人到达四季酒店时，他们被告知一切花销都由公司买单，可以尽情去按摩、冲浪和畅饮。到了晚上，高管们把钱像糖果一样扔来扔去。其间，乔·朗斯代尔悬赏1万美元给能在掰手腕中战胜他的人。另一位合伙人给一名员工开了一张1万美元的支票，请他唱一场特别精彩的卡拉OK。

还在PayPal时，蒂尔曾疯狂地试图卖掉那家公司，尽管它以令人难以置信的速度增长，然而在卖给易贝后，他又试图做空自己的头寸。现在他又要故伎重演，即使他的投资引来了一片赞誉。这或将成为一种模式：当蒂尔手中有大钱时，他会寻求出售，或以某种方式对冲他的赌注。

因此，尽管作为一名看跌的对冲基金人，蒂尔的成就还是受到了普遍赞扬——"硅谷风险投资家彼得·蒂尔似乎能将一切点石成金"，但《纽约邮报》报道称蒂尔开始更加认真地投资初创公司。

蒂尔不露声色地做了这件事，起初给人的印象是，他认为购买科技公司的股票是愚蠢的游戏。2004 年，他曾说，"现在是风险投资家最糟糕的时期"。他拒绝投资埃隆·马斯克生产电动汽车的特斯拉汽车公司，也拒绝投资由前 PayPal 员工陈士骏和查德·赫利共同创办的在线视频初创公司优兔。

不过也有例外，尤其是对社交网络这类新兴的、被大肆炒作的科技初创公司。即便在经济低迷的后泡沫时代，社交网络似乎也很有前途。他对领英和 Friendster 进行了小规模投资。领英是一个专注于商业的网站，人们可在领英上发布简历，Friendster 则允许朋友们通过数字方式密切关注彼此。但蒂尔最重要的举措涉及一个以大学生为目标客户的社交网络。

脸书引起蒂尔的注意是因为年轻企业家肖恩·帕克。帕克 19 岁时与他人共同创立了纳普斯特，这款软件可供高中生和大学生免费下载及与世界上任何一个人分享数字音乐，从而将他们变成了知识产权窃贼。风险投资家们普遍认为帕克非常危险，因为他有打破规则的癖好，正好又是那种既年轻又有进取心的人，显然不会把规则甚至法律放在眼里，而这正合彼得·蒂尔的心意。

在纳普斯特被唱片公司起诉而灰飞烟灭后，帕克创立了另一个社交网络原型——Plaxo。它声称帮助人们管理联系人，但实际上更像是一台巨大的滥发垃圾邮件的机器。一旦你注册并上传你的联系人信息，该服务就会不管不顾地给他们发送邮件，直到他们也注册，结果出现了类似 PayPal 的增长。

迈克尔·莫里茨也积极资助社交媒体公司，所以在 Plaxo 于 2002 年成立后不久，他就把蒂尔介绍给了帕克，希望蒂尔能对其投资。蒂尔没理他，似乎没有心情与莫里茨和解，但他还是与帕克友好相处，尤其是在蒂尔了解到帕克也不那么待见莫里茨之后，两人的友谊进一步加深了。莫里茨也许希望帕克会因纳普斯特的这段经历而变得谦逊，但恰恰相反，据说帕克的做派就好像他真是自己所认为的那样，是个知名首席执行官。2004 年年初，Plaxo 解雇了帕克，理由是他不去办公室上班，还向员工分发可卡因。帕克否认了这些指控，声称这些指控是为了逼他离开而捏造的。但董事会最终还是解雇了他。

帕克和蒂尔因为都有与莫里茨打交道的经历而变得亲密起来，并问他应该怎么做。不要起诉，蒂尔对他说，新开一家公司吧。几个月后，帕克再次联系蒂尔，还带来了一份提案。他遇到了一个名叫马克·扎克伯格的哈佛大学本科生，扎克伯格的网站在常春藤盟校里相当火爆。蒂尔会有兴趣投资吗？

"你知道这就是他们拍摄电影《火烧摩天大楼》的地方吗？"在大卫·芬奇导演的关于脸书的电影《社交网络》中，当他们进入蒂尔的办公室时，由流行歌星贾斯汀·汀布莱克扮演的帕克与杰西·艾森伯格扮演的扎克伯格产生了分歧。这是真的——《火烧摩天大楼》就是在美国银行大厦拍摄的，尽管他们的这次会面的其余部分与电影中的表现有些不同。与帕克关系密切的里德·霍夫曼是以经纪人的身份出现的，领英早期员工马特·科勒也是如此。

扎克伯格穿着灰色 T 恤衫、牛仔裤和阿迪达斯拖鞋慢吞吞地走进来，在整个会面的大部分时间里都盯着桌子，不过期间他也有过一次高调发声，告诉蒂尔他正在开发的另一个想法，即文件共享网站Wirehog。

"不，不感兴趣。"蒂尔说，他就想谈谈脸书。

帕克讲了一下整体情况。脸书最初要求来自几所大学的用户要拥有一个电子邮件地址，一开始只有哈佛、哥伦比亚、斯坦福和耶鲁。截至那时，脸书已经在数十所大学站稳脚跟，每增加一所大学，几天内就会有80%的本科生注册加入。更令人印象深刻的是，这些用户每天都会使用它。

扎克伯格的沉默和笨拙给蒂尔留下了深刻的印象，他从这位年轻人的冷漠中看到了智慧。他们志同道合，的确如此：扎克伯格就像蒂尔，他利用黑客技术进入哈佛大学的在线目录导出女同学的照片创建的FaceMash网站，令他的那些政治正确的同龄人感到触目惊心。该网站会随机向用户展示两张哈佛大学一年级女生的大头照，一般为18岁和19岁，然后让用户为谁更性感投票。"我们被哈佛录取是因为长相吗？不是！"该网页上的横栏标题写道，"我们会因长相而被评判吗？是的！"（2003年的这件事发生后不久，扎克伯格就道歉了，声称他并没有打算把网站的流传范围扩大到一小群朋友之外。他对哈佛校报《哈佛深红》说："我当然清楚别人是如何用错误的眼光看待我的意图的。"

"别搞砸了！"蒂尔在会议结束时对扎克伯格说。他同意用罗斯个人退休账户的收益投资50万美元。PayPal被易贝收购后，其罗斯个人退休账户金额大幅增长。霍夫曼投入了4万美元。

几个月后的12月，蒂尔在Frisson举办了一个派对，庆祝脸书的第100万名大学生用户成功注册（以及帕克的25岁生日）。不久之后，红杉资本的莫里茨临时聘请鲁洛夫·博塔建议扎克伯格过来推介其公司。扎克伯格同意见面，但到了约定的时间没有出现。博塔打电话催促他后，他穿着睡裤就走进了红杉资本的办公室，称自己睡过头了，然后做了一场演示，列出了要该公司不投资的理由。最后一张幻灯片表示："肖恩·帕克也参与了。"这是对莫里茨的侮辱，红杉资本也遭到了这家21世纪最初十年最成功的初创公司的拒绝。

虽然蒂尔对脸书的投资最终转化为10%的公司股份，但最初是以贷款形式进行的。扎克伯格不得不偿还这笔钱，除非他能够在年底前使用户数达到150万，并重组公司以使其总部得以落户于宜商的特拉华州，从而拥有其提供服务背后的根本知识产权。脸书的股权结构表十分混乱，在硅谷这是众所周知的，意味着它的创始人放弃了太多的股权。扎克伯格虽然拥有脸书背后的技术，但该公司是一家成立于佛罗里达州的有限责任公司，由扎克伯格和其室友达斯汀·莫斯科维茨及另一位同学爱德华多·萨维林共同拥有。萨维林最初负责该公司的运营业务，但那年夏天他并没有到帕洛阿尔托去为脸书工作，而是去了一家投资银行实习。

扎克伯格觉察到他的合伙人缺乏责任心，就想把萨维林逼出局。于是，他和帕克重组公司，并占有了新公司51%的股权。萨维林最终获得30%的股权，但他将会看到其股权因脸书向扎克伯格、帕克、莫斯科维茨和其他早期员工额外赠股而被稀释。同时，扎克伯格最终拥有了公司董事会4个席位中3个的任命权。蒂尔是唯一的外部董事。

萨维林和扎克伯格之间的争执，以及帕克为扎克伯格打气，构成了影片《社交网络》的核心冲突。但电影中没有提到的是，这场股权相争像极了蒂尔和莫里茨在PayPal上市前进行的高风险谈判,扎克伯格自觉自愿地追随蒂尔。2004年6月,他在与肖恩·帕克的一次短信聊天中承认了这一点。帕克提到蒂尔在谈判中喜欢玩些"肮脏的伎俩",然后把这些伎俩描述为"经典的莫里茨狗屎"。

"我打赌蒂尔一定是从迈克尔那里学来的。"帕克说。

"是啊,"扎克伯格回答,"现在我跟他学,也会对爱德华多这么做。"

这也许是蒂尔使用某种软实力的众多例子中的第一个,这些动态的事件最终都会在他无法控制的情况下发生,但这些做法也将使他更加富有,并进一步提升他的影响力。他并没有强迫扎克伯格扳倒萨维林,但在贷款过程中,他将扎克伯格置于"要么重组脸书,要么偿还50万美元贷款"的境地。更重要的是,或许,蒂尔以自己为例给这些行为编织了道德上的正当性,那就是为了无情地捍卫自己在PayPal的利益,他不惜牺牲马斯克和莫里茨等人的利益。遵循蒂尔模式的那些创始人不仅被允许为保护他们的事业而违背正常的礼仪规则,而且他们还被期望这么做。

第 8 章

盗梦空间:"风险投资 2.0"

在"9·11"事件后的那段时期,大多数美国人都遭受了一场国家创伤,那就是经济衰退、一场不得人心的战争及一种愈演愈烈的世界末日感。邮件不安全,有人通过发送带有炭疽杆菌的信件杀死了五个人;首都周围的街道也不安全,一名狙击手在那里随机射杀家庭主妇和学生。尽管这两起袭击案都与恐怖组织无关,但公众认为它们与似乎无处不在的宗教极端主义的兴起脱不了干系。

就蒂尔而言,他发现自己逐渐被宗教极端主义及他可能利用这一时刻的各种方式构成的威胁所吞噬。2004 年 7 月,他和保守派斯坦福牧师罗伯特·哈默顿–凯利与勒内·基拉尔组织了一次为期六天的研讨会,会上蒂尔批评了布什不够强硬,并抱怨"美国公民自由联盟的宗教激进主义民权狂热"。

这些评论来自蒂尔基于这次会议撰写并发表的一篇文章,他在文中主张美国尝试使用司法之外及法律之外的方法,如他所说,要找到"一个在高中教科书中都有所描述的、运作于代议制民主督察与制衡之外的政治框架",以便对付恐怖主义。他写道:"我们应该考虑的，不是以联合国，而是以非官方承认的美国领导的全球间谍网络Echelon，即多国情报部门秘密协作，作为通往真正的全球性'美式和平'的决定性路径。"

文中提到了冷战时期的一个情报网络，即美国联合澳大利亚、加拿大、新西兰和英国利用卫星侦察苏联的通信，但同时呼吁警惕《爱国者法案》——美国国会在"9·11"事件后迅速通过并由布什签署为法律的反恐法。除此之外，这部法律允许政府机构从疑似恐怖分子及美国公民（后来有证实）那里搜集大量数据，既包含电话记录也包含电子通信记录。

PayPal曾经是一家自由意志主义公司——在蒂尔最极端的想象中，这是一种单方面剥夺政府控制自己货币供应的权力的方式。但是，不管怎么说，如果说蒂尔曾经是一个自由意志主义者，那么在"9·11"事件之后，他也不再是一个完全意义上的自由意志主义者。他越来越怀疑民主，怀疑移民，也怀疑其他一切形式的全球化；就在那时，他正在为创办一家新公司而努力，以便适应他的新政治。

就在马克·扎克伯格和肖恩·帕克向蒂尔推销他们为大学生建立的新社交网络时，另一群年轻人正坐在离43楼会议室不到3米远的一排桌子旁，就在那个提供素食套餐的人旁边。蒂尔给了他们一项特别的任务：看看列夫琴为挫败那些威胁到PayPal业务的俄罗斯网络欺诈者而开发的Igor能否抓到恐怖分子。

最初的团队由斯坦福大学保守派和天才程序员组成，有时也在帕洛阿尔托的办公室里工作。斯蒂芬·科恩是一名本科生，在前一年春天曾担任《斯坦福评论》的编辑，乔·朗斯代尔曾是PayPal的实习生，比科恩早两年担任《斯坦福评论》的主编。团队的高级成员内森·格廷斯 20 多岁快 30 岁的样子，曾为列夫琴的反欺诈行动工作，他毕业于伊利诺伊大学。

蒂尔给这个项目取名为"帕兰提尔"，是源于《魔戒》中的那些古灵精怪的帕兰蒂魔石，它们可以让作品中的角色观察到遥远的事件或看到未来。这是一个奇怪的选择：虽然托尔金笔下的帕兰蒂魔石很强大，但它们并非完全的善良。在书中，这些石头主要为撒旦式的邪恶角色索伦使用，他渴望征服中土世界，从事间谍活动，与阴谋家沟通，或者操纵其他人，而他们并不知道这些石头是危险的。

正如蒂尔向早期员工和潜在合作伙伴解释的那样，他的想法是通过挖掘政府几乎无穷尽的海量数据，包括财务记录和手机记录，再利用网络分析来找出恐怖分子。从公民权利的角度来看，这种做法在很多方面都明显存在问题，但这一点没有被提及；事实上，人们认为这也许与"9·11"事件前的隐私准则相悖，但在后"9·11"事件的世界里，这完全没问题。"涉及个人的这类信息有很多，我们想要了解它。"某个听过蒂尔解释的人这样总结道。

至 2004 年，"9·11"事件委员会的报告已经明确指出，在袭击发生前的几年里，如果特工们哪怕只是稍微多重视一点儿政府已经搜集到的有关嫌疑人的信息，美国执法和情报机构就可以事先抓获一些劫机者，甚至瓦解其阴谋。袭击发生前不久，美国逮捕了萨卡里亚斯·穆萨维，他显然是一名宗教极端分子，还曾尝试学习如何驾驶波音 747 飞机，但后来未能将他与"基地"组织或正在策划当中的阴谋联系起来。蒂尔的想法是改进 Igor 系统，并将其出售给当时过分紧张的间谍机构。美国联邦调查局在 20 世纪 90 年代末曾利用 Igor 寻找洗钱者。为什么不把它卖给中央情报局呢？看看他们能不能找到恐怖分子。

格廷斯建起一个早期原型，并开始向潜在投资者和客户展示。反馈十分明确：想法很有趣，但永远不会奏效。PayPal 的数据库非常复杂，似乎涵盖了来自世界各地的买家和卖家，其中一些拥有信用卡，另一些拥有银行账户；与由美国中央情报局、国家安全局及国防部运维的迷宫一般的数据库相比，PayPal 的数据库简单明了。

与防止金融欺诈不同，情报工作非常混乱。它由人类分析员撰写的报告组成，他们有自己的想法和风格缺陷。在 PayPal，用户要么是信用卡诈骗者，要么是易贝的普通用户；在情报界，对于一个人是否构成威胁或两个人之间是否有联系，分析员们通常持不同意见。此外，情报数据存储在数十种不同的软件和硬件设备中，其中许多基本上是互不兼容的。分析员可能会同时访问 IBM 大型机、甲骨文数据库或笔记本电脑上电子表格中的数据。这意味着蒂尔设想的方案需要大量员工清理和处理进入系统的所有数据，这样的更新升级几乎毫无效率可言。即使这样，数据也会模棱两可。

至少对格廷斯、朗斯代尔和科恩来说，情况就是这样的，但蒂尔并没有被吓倒。一天早上，当许多员工外出工作时，他开车到帕洛阿尔托的大学俱乐部去见他在斯坦福大学法学院就认识的亚历克斯·卡普。在几乎完全由忠诚的保守派和自由意志主义者组成的"蒂尔江湖"里，卡普是个不寻常的人。卡普有自由意志主义的信仰，但他认为自己是自由派，而非保守派，在一群有抱负的巴克利追随者中，他显得格格不入。在上斯坦福大学法学院之前，他曾就读于哈弗福德学院。哈弗福德学院是位于费城郊外的一所小型文理学院，基本上与野心勃勃的斯坦福大学截然相反，所以几乎从一开始，卡普在法学院的日子就极不好过，这令他成为一个局外人，就像蒂尔一样。正是这种共同的厌世心理，而非他们的政治观点，成为他们友谊的基础。

卡普和蒂尔从法学院毕业后就断了联系，因为卡普去了德国的法兰克福大学学习。（他后来告诉人们，他曾师从法兰克福学派哲学家尤尔根·哈贝马斯，不过他的博士学位是从法兰克福大学另外一个系获得的。）在从祖父那里继承了一笔不甚丰厚的财产之后，卡普将它用作种子资本，将自己重新塑造成投资者。卡普作为哲学家可能是失败者，但作为资金筹措人，他精力充沛，有着狂野的发型和与生俱来的面对观众表演的能力。他从少数局外人那里筹集到资金，成立了以古代英国诗人凯德蒙的名字命名的凯德蒙集团公司（凯德蒙也是卡普的中间名）。

卡普在柏林过了一段放荡不羁的生活，然后就回国了。他一边继续投资，一边又在一家非营利性机构兼了一份发展官员的工作。他还重新与蒂尔取得联系，蒂尔问他是否可以为另一个基金筹集资金，这是一个投资于科技初创公司的基金。一开始并不容易。蒂尔是一位成功的企业家，但他没有风险投资家的过往记录，因此卡普发挥了他怪异的天才品质，把蒂尔描绘成同路的盟友——既古怪又聪明，并把相对缺乏经验变成了一个卖点。在卡普看来，蒂尔很古怪，但很聪明，这一点对其以后的职业生涯大有好处。但蒂尔现在想要的不仅是让卡普帮他筹集资金，他想把这个基金交给卡普来管理，卡普当场接受了。

尽管卡普作为一名推销员表现极为出色，但他早期为帕兰提尔筹款的努力大多以失败告终。莫里茨自然表示拒绝，另一家硅谷顶级公司凯鹏华盈也拒绝了。帕兰提尔在华盛顿的运气更好，蒂尔在这里主要依靠他在 PayPal 建立的人脉，并主动结识了布什政府在反恐战争中大量使用监控措施的关键设计师。其中包括里根的白宫顾问约翰·波因德克斯特，他被控在向伊朗秘密出售武器的问题上对国会撒谎。波因德克斯特就此上诉并获胜，并被副总统迪克·切尼招募进行反恐行动，重新开始了他的职业生涯。波因德克斯特是布什政府"全信息识别"项目的策划者，该项目涉及搜集大量数据，并试图找到可能暗示恐怖主义的模式。对公民自由权倡导者来说，这是一场隐私噩梦，因为它有可能构成对所有美国人的监视，该计划于2003年正式终止。

波因德克斯特认为蒂尔和卡普为人傲慢，但他喜欢他们的想法，并对他们向他展示的可视化说明印象深刻。波因德克斯特作为非正式顾问参与协助帕兰提尔项目，这为他们在华盛顿建立了更多的联系。蒂尔和卡普与新近卸任的布什政府中情局局长乔治·特尼特交上了朋友，并在中情局风险投资公司 In-Q-Tel 招募了投资人，该公司于2005年根据一个粗略的原型投入了200万美元。唯一的其他主要投资者就是蒂尔本人，他通过罗斯个人退休账户投入了一些资本金。

帕兰提尔最终在位于帕洛阿尔托大学大道的脸书旧总部设立了一个办公室，并围绕隐私重塑了自己的品牌。该公司仍将帮助政府挖掘海量数据，这仍存在侵犯普通美国人隐私的潜在风险，但该公司添加了软件，以跟踪哪些信息正在被访问及被谁访问。这一系统后来被称为"Gotham"，每次分析员在查找某个信息时，系统都会创建一个记录。从理论上讲，这会阻遏政府使用该系统查找个人的详细信息，如果确实发生了滥用情况，也可以审查。这是卡普为解决日益高涨的公民自由权对《爱国者法案》的强烈反弹而采取的策略，他坚信如果没有保护公民自由权的策略，帕兰提尔是不会成功的。

在随后的几年里，蒂尔强烈暗示，他从一开始就支持保护隐私的措施，但事实上他起初对此持怀疑态度，认为没有人会相信声称保护隐私的产品会真正起作用。卡普赢得了蒂尔的支持，帕兰提尔的隐私记录将成为该公司向公众宣传的核心内容。卡普似乎很诚恳，但不清楚客户对这个想法的认真程度。帕兰提尔的一位前工程师回忆说，在那些客户见面会上，刚刚听完有关个人隐私保护的长篇大论之后，有的政府客户就立即请求使用数据库查找前女友。这位工程师说，帕兰提尔的员工永远不会拒绝这些请求。相反，他们会提醒客户搜索已被记录，然后允许他们查找他们想要查找的任何人，不管其借口是多么站不住脚。

帕兰提尔的高管们以其他方式推动了道德边界的设立。根据i2公司提起的诉讼，2006年，帕兰提尔的业务开发主管希亚姆·桑卡尔冒充一家安全公司的创始人，从这家更成熟的竞争对手公司购买了软件。帕兰提尔表示，并没有发生任何不当行为，但最终还是支付了1 000万美元的和解金。

大约在这段时间，蒂尔参与了另一项促销努力。他请乔·朗斯代尔开发帕兰提尔的另一版本，以便用于对冲基金，通过它来分析其投资组合，克莱瑞姆就是供测试的客户。尽管 Palantir Finance[①] 并没有真正发挥作用，并且一位高管还将之描述为"一场灾难"，但它有助于卡普向政府机构证明帕兰提尔值得购买。

"如果只想着卖给政府，那你一定在政府那儿卖不出去，"一个熟悉此项目的人说，"政府永远不想成为唯一能让公司生存下去的客户。

---

① Palantir Finance 后改名为 Palantir Metropolis，主要是为金融业设计，帮助进行欺诈检测。——编者注

我不想说这是一个诡计,但那确实是经过深思熟虑的戏码。"

这段描述凸显了帕兰提尔早期许多产品的特点。多年来,帕兰提尔的情报软件实际上毫无用处,算不上真正的产品,最多就是一个演示品,但美国政府不顾一切地想避免再次发生"9·11"事件,并愿意扶持一个由一些头脑明显聪明的人在幕后支撑的有希望的创意。慢慢地,该公司赢得了几份合同,与其他几家情报机构一样,曾为帕兰提尔提供资金的中情局也开始试用其软件。在 2005 年左右,当硅谷大部分的企业仍然受到网络泡沫破灭的影响,而唯一成功的那些公司也就搞出了一套被称为 Web2.0 的小型社交媒体应用程序之际,能做到这样也就足够了。当时,图片分享网站 Flickr 和掘客网站 Digg 是旧金山湾区炙手可热的两家公司,所以帕兰提尔的招聘人员会这样询问有前途的学生:"当可以致力于保护人们的安全时,你为什么还要去开发照片分享应用程序或帮助跟踪你书签的网站呢?"

在"9·11"事件之后,纽约警察局的运作更像是一个情报机构,他们也购买了帕兰提尔的使用许可。这项交易没有什么意义,纽约警察局最终会放弃帕兰提尔,但这件事足以引起摩根大通的杰米·戴蒙的注意,他在 2009 年邀请卡普向该银行推介其服务。

卡普与银行高管一起喝酒,不仅成功地推销了帕兰提尔的主要安全产品,还成功地推介了朗斯代尔日渐失败的 Palantir Finance。员工们都知道,卡普是一位优秀的推销员,他"人畜无害"的模样令人不设防,经常穿着越野滑雪装备就直接出现在会面场合。但这次的大功直接促成了一份每年 1 000 万美元的合同,被视为反地心引力之举。帕兰提尔的商业团队负责向私营部门销售该公司的软件,最终获得了一个新的代号——"盗梦空间",源于克里斯托弗·诺兰执导的一部关于公司间谍在目标潜意识中植入想法以操纵目标的电影。

帕兰提尔很酷，甚至可能还有点儿危险，这种感觉可以从身着T恤衫的人们开始围着帕兰提尔那间办公室转来转去中总结出来，那间办公室使人联想到惊悚电视剧集《24小时》。在该剧的每一集中，异常强悍的情报官员杰克·鲍尔都能够疯狂地铤而走险，在24小时内拯救美国免遭灾难性的恐怖袭击。"如果杰克·鲍尔有帕兰提尔，"T恤衫们宣称，"他们就得改称这部剧集为《1小时》。"

尽管如此大张旗鼓，但仍不清楚帕兰提尔是否在做它所声称的事情。最初的"盗梦空间"交易对摩根大通来说并不顺利，在得知该公司安全团队的一名成员一直在使用帕兰提尔查看员工的私人数据，甚至以此作为监视员工的借口后，摩根大通减少了对该软件的使用。正如《彭博商业周刊》报道的那样，帕兰提尔并没有努力阻止这种滥用行为。毕竟，该公司客户利用该软件做什么是客户自己的事。

如果说帕兰提尔曾是一种努力，即重新配置PayPal背后的安全技术，并将其提供给布什政府进行反恐战争的话，那么蒂尔的风险投资公司——创始人基金就将是另一种努力，即将他自认为从PayPal学到的关键管理经验转化为一种投资理念。

创始人基金一开始只是克莱瑞姆的一个分支，最初在与蒂尔的对冲基金隔着大厅相对的办公室里运营。它的员工包括PayPal前员工卢克·诺塞克、肯·豪厄里及刚刚离开脸书的肖恩·帕克。帕克是在有争议的情况下离开的，2005年年中，他因涉嫌在租用的海滩别墅里私藏可卡因而被捕，当时他与其在脸书的助手合住在这栋别墅里。尽管他否认有刑事不法行为，而且从未被起诉，他还是辞职了。

如果这些滥用毒品的指控（以同样的理由，莫里茨也将他赶出了Plaxo）损害了他在硅谷某些角落的地位，那么蒂尔选择将帕克的名声视为一种资产，并利用帕克的"坏男孩"形象将创始人基金与被视为硅谷顶级公司的红杉资本区别开来。蒂尔大肆渲染帕克阻止红杉资本投资脸书"是因为他们不能公平地对待他"，并暗示帕克的批评者不喜欢他是"因为他太成功了"。所有这一切令莫里茨大为恼火。当我问到蒂尔是如何定义帕克与红杉资本的关系时，莫里茨说："这段叙述被刻意地严重扭曲了。肖恩当时有严重的毒品问题，几乎很少到公司来上班。他的联合创始人想要他离开，肖恩让我们别无选择。这是任何投资者都最不愿意做的事情。"帕克曾经说过，这是"抹黑运动"的一部分。莫里茨没有回应置评请求。

与他所描述的红杉资本正好相反，蒂尔的公司承诺永远不会解雇创始人，他还吹嘘创始人基金正在寻找"风险更高、更创新、真正有潜力改变世界的公司"。这是一个很好的品牌化举措，新闻界开始把蒂尔写成一个敢于承担风险责任的投资家，正如《旧金山纪事报》所说，他开创了一个崭新的行业——"风险投资 2.0"。

然而，蒂尔私下可能是保守派，有时是冷淡的马基雅维利主义者。他最早的交易之一是和巴尼·佩尔做的，此人是他在斯坦福大学的老棋友，已经创立了一个新的搜索引擎 Powerset。这是一次大胆的赌博，号称"谷歌杀手"，所以非常符合创始人基金风险承担的品牌理念，尤其是红杉资本在早期还投资过谷歌的背景下。在宣传这笔交易时，蒂尔和帕克大肆宣扬他们对创始人非常友好的做法，还引述佩尔关于创始人基金对企业家的利益更敏感的赞扬之词。但不到一年，该公司就陷入困境，佩尔从首席执行官被降级为首席技术官，蒂尔也从董事会辞职。

一道类似的鸿沟横亘在创始人基金的营销之道与蒂尔和埃隆·马斯克的交易现实之间。当蒂尔还在创建他的投资公司时,马斯克已经着手开发可以与最快的燃油动力汽车正面抗衡的电动汽车。说来似乎没有可能,但特斯拉汽车公司确实成功了。到 2006 年,特斯拉开始试驾其跑车原型,它可以在不到 4 秒的时间内从 0 加速到每小时约 97 千米。

在此之前,该公司几乎完全依靠马斯克在 PayPal 的盈利维持。但随着汽车接近投产,马斯克需要资金,遂询问蒂尔是否有兴趣投资。蒂尔一口回绝,这表明他不愿投资的部分原因,按马斯克的话来说就是"他并不完全认同气候变化的观点"。由于蒂尔拒绝投资,并且选择了自己的政治偏见,而不是马斯克的大胆一搏(更不用说主流气候科学提供的压倒性证据),他输惨了,失去了在一家 2020 年年底前市值为 8 000 亿美元的公司拥有大量股份的机会。马斯克将这笔交易交给了优点资本,而不是创始人基金。优点资本是一家鲜为人知的公司,以投资绿色能源公司而闻名,它最终在特斯拉上市时持有其 9% 的股份。

马斯克倾向于私下接受任何非难,而蒂尔的公然拒绝似乎使本来就别扭的关系变得紧张起来。马斯克投资了克莱瑞姆公司和影片《感谢你抽烟》,其部分原因就是为了掩饰对于那次"政变"不好的感觉,他说:"常言道,冤家宜解不宜结。"但在 2007 年,他开始抱怨在 PayPal 的历史记录中他被彻底抹去了。几年前,蒂尔曾资助《斯坦福评论》前编辑兼营销人员埃里克·杰克逊出版了《支付战争》。在一封写给新近落户于硅谷并抨击蒂尔的科技八卦博客"硅谷闲话"的信中，马斯克称呼杰克逊为"马屁精"，并抱怨在《支付战争》一书中"彼得听起来就像是《勇敢的心》中的梅尔·吉布森，而我的角色却介于微不足道和坏种之间"。

当《财富》杂志召集"PayPal黑帮"拍摄一张《教父》主题的照片时，蒂尔的做派酷似马龙·白兰度饰演的唐·柯里昂，马斯克则以事先有约为由回避了照片拍摄。"彼得的理念很奇怪，"马斯克当时说，"这不正常。从投资的角度来看，他是一个逆势而上的投资者，对奇点做了大量思考。我对此不太感冒，我更相信人的因素。"

但随着全球经济步履蹒跚，马斯克需要蒂尔的帮助。他的SpaceX曾在2006年和2007年尝试发射，但两枚原型火箭都在进入地球轨道前爆炸。现在他已经没有现金，并开始试探蒂尔和创始人基金的卢克·诺塞克的态度。蒂尔对这个想法很冷淡，导致他与诺塞克之间爆发了争吵，这件事在"蒂尔江湖"成了传奇。"卢克为此付出了很多。"马斯克说。诺塞克赢得了这场争辩，最后蒂尔也让步了，为马斯克的太空事业投入了2 000万美元。

2008年8月，第三枚SpaceX火箭爆炸后，马斯克利用这笔资金坚持了下来。"SpaceX将在进入地球轨道和展示可靠的空间运输方面占据上风，这一点绝对没有问题，"他在发射失败后不久这样表示，"对我来说，我永远不会放弃，我是说永远。"一个月后，他成功了，SpaceX成为第一家将火箭送入地球轨道的私营公司。

这次发射对马斯克和蒂尔来说都是一个转折点，马斯克走上了一条使其初创公司成为主要的太空探索公司的道路，也使作为投资者的蒂尔首次获得了清楚无误的胜利。他投资了两个快速成长的国防承包商，这个故事甚至比他所讲的对冲基金经理的故事还要好。他不仅是一个拥有数十亿资金的逆势投资者，还是一个风险承担者，把宝押在最疯狂的技术和最大胆的创始人身上，他本人在华盛顿特区的影响力也越来越大。

这一人设将定义他未来十年的职业生涯，即使其中包含明显的矛盾：一个实际上做空美国经济的对冲基金人，怎么可能同时是一个视野开阔的未来主义者？什么样的自由意志主义者会向中情局出售间谍技术？什么样的疯狂风险承担者会拒绝向特斯拉做早期投资？这些矛盾，再加上蒂尔的自负，使他容易受到下决心要揭露这些矛盾的人的攻击，而就在此时，一家新晋的传媒类博客——高客传媒正打算这么干。

第 9 章

新疯狂而准确的预测，放手管理模式的胜利

"玛丽莎·梅耶尔曾经和拉里·佩奇约会。是的，我们说的。"

2006 年，高客传媒就是这样来到硅谷，并声嘶力竭地叫喊着权力、性和伪善。在一篇关于佩奇（谷歌的联合创始人）和梅耶尔（谷歌的高层管理者）之间浪漫关系的文章中，高客传媒针对有关媒体对科技行业的谄媚报道的争论放出了一则低俗的八卦爆料。"真正尴尬的是硅谷人微言轻的记者团，"高客传媒的新硅谷博客"硅谷闲话"继续写道，"吃惯了那些经过包装的奇闻逸事。哦，对了，你知道吗？谷歌曾聘请一位厨师随感恩而死乐队旅行——他们就没能力去咀嚼真实的事件了。"几天后，"硅谷闲话"曝光了另一段被指出轨的感情，涉及已婚的首席执行官埃里克·施密特，这再次被定调为媒体批评。

这是高客传媒创始人尼克·丹顿自创立该公司以来的一贯做法，该公司还运作一些涉及政治、媒体和好莱坞的违规网络出版物。高客传媒，正如丹顿喜欢说的那样，发表了许多人人都知道是真的却又不

敢写的事情。其旗下的不同博客,包括报道纽约媒体的同名旗舰博客,以及 Gizmodo（科技类）、Deadspin（体育类）、Wonkette（政治类）和 Fleshbot（色情类）等,同《纽约邮报》第 6 版的八卦专栏或《太阳报》一样,都总是喜欢刨根问底且内容低俗。

但高客传媒又不同于那些八卦刊物,因为它并非只关注政客和名人。作为传媒博客,高客传媒也发表涉及记者本身的八卦,尖刻地描述了新闻业界的大牌人物。它宣称《纽约客》的亚当·戈普尼克（犯有"知识分子的恶行罪"）,指责《纽约时报》的戴维·卡尔是"咖啡因上瘾的灵长类动物",并促使其另一个目标、《纽约》杂志的瓦妮莎·格里戈里亚迪斯撰写一篇题为"每个人都很糟糕"的长篇文章。尽管该网站的评论刻薄,但往往也很有趣,主流媒体对过度讽刺所表现出的歇斯底里只会吸引更多读者的注意。至 2006 年年中,仅高客传媒一家每月就吸引了 900 万的浏览量。

与高客传媒相比,"硅谷闲话"的规模较小,但它对丹顿来说很重要。丹顿毕业于牛津大学,曾为英国《金融时报》报道硅谷。2006 年 11 月,他接手了"硅谷闲话"。"硅谷,"他说,"无论好与坏,都是新世界的中心。"

丹顿领导下的"硅谷闲话"透露出典型的恶毒和愤世嫉俗,但有一件事它说对了:对于审视科技巨头掌门人这一新崛起的阶层,硅谷的记者们几乎什么也没有做。其中部分原因是很自然的,因为从传统上来说,技术新闻大多是报道一些技术创新,而想要报道这些就需要接触到它,这意味着必须不断地请求人家同意。涉嫌对苹果进行负面报道的记者经常会被禁止出席产品发布活动,也会被从观摩演示的参加者名单中删掉,最糟糕的是被史蒂夫·乔布斯彻底屏蔽,他只和那些能够使苹果公司在投资者和公众面前保持负责任形象的记者维持密切的个人关系。报道方兴未艾的互联网初创公司的业内记者通常都认为自己是硅谷技术发展的参与者，而非旁观者；他们自己也会投资初创公司，或者从其冠冕堂皇地报道过的风险投资公司那里为自己的媒体筹集资金。

这种情形对像蒂尔这样的人来说很好，他被描述成一个古怪但有趣的人，而不是一个保守派的煽风点火者。其实，他是乔治·W. 布什政府的中情局的主要商业伙伴，也是一家拥有 10 亿美元航空航天公司的主要投资者，同时主张在美国和伊斯兰世界之间建立截然不同的关系。但在 2007 年曾造访克莱瑞姆办公室的著名科技作家卡拉·斯威舍看来，蒂尔就是"硅谷最有趣的风险投资家、全能的伟大人物"。

"我得说，彼得，你很有品位！"斯威舍热情地赞扬蒂尔的办公室，后来又在采访中说，"我喜欢你积极的态度。"

丹顿尊重蒂尔，但并不喜欢他。两人拥有相同的自由意志主义的世界观，同样对精英教育机构持极端怀疑态度，并愿意公开抨击这些机构。例如，似乎跟蒂尔一样，丹顿对常春藤盟校和《纽约时报》也是不屑一顾。和蒂尔一样，丹顿也心怀大志，这也许就是他能理解蒂尔绝不只是一个古怪的富人（他正在为权力奠定基础）的部分原因，而这一点其他媒体是看不到的。

丹顿也是同性恋，但与蒂尔不同的是，他毫不掩饰自己的性取向。"也许因为我是同性恋，我从小就讨厌公开的秘密，"丹顿后来说，"通常如果一个人是同性恋，那差不多就是尽人皆知的秘密。他们的朋友知道，他们的家人知道，但出于某种不合时宜的体面，没有人谈论它。一般来说，我的观点是，让我们把它讲出来。真相会让你自由。"

所有这一切令丹顿对彼得·蒂尔几乎构成了独特的危险，因为蒂尔并没有大范围与人分享有关自己性取向的信息，他的父母和朋友都很保守，他在中东国家也有投资者，而在那里同性恋是绝对的禁忌。蒂尔花了数年时间精心打造不同版本的自己，并将它们呈现给不同的支持者。对华尔街而言，他是睿智的逆势对冲基金经理；对硅谷来说，他是一个只关心赋予年轻创业者权力的风险承担者；对于华盛顿特区，他就是能把我们从恐怖主义中拯救出来的技术天才。这些都是刻意打造出来的，尼克·丹顿的任务就是要让它们暴露于光天化日之下。

"硅谷闲话"在 2006 年对蒂尔的早期报道是典型的科技媒体的做法，该网站曾惊叹于他古怪的慈善捐款和作为投资者的成功。但丹顿在当年年底到来后，该博客变得更加多疑，在早期的一篇文章中，丹顿称蒂尔为"一位已蜕变为投资天才的创始人"。

丹顿很擅长键入可能破坏这段叙述的信息，他发表了马斯克在 PayPal 的"一段别样历史"，并告诉读者他们最喜欢的古怪风投家与基思·拉布瓦在斯坦福喊出来的恐同诽谤有关。"硅谷闲话"给他取名叫"基思·'带着艾滋去死'·拉布瓦"。丹顿还抖出了蒂尔的"放纵弱点"，这与肖恩·帕克涉嫌滥用可卡因有关，他嘲笑了"洞窟"——一座创始人基金的两个合伙人共同拥有的派对房子。

高客传媒最终为"硅谷闲话"聘请了一名全职编辑，丹顿也回到高客媒体继续承担管理工作，但他的技术博客继续批评和嘲笑"蒂尔江湖"里的所有人，并且开始暗示蒂尔的性取向。2007 年 7 月，同为同性恋的新编辑欧文·托马斯有所隐喻地提到"7月4日在蒂尔家举行了盛大的聚会"。接着,同年10月,该网站注意到蒂尔在田纳西大学查塔努加分校发表了一篇演讲,却未能吸引到大量听众,这是标准的"硅谷闲话"式挖料。但接下来,托马斯又提到一个想要签名的单身女孩,他说:"如果那个女孩想要的不只是蒂尔的签名,那她一定会收获双倍的失望。"之后,托马斯又再次回到这个隐喻上,针对一位男性房地产博主称蒂尔"如梦似幻",他继续发挥:"是哦,我们得说他真够帅的。不管怎么说,我们真不愿意对你挑破……但蒂尔就是。他要真的不是,你就比那个排队要他签名的田纳西女孩更有机会。"

托马斯告诉我,写这些都是为了开玩笑,因为蒂尔的性取向在当时已经是公开的秘密。托马斯,还有许多旧金山的科技和金融圈的人都知道蒂尔有一个男朋友,是贝莱德集团的副总裁马特·丹泽森。他住在纽约,蒂尔在纽约有个家。丹泽森飞往加利福尼亚州参加在蒂尔家举行的克莱瑞姆圣诞聚会,而且托马斯在 Friendster 上看到了蒂尔的个人简介,明确无误地表明他对男性有兴趣。一位在蒂尔手下工作多年的前雇员表示:"这连公开的秘密都算不上,它本身就不是秘密。"

蒂尔从来不是一个忽视潜在对手的人,于是他开始要求员工想办法让高客传媒别再找他麻烦。一位曾参与此事的克莱瑞姆的知情人士告诉我,公司曾访谈过安全专家,还一度雇用了一家私人调查公司,力图挖到丹顿在个人生活和财务方面的黑料。这开启了一场完全符合极右政治的卑鄙下作的暗中行动,而且持续了十年之久。可惜未能如蒂尔所愿,这些私家侦探没能找到任何有用的线索。丹顿,正如他所说，昭昭然如一本翻开的书。

12月，托马斯明确表示，他这一年来一直在委婉地暗示什么。"彼得·蒂尔就是一个彻头彻尾的同性恋，伙计们"，他的标题这样写着。做这样一个报道的想法出自丹顿，他向托马斯提起，说这也许是"硅谷闲话"可以报道的一个选题。托马斯觉得这个任务还算合理，因为他完全赞成将身份密柜彻底敞开。托马斯说："在我看来，所谓存在一个人们在或不在其中的身份密柜的假设，整个就是异性恋正统主义问题的具体化。"在这种观点中，隐瞒自己是同性恋的做法只会令不平等和歧视永久化。丹顿提议的这种揭秘在当时并不罕见。六个月前，主打同性倾向的时尚杂志 *Out* 的封面以"玻璃密柜"为题刊登了有关安德森·库珀和朱迪·福斯特的文章，众所周知，这两位名人都是同性恋，但他们从未公开过自己的同性恋身份。

托马斯将其帖子搞成了对硅谷的不宽容现象的评论。他说，科技人员能接受各种各样的逆向思维，但出于一些看似奇怪和虚伪的原因，他们对待性却有点儿假装正经。托马斯认为，这是一种软性的偏执。风投家并不是完全憎恶同性恋，但他们通常会拒绝投资同性恋创始人，因为他们担心其他更为保守的交易者，比如后期的投资者、客户、银行家无法容忍。蒂尔作为一个同性恋亿万富翁和逆向投资者，无须担心那些二流的偏见，这就是他能够在某种程度上公开自己的同性恋身份的原因：

> 你认识的出柜的同性恋风投家能有几个？我认为这解释了很多与蒂尔有关的事情：他对传统的蔑视，对推翻既定规则的追求。就像一个世纪前创造了好莱坞的犹太移民一样，同性恋

投资者无法融入旧体制，这促使其建立一个不同的、有望更好的体制来识别和奖励有才能的人，并将他们的成就释放到全世界。这就是为什么我认为有必要说出：彼得·蒂尔，世界上最睿智的风投家，就是同性恋。让他更有力量吧。

托马斯并不认为这是一次传统意义上的出柜。他认识的每个人就和克莱瑞姆的每个人一样，都知道蒂尔的性取向。相反，托马斯坚持说，他就是在打破一个假正经的禁忌，硅谷的其他人却还在不必要地尊崇这个禁忌。蒂尔并不在柜中，是他的同行们实际上选择了将其藏在柜中。"这是一个奇怪的保守行业，"托马斯这样对我说，算是对他当时的想法的总结，"我们来谈谈这个吧。"

这篇文章并没有被广泛阅读，最初发表时浏览量只有1 000次左右，即使以"硅谷闲话"这样的小博客的标准来看，也算是"垃圾"。它也没有在新闻界引起多大的轰动。高客传媒发表的内容经常会推测那些尚未出柜的公众人物的性取向，包括安德森·库珀，甚至在蒂姆·库克公开出柜的几年前就揭秘了他。蒂尔的一名代表私下向托马斯抱怨，但托马斯说他从未因揭秘蒂尔的身份而受到指责，他认为不存在任何感情上的伤害。几天后，托马斯发表了一篇另一高客传媒写作者的模仿之作，说蒂尔钟情于安·兰德："彼得·蒂尔是个彻头彻尾的客观主义者，伙计们！"在一篇后续跟帖中，该网站称蒂尔是"公开的客观主义者"。

起初，蒂尔在克莱瑞姆并没有让自己的愤怒显露出来。没有人会认为蒂尔是个有秘密的人，而且公司发展一直顺风顺水，以至于大多数员工压根都没有意识到老板还是"柜中人"，也就更不知道他还出柜了。蒂尔是《华尔街日报》和《巴伦》周刊的常客，相比之下，"硅谷闲话"简直微不足道。第二天，办公室里没有人谈论这件事，大多数员工都还幸福满满地没有意识到有些不稳定之事已然发生。

但私下里，蒂尔感到非常震惊，尤其是在他看到丹顿在文章底部的评论区留下的加注之后。丹顿写道："蒂尔的性取向唯一奇怪的地方就是，究竟为什么这么长时间以来，他一直对同性恋身份被发现如此偏执？"蒂尔对此话深有所悟，在他看来，这是一种含蓄的暗示，是在说他的心理不稳定。在蒂尔看来，丹顿并不只是揭开了他的秘密，而是以一种体现了自由派精英最恶劣冲动的方式揭开了他的秘密。这一博客暗示，若想要生活于隐私中（至少在一定程度上），那一定是什么地方不对了。这既残忍又不公平。

蒂尔很恼火，这可能就是在接下来的1月，他做了一件在员工看来几乎无法理解的事情的原因。他把克莱瑞姆的交易员们都召集起来，告诉他们，他将把该基金迁移到纽约去。员工可以随公司搬家，也可以获得可观的遣散费。蒂尔说原因很简单："你如果想成为电影明星，就搬到好莱坞去；你如果想成为政治家，就搬到华盛顿去；你如果想成为对冲基金经理，就搬到纽约去。"

这些话出自一个反向投资者之口，听起来就更别扭了。毕竟，克莱瑞姆才刚刚从旧金山市中心迁出，据说是为了远离对冲基金的客户群，现在蒂尔却声称想要加入他们。其中真正的原因，一些员工后来才逐渐明白，就是出于个人的考虑。"他从来没有说过，但真正的原因就是高客传媒，"其中一人说，"他想逃之夭夭。"

与此同时，蒂尔向克莱瑞姆的投资者发出了一封热情洋溢的信，描述了该公司的经济前景。克莱瑞姆经常这样做，但一般是分析师来写，这回是蒂尔首次亲自写信，结果非常极致。在这篇一万字的文章《乐观的思想实验》中，蒂尔认为世界正走向终结时代。投资分析师通常使用宗教隐喻，会说债券收益率的"基督再次降临"或股市"毁灭"，但蒂尔并不是在打比方，他写道："整个人类秩序终究会崩溃于冷酷无情的暴力升级，即饥荒、疾病、战争和死亡……面对如此的未来，拯救不朽的灵魂并积累财富于上天，于永恒的上帝之城，要远远好过积聚转瞬即逝的财富于短暂而消亡的人类之城。"他通过历史的论述和对《启示录》引文的自由运用来证明这一点。

蒂尔指出，由于投资者不能期望在未来一切都会崩溃的情况下还能获利，他们会继续系统性地高估一切，导致房地产、科技和金融泡沫的出现。文章的标题反映了蒂尔所认为的最佳情况，即在"乐观的"未来会出现抵御全球化和灾难性的金融危机的政治反冲力。在这种情况下，可以有许多种赚钱的方法，比如克莱瑞姆就可以做空股票，但蒂尔把重点放在最坏的情况下，建议以祈祷和忏悔来代替投资分析，从而削弱了这一分析。"全球化及其替代品之间的争斗将是势均力敌的，至少在个人的选择将被证明是至关重要的这个意义上是这样，"他总结道，"有鉴于此，我们反对对有效市场的主导信念。然而，与对有效市场的信念不同，我们的信念似乎仍无法命名。"

朋友们认为，这证明了蒂尔的无畏及思想的独创性，事实也的确如此。客观地说，作为一封致投资者的信，这也太离谱了，几乎相当于金融行业自杀前的遗书。蒂尔向2008年年中之前对他信任有加并将80亿美元托付给他的那些机构坦承他没有信心保住他们的这笔钱。

就在这时候，在一次全体人员会议上，蒂尔预测市场将会"爆雷"，并警告员工，克莱瑞姆用来进行股票交易的经纪人可能会崩溃。克莱瑞姆将不得不立即转向持有现金，并应考虑其他措施。一位分析师建议他们购买金砖并埋起来，另一名前雇员回忆当时的心情说："这就像某种安·兰德式的狂热之梦。"

这场狂热之梦传遍了"蒂尔江湖"。与此同时，乔·朗斯代尔出现在位于帕洛阿尔托的帕兰提尔总部，命令管理人员从公司账户中取出 10 万美元。他们的想法是，一旦美国经济全面崩溃，只要手头有现金，员工们就不会挨饿。"我们为每人准备了 1 000 美元，"帕兰提尔的一名工作人员说，"他们认为世界末日即将来临。"

事实证明，蒂尔的疯狂预测在很大程度上是正确的。9 月 15 日，曾在美国内战、大萧条和"9·11"事件中幸存下来，但一直积极承销与次级抵押贷款相关证券的华尔街金融机构雷曼兄弟破产，并申请破产保护。当月晚些时候，成立于 1889 年，并于 21 世纪头几年还吹嘘自己将成为银行业沃尔玛的华盛顿互助银行也倒闭了，引发了一场银行挤兑。

一场严重的经济衰退随之而来，普通民众失去了工作，被无法偿还的抵押贷款牢牢困住，失去了自己的家。那些预见到这种苦难并发现利用这种苦难进行交易的基金经理们暴富得令人瞠目结舌，其中最出名的就是约翰·保尔森，他在市场崩溃时购买了 40 亿美元的信用违约互换，这激发了格里高利·祖克曼的创作灵感，出版了《史上最伟大的交易》一书。不知名的对冲基金经理史蒂夫·艾斯曼也干了一票类似的豪赌，并因迈克尔·刘易斯的《大空头》一书而闻名。

但蒂尔并没有致富，这正是因为他无法将自己的伟大想法转化为交易策略。用其前同事的话来说，这不是想象力的失败，而是管理的失败。早期的一位雇员说："这是太阳王的王宫。"另一位则表示："我们的组织结构不是为了寻找微观机会。我们本可以做大空头的，也看到了一些类似的机会，却没有好好利用。"

在PayPal，蒂尔允许员工在几乎完全自由的情况下运作，其结果是惊人的。PayPal开发了独创性的反欺诈算法、具有开创性（虽然在道德上存疑）的病毒式增长机制，以及一种狡猾的企业发展战略，从而迫使易贝在科技行业崩溃之际将其全部收购。这是蒂尔放手管理模式的胜利。但在克莱瑞姆，交易员和分析师做得太过分了，他们看着蒂尔想出一个出色的反向投资论点，却并没有按照蒂尔的世界观来进行投资，而是在他最初的反向投资想法的基础上再设计反向投资。

知情人士提到，他们"想得太多"，"试图抓住那把刀"。克莱瑞姆曾考虑做空银行，但最终认为这是一个坏主意，因为银行将被国有化，这实际上可能会推高它们的股价，挤压做空的空间。蒂尔认为，政府会在泡沫濒临破灭之前再次吹大泡沫。在2008年9月中旬雷曼兄弟破产而引发金融危机之前，蒂尔只把投资组合中的极小一部分投在公开交易的股票上。然而，他突然意识到，自前一年10月以来一直在贬值的股票现在已经跌无可跌，于是开始疯狂买入。他向谷歌和雅虎各投了8亿美元，并向一揽子银行股投了10亿美元，赌政府不得不出手相助时，它们都会反弹。

事实证明，这些举动终结了他作为对冲基金经理的职业生涯。股市持续下跌，到2008年年底时，蒂尔已经把上半年赚的钱都赔光了。他错失了一大笔巨额利润，而这本来可以得自于他对金融行业正在崩溃的信念。至年底，他的资产下跌了大约5%。等到股市反弹的时候，蒂尔又开始抛售股票，错过了股市复苏的机会。一波赎回风潮放大了他的损失。养老金和主权财富投资者陆续从克莱瑞姆撤资，因此到年底，这个原本60亿美元的基金只剩下20亿美元，而投资者仍在要求收回他们的资金。

虽然这可能是蒂尔的投资失误，但由于克莱瑞姆的实际表现要好于股市和大多数对冲基金，因此很难将赎回风潮归因于业绩不佳。（标准普尔500指数在2008年损失了近40%的价值，对冲基金的平均损失为18%。）此外，蒂尔关于股价将反弹（2008年12月开始）的预测是正确的，这要归功于美联储及布什和奥巴马两届政府的行动。他的预测离市场触底只差一两个月的时间。

不管是对是错，蒂尔开始相信，导致大规模赎回风潮的真正原因是高客传媒。据其前雇员称，克莱瑞姆的一些大投资者都是阿拉伯国家的主权财富基金，全部由那些视同性恋为犯罪的政府控制。蒂尔从未明确承认过这一点，但他暗示过这就是他把自己的性取向隐藏起来的原因。"如果要谈论出柜，它可从来就不单纯是一个事实那样简单。"蒂尔在2018年的一次访谈中说，"绝不可能只是'彼得是同性恋'，供你参考。而更可能是这样：彼得·蒂尔是同性恋，但我们不明白他为什么不想让我们谈论这件事。也许是因为他的父母还不知道，他们会感到难堪，也可能是他为了从沙特阿拉伯捞钱。"

此外，正如托马斯后来所说，不仅是他那篇关于蒂尔性取向的文章让蒂尔觉得"自己被针对了"，高客传媒旗下的那些子公司继续故意刺激他和他的亲信，2008—2009年，他们从来没有错过一个机会来指出克莱瑞姆的失败，或者蒂尔最新的虚伪，以及肖恩·帕克最新的恶名。在2008年的马丁·路德·金日，"硅谷闲话"无事生非地指出，蒂尔最近向罗恩·保罗的竞选活动提供了一笔捐款，因为保罗与种族主义新闻媒体有关。同年 9 月，该博客指出，克莱瑞姆在脸书上的损失高达 9 亿美元，比蒂尔在脸书上赚的还多。在最近的一次科技大会上，甚至无人向蒂尔打听这些损失。2009 年年初，蒂尔飞往瑞士达沃斯，这是一个向投资人阶层展示实力的关键机会，"硅谷闲话"称蒂尔是一个"所谓的有远见的人"，指出他的基金在过去 6 个月里缩水了 50 亿美元。2009 年晚些时候，"硅谷闲话"声称蒂尔一直在夸大自己的净资产。

在此期间，"蒂尔江湖"中的人们也说不清楚高客传媒到底是在报道蒂尔作为投资者的失败，还是通过削弱投资者对克莱瑞姆及蒂尔对自己的信心从而引发了失败。克莱瑞姆的一位前分析师在谈到 2008 年蒂尔公司的亏损时表示："我个人认为他是因为遭受了严重的打击，被打乱了阵脚，要想扳回来很难。"

硅谷也失去了一些信心。2008 年 10 月，红杉资本开始分发一份题为"安息吧！好时光"的演示文稿，鼓励下属公司削减成本、保存现金，它暗示了对闪电式扩张剧本的拒绝。初创公司再也没有足够的资金毫不犹豫地购买市场份额，相反，他们必须创造收入。脸书似乎注定要进行首次公开募股，现在这已经不在讨论范围内。脸书从与克里姆林宫有关系的俄罗斯投资者尤里·米尔纳那里筹集了 2 亿美元。蒂尔要想通过首次公开募股实现公司股票的部分账面收益，还需要等上好几年。

后来，2008 年 11 月，在一场被视为否定布什执政时期国家安全政策的总统大选中，巴拉克·奥巴马轻松击败约翰·麦凯恩。奥巴马赢得了民主党的提名，部分原因是他反对伊拉克战争，同时得益于硅谷的支持。社交媒体在其竞选活动中所做的努力，代表着第一次有总统候选人拿这类媒体当回事儿。领导他们的是扎克伯格的哈佛同学、脸书联合创始人克里斯·休斯，《快公司》杂志称其为"让奥巴马成为总统的孩子"。有些人把 2008 年大选称为"脸书选举"，而硅谷的创业精英们为奥巴马的竞选投入了大量资金，因此《大西洋月刊》将此称为"今年最热门的创业"。蒂尔从来没有像现在这样与他的同行们如此格格不入。

奇怪的是，在这段时间里，蒂尔似乎并不感到痛苦；这么多年来，他第一次感到自由。他的对冲基金，以及被华尔街媒体反复报道和不得不取悦投资者的双重压力迫使他回归自己的本心。退出 PayPal 后，他到处撒钱，而且是那样没心没肺地撒钱，购买了与极度富有的身份相匹配的各种装备，却并没有从中获得明显的快乐。现在，既然他已经亏掉大部分投资者的钱，也不再试图隐藏自己的秘密，他便可以追随自己的学术激情，再一次扮演一个煽动者的角色。

在斯坦福大学，蒂尔曾被年轻的右翼知识分子深深吸引，现在他又一次被他们吸引。起初是谷歌工程师帕特里·弗里德曼，他个头不高，但身体健硕且相貌堂堂，在斯坦福大学获得计算机科学硕士学位后，他将读研期间所学用于为谷歌编写质量控制软件，也尝试好出风头者的另类生活方式，他探索了搭讪艺术、杂技、职业扑克、旧石器时代饮食、集体生活，以及多元之爱，并把这一切写在博客上。弗里德曼对我说："我不知道 10 年后我会如何看待自己，可能我就想说，'我是个叛逆的知识分子，我想写什么就写什么'。"

弗里德曼长期热衷于"海上家园"，即在漂浮于国际水域的大型平台上建立自由意志主义乌托邦的想法。这些被其追随者们形容为开放水域定居点的"海上家园"将不受任何政府的控制,让入住者有试验非法物质的完全自由,并享受被当今世界上200多个国家和地区所拒绝的其他乐趣。他和另外两三个科技乌托邦主义者一起写了一篇论文,并将其发布在网上,解释了"基于海面之上的生活方式的理念和实践性",内容涵盖了焚烧处理人类粪便的利与弊、使用中国制造的价格低廉的巡航导弹来抵御敌方海军舰队攻击的可能性,以及创建一个无税社会的承诺。

弗里德曼的博客在蒂尔的自由意志主义员工中很有市场,他开始与帕兰提尔创始人乔·朗斯代尔的弟弟、克莱瑞姆的副总裁杰夫·朗斯代尔通信。杰夫邀请他到克莱瑞姆的办公室里会面。弗里德曼最初希望能在这次会面中得到一份工作,不过他得到的是与蒂尔共进晚餐的机会。用餐期间,蒂尔事无巨细地打听弗里德曼的计划,其中包括建立一系列比例模型,从置于浴缸内的一个比例平台起步,然后逐渐发展到亚特兰蒂斯岛的比例规模。

蒂尔喜欢弗里德曼,和他的许多追随者一样,弗里德曼是年轻、有魅力的男性,他能言善辩,并肯说出上流社会中没人会说的话。此外,"海上家园"的想法令人发自内心地感兴趣,也是PayPal绕开金融法律之道的具体外化表现。无须发动一场政治运动来争取对亿万富翁减税,或减少对人体冷冻术提供者的监管,无论如何,在理论上,"海上家园"就可以让这些政策成为现实,并挑战政府能否将其关闭。蒂尔认为,等到世界其他地方注意到正在发生的事情时,已经为时太晚。而且还有一个终极诱惑,那就是弗里德曼是伟大的自由主义经济学家米尔顿·弗里德曼的孙子,小弗里德曼的项目为蒂尔提供了一个更深入地与保守主义运动结盟的机会。

晚餐结束时，蒂尔对弗里德曼说"你应该离开谷歌"，并给了他50万美元，让他创办一家非营利组织。蒂尔承诺未来还会给他更多捐款，并表示将借用他的名义开展筹款行动。"几十年后，那些回望21世纪初的人们将会明白，'海上家园'计划是鼓励世界各地发展更高效、更实用的公共部门模式的显著一步，"蒂尔在宣布捐赠的新闻稿中说，"我们正处在一个令人着迷的转折点：政府的本质将在一个非常根本的层面发生改变。"

批评人士认为"海上家园"计划是危险且反动的，而且简直愚蠢。《连线》杂志写道，"海上家园"研究所的成立"应该流传在互联网传说中，因为它证实了两个拥有博客和热爱安·兰德的人可以轻而易举地获得50万美元来追求他们的梦想，无论这个梦想是多么不靠谱或多么出格"。美国国家公共广播电台发表了一篇戏谑的报道，一上来就像促销文案似的开起了玩笑，主持人迈克·佩斯卡问道："厌倦了你死我活的竞争，那就去遵守此人强加的所有规则吗？厌倦了被拒绝给予住在漂浮的海洋胶囊里的机会吗？"高客传媒无情地嘲笑弗里德曼，挖掘他的自白博客和社交媒体中最可笑的愚蠢细节。"自由意志主义乌托邦分子帕特里·弗里德曼想成为你孩子的爸爸"，这一标题所指的就是其主张的多元之爱。

克莱瑞姆的员工原本以为这些媒体的关注会令蒂尔感到惊恐。"多年来，我们一直试图压下某些报道，但从某种程度上说，他根本不在乎，"一名前雇员在谈到他们努力压制媒体的负面报道时说，"他就这样照单全收了，不单是同性恋的事，还有'海上家园'和他的政治作为，总之所有的一切。"蒂尔似乎已经准备好"让他那异帜高扬起来"。此人说道。

蒂尔还更深入地投身于另一项兴趣,资助可能让他长寿的相关技术和研究。他持续向玛土撒拉基金会及其研究衰老的分支SENS研究基金会投入资金,这两个组织是由奥布里·德·格雷创建的。奥布里·德·格雷是剑桥大学培养的学者,他曾在2005年的一次TED演讲中提出衰老是可以逆转的。蒂尔在2007年和2008年捐赠了100多万美元,2010年又捐赠了200万美元。

2008年,创始人基金向Halcyon Molecular公司投资了约50万美元,这是一家由威廉·安德雷格创办的初创公司,安德雷格在19岁时和他的兄弟迈克尔一起创办了这家公司,他有一个适度发展的计划,要开发出价格不贵的基因组测序技术来治疗衰老。2009年,就在蒂尔的"异帜高扬"阶段,他遇到了安德雷格夫妇,几乎立刻被他们的热情和方法所吸引。蒂尔通常不太情绪化,但这次他很情绪化。"他简直就是在上蹿下跳,"威廉·安德雷格回忆说,"他还说:'我们必须解决这个问题,否则我们都会死。'那是我们第一次交谈。"

蒂尔个人将投资500万美元到这个研究抗衰老的公司,并经常出现在该公司的办公室里,而创始人基金又在此基础上追加投资了500万美元。"他花了很多时间,好像在说'好吧,你能给的建议也就这么多',"安德雷格说,"我们还是开始干点儿实事吧。"

他还向奇点研究所捐赠了100多万美元,这是一家致力于研究超级智能计算机的非营利组织,这种计算机有朝一日可以承载我们的大脑,并使我们在软件中实现永生。从这些捐赠招致嘲笑的程度来看,蒂尔似乎对此表示欢迎。在奇点研究所的一次活动上,他向一群人吹嘘,他不顾父母的反对资助了德·格雷。他说:"我住在湾区的父母吓坏了,他们打电话给我,'这太尴尬了!邻居们会怎么想?'"

在早期的对冲基金生涯中,蒂尔的政治立场相对低调,但在离职后,他又故态复萌。克莱瑞姆 2008 年 5 月致投资者的信宣告"一场政治牛市在即",这一"政治牛市"将以"全球主义精英们"的共识瓦解为特征。几十年来,这些全球主义者一直认为开放边境和增加贸易会带来繁荣。这些政策曾受到比尔·克林顿和乔治·W. 布什的支持,但蒂尔看到了一个转折点。一年前,布什曾试图颁布全面的移民改革法案,其中包括为非法移民提供获得公民身份的通道、加强边境执法,并增加一个输入外籍工人的计划。但是布什的努力失败了,蒂尔认为这是"已经持续数月的前所未有的网络运动的结果"。

蒂尔对反移民改革运动的熟悉程度远远超过他在信中所表现出来的。在过去的几年里,他一直在悄悄地培植一批新的本土主义政治家,其中包括堪萨斯州共和党主席克里斯·科巴赫,他曾是反移民组织美国移民改革联合会的律师。他们一直在起诉州政府允许非法移民支付州内大学学费。美国移民改革联合会隶属于极右翼非营利组织数字美国,其坚持主张美国应该减少每年允许进入美国的移民总数。南方贫困法律中心曾表示,数字美国通过其创始人与白人民族主义者保持联系。在布什推进全面移民改革之前,数字美国的知名度较低。它主动代表支持者向美国参议员发送传真,抱怨移民问题有失控的危险。通过这种方式发送的传真超过 100 万份,以至于在投票前夕,参议院的电话网络都被搞瘫痪了。

2008 年,"硅谷闲话"报道,蒂尔通过中介向数字美国捐赠了 100 万美元。(蒂尔当时没有对该报道做出评论,但了解他的政治活动的知情人士告诉我，报道的捐款确有其事。）"硅谷闲话"指出，这不符合蒂尔的自由意志主义价值观，建议他"放弃拥抱自由主义"，蒂尔却以加大赌注来回应。2009年年初，他和弗里德曼为卡托研究所的网站Cato Unbound撰稿。卡托研究所是查尔斯·科赫与他人共同创办的自由意志主义智库。Cato Unbound网站每月都会发表一篇思想家撰写的主题文章，这期的主题是"从头做起"，即在正常的民主框架外简单地创建自由意志主义飞地的想法，弗里德曼认为这是有瑕疵的"民间激进主义"。弗里德曼既不主张投票也不主张成立政党，而是主张一个被称为"竞争治理"的概念：坚定的自由意志主义者将离开自己的国家，去开创新的国家，就好像一个不喜欢当地咖啡店的企业家也许能从中看到市场机会，并营造出一个竞争对手那样。

蒂尔的文章《论一名自由意志主义者的养成》也是围绕类似的主题展开，但更有针对性，似乎就是为了引起反响。"我不再相信自由和民主是相容的。"蒂尔写道，他认为美国在20世纪的大部分时间里一直在走下坡路。他写道："20世纪20年代是美国历史上人们可以真正对政治持乐观态度的最后十年。自1920年以来，福利受益人的大幅增加，以及女性选举权的扩大，对自由意志主义者来说是出了名的难对付，并使得资本主义民主的概念成为一种矛盾修辞法。"

蒂尔认为，有三种并非没有道理的希望领域（对这些领域，他都有投资），或许能让人类回归自由和财富，并推翻女性选民和福利受益人的暴政。这些领域，一是互联网，尤其是脸书；二是外层空间，他认为新的火箭技术使太空殖民地更有可能实现；三是"海上家园"。这与《斯坦福评论》的荒诞言论一脉相承，但与蒂尔在这份校报上发表的极具煽动性的文章不同，他本人就是这篇文章的作者。

毋庸置疑，人们应该庆祝彼得·蒂尔建立离岸避税天堂的努力，同时哀悼《第十九修正案》的通过，这种想法并没有得到普遍的认可。"脸书支持者们希望女性不能投票。"托马斯在"硅谷闲话"上这样写道，还骂蒂尔"犯傻"。

蒂尔在卡托研究所的网站上发表了一篇澄清文章，但并没有为自己关于女性的言论道歉。"虽然我不认为有哪个阶层的人应该被剥夺公民权，但我也没指望投票能让事情变得更好。"他写道。令人惊讶的是，无论这番解释多么站不住脚，却竟然奏效了。乔治·帕克在《纽约客》上对蒂尔的思想进行了缜密的阐述，他表示"蒂尔不是想剥夺女性的选举权，相反，他是想找到一条出路，以绕过与自由不相容的民主"，好像这样说就可以为他开脱似的。其实，蒂尔想要夺走的并不仅是女性的选票，他似乎想要夺走所有人的选票。

在任何情况下，蒂尔在这件事上的观点都无关紧要，因为根据他的这篇文章，他永远脱离了政治：

> 我认为政治简直太惨烈了，这就是我为什么是自由意志主义者的原因。政治让人愤怒，政治破坏人际关系，政治使人们的观念两极化：这个世界有我没他，好人与坏人不共戴天。政治就是不经过别人的同意就干涉别人的生活。这也许就是自由意志主义者过去在政治领域里没有什么建树的原因所在。因此，我主张把精力集中在其他地方，集中在某些人认为是乌托邦式的和平项目上。

几个月后，蒂尔接受一家私募资本行业杂志采访时说"硅谷闲话"是"硅谷的'基地'组织",他还说"硅谷闲话"的员工"都应该被描述为恐怖分子,而不是作家和记者"。蒂尔说:"这里所说的'恐怖主义'显然是一种带有强烈刺激性的比喻,但它的确与真的恐怖主义如出一辙,因为在这种恐怖主义当中,人们就是想要比别人更卑鄙、更耸人听闻,就好像恐怖分子总是想要站出来恐吓平民。这是一个有趣的理论问题,要是'硅谷闲话'消失了,无论如何,也还会有其他东西取而代之。"

在未来10年的大部分时间里,蒂尔将致力于回答这个问题,同时大幅扩大他的政治计划,尽管他声称将会逐步结束它。蒂尔不仅是为了保护自己的形象,也是为了消灭那些试图破坏他的形象的人;他不仅想要实现与政府签约的零的突破,还想接下政府全部的合同订单;他不仅想说服大学管理人员根除校园政治正确,还想把对政治正确性的担忧变成一个可能左右美国大选的问题。

第 10 章

新军工复合体

美国科技产业的历史肇始于 1957 年 9 月,当时,在加利福尼亚芒廷维尤的一个实验室里,肖克利半导体实验室的一群非常优秀的年轻工程师宣布,他们决定辞职。这八个人以"八叛逆"的名号而为世人所知,他们后来成立了仙童半导体公司。在杰出的物理学家罗伯特·诺伊斯的领导下,该小组开发了一种将晶体管(计算机的组成部分)蚀刻到一块玻璃上的方法。这是首个具有商业可行性的计算机芯片,即诞生了硅谷的硅芯片。

阿波罗计划购买了成千上万个仙童半导体公司设计的芯片,在旧金山半岛掀起了经济繁荣的波涛,最终促成了个人计算机、网站、加密货币、智能手表及 21 世纪资本主义的出现。仙童的员工就是"PayPal 黑帮"之前的"PayPal 黑帮",他们在硅谷四下扩张,创办了许多最重要的科技公司和风投公司。

由于深受随之而来的成功(尤其是乔布斯的成功)的影响,在大众的想象中,"八叛逆"的故事据说已经成为遍及科技行业的叛逆精神的代表。当我在 2005 年左右投身新闻业时,硅谷,究其核心,被视为一场反建制运动。正如未来主义者（也是反文化活动家）斯图尔特·布兰德的那句名言所说："这一切都要归功于嬉皮士，20世纪60年代那一代人的真正遗产就是计算机革命。"

但真正的硅谷从来就不是要颠覆军工复合体。硅谷最纯粹的形式就是军工复合体，它的创始人们是骄傲的守旧派，其政治倾向更接近于戴维·斯塔尔·乔丹，而非斯图尔特·布兰德想象中的那些激进分子。发明了"八叛逆"这个词的人（即那八个人所背叛的老板）是威廉·肖克利，他在第二次世界大战期间从事B-29轰炸机雷达的研发工作，后来他发明了一种新的晶体管，再后来，他关掉了自己的公司，在斯坦福大学担任电子工程学教授，并继承乔丹的衣钵成为校园优生学家。从20世纪60年代末开始，他就主张，美国的政策制定者不应该通过社会福利项目来解决种族不平等问题，而应该付钱给黑人让他们接受绝育手术。

这太极端了，虽说科技行业的很多人都非常保守，而且对反主流文化怀有特别的敌意。仙童、惠普和英特尔等公司的员工能吃饱穿暖，都得感谢冷战时期源源不断的国防预算，他们对此心存感激。他们生产的晶体管为左派一心想要废掉的导弹导航。1968年，诺伊斯离开仙童半导体公司，创办了英特尔。英特尔最初也主要是国防承包商。诺伊斯视左派为一股对抗技术进步的力量。正如汤姆·沃尔夫1983年在《时尚先生》杂志上介绍诺伊斯时所说的："他们想毁掉这些新机器，他们想要取消未来。"时至21世纪初，这些事在硅谷差不多被遗忘了。

蒂尔对科技的看法和诺伊斯一模一样，两人都认为科技是西方文明和美国力量崛起的基础。而且，反主流文化让科技止步不前。在登月 3 周后，蒂尔在《国家评论》杂志的一篇文章中将美国的衰落溯源至伍德斯托克音乐节，他写道："这就是嬉皮士接管美国之时，也是关乎进步的真正的文化战争失败之时。"他在《多元神话》一书中指出进步的敌人是"围绕身份政治，无休止的虚假文化战争"，在他看来，多元文化主义的价值观不再只是对斯坦福的威胁，现在也构成了对美国霸权本身的威胁。

蒂尔开始相信，解决的办法包括将政府支出从社会项目转向大规模的技术项目，而这类项目正是诺伊斯和他同时代的人当时正在做的。他写道："国家可以成功地推动科学发展，否认这一点毫无意义。"但是，他还说："我不知道在美国有哪个政治领导人，不管是民主党人还是共和党人，会为了给生物技术研究挪出资金而减少卫生保健开支，或者在更一般的意义上，为了给重大工程项目注资而严重削减社会福利。"

这将成为蒂尔最重要的项目之一，那就是把军工复合体带回硅谷，并以他自己的公司为中心。

蒂尔不仅预测了房地产市场的崩溃，还预测了国防支出的上涨。2008 年，克莱瑞姆曾在一封信函中称赞国防支出"是美国在熟练劳动力、技术、贸易途径等方面享有优势的主要领域"。这是对时代的精明解读。虽然巴拉克·奥巴马是以反战候选人的身份参加总统大选的，但相较于布什向"基地"组织发动的战争，他谈论更多的是伊拉克战争。事实上，奥巴马认为布什做得还不够。这个国家"分散了我们的注意力"，使得本该用来抓捕奥萨马·本·拉登的军事资源被用在了伊拉克。这意味着要大量投资于情报工作和"激增"兵力，其中奥巴马于 2009 年向阿富汗派遣了 3 万名士兵。

帕兰提尔几乎处于完美的位置，可以利用不断变化的政治风向。他们参与了一项历时数年的行动，目的是说服世界（尤其是美国陆军）抛弃现有的数据分析软件，转而把原先花在软件上的那笔钱交给彼得·蒂尔。

这并非易事，部分原因是美国陆军已经同意花费大约 100 亿美元来打造自己的分布式通用地面系统，使用包括洛克希德·马丁公司、雷神公司和诺思罗普·格鲁曼公司在内的一批传统国防承包商。这意味着帕兰提尔要想获得一份庞大的军队合同几乎是不可能的，也就是说，如果帕兰提尔沿用老一套的方法来解决问题，那么就得游说五角大楼的官员，并对自己的软件进行修改，以使其能与现有的系统协同一致。相反，蒂尔采用了曾对 PayPal 很有用的一种变通方法，即投入大量资金直接向潜在用户推广其服务，希望能通过网络效应影响军方高层，就像当初因为易贝的卖家都接受了 PayPal，所以梅格·惠特曼只能放弃做 PayPal 的竞争对手。

帕兰提尔对此策略稍加调整，将目标对准了那些可能愿意尝试新事物的军队中层指挥官，提供免费的软件版本供他们试用。帕兰提尔为他们提供培训，并让工程师在需要的时候对软件进行调整，以满足他们的需求。其中一名指挥官是陆军第 2 步兵师第 5 斯特赖克旅战斗队队长哈里·滕内尔上校。

滕内尔的职业生涯不同寻常，他曾在伊拉克服役，2003 年，他的巡逻小队遭到伏击，他在战斗中腿部中弹。两名士兵救了滕内尔，把他拖进了沟里，之后，他被空运到一家德国医院。2006 年，他在养伤期间就读于美国海军战争学院，写了一本书讲述这段经历。这段经历让他得出结论，美国的反叛乱策略依赖于培养当地盟友和赢得"民心"，所以不够积极主动。他提倡一种"反游击战"的方法，旨在找出叛乱分子并杀死他们，他的座右铭更加简单直白："打击和消灭。"

滕内尔的鹰派态度及打破常规的意愿使他成为帕兰提尔部署在前沿的软件工程师的完美目标，帕兰提尔将这些工程师定义为"工程师兼销售人员"。2007年，滕内尔的第5斯特赖克旅战斗队开始为部署到伊拉克的任务展开训练，软件工程师们就在此时与他见面了。滕内尔咨询帕兰提尔能否修改其软件，以便他在战场上发现叛乱分子。这是一项艰巨的任务：情报分析人员通常使用高速运行的计算机工作，它们与大型政府服务器通过互联网高速连接，而战地指挥官使用笔记本电脑工作，通常没有任何形式的网络连接。"最初的答复是'不能'。"一位参与该项目的工作人员表示。

然而，在几个月的时间里，帕兰提尔的工程师修改了他们的软件，实现离线访问数据库，在搜查房屋追捕反叛分子时可添加信息，等回到基地可使用互联网后立即上传修改后的数据。结果，每个单独行动的班长都可以在彼此工作的基础上协同动作，就像整个团队在谷歌文档或 Slack① 上合作一样。帕兰提尔免费做了这项工作，并向滕内尔提供了用于培训的软件。滕内尔及其战斗队于2009年被部署到阿富汗前线，并说服陆军在2010年年初购买帕兰提尔的软件用于阿富汗作战。该战斗队的士兵后来称，这几个月的拖延导致该战斗队的伤亡超过30人。这也是帕兰提尔在后来几年里售卖其服务时采用的

---

① Slack 整合了聊天群组、大规模工具集成、文件整合、统一搜索等功能，可以把企业沟通和协作集中到一起。——编者注

说法。

消息在阿富汗传开了，其他战斗队也拿到了这个软件，这使得他们可以互相分享情报，并创造了 PayPal 式网络效应的开端。这引起了驻阿富汗美军情报主管迈克尔·弗林将军的注意。与滕内尔一样，弗林也抨击美国镇压叛乱的方式，并一直主张采取更强势的行动，利用士兵在战场上搜集的情报。2010 年年初，部署在前沿的帕兰提尔的工程师给弗林做了演示，他的回应是紧急请求国防部购买足够的帕兰提尔软件使用许可，以供驻阿富汗的全体部队使用，同时批评五角大楼现有的数据库软件不够好。"一线情报分析员手中没有需要的工具，无法对目前可获得的大量情报信息进行全面深入的分析，"弗林写道，"这种短缺不仅贻误战机，还会造成军人丧生。"

尽管军方领导层试图不理会弗林，但弗林的发声对帕兰提尔和蒂尔本人来说是一笔巨大的财富。他们找到了愿意倾听他们讲话的邓肯·亨特，这位圣迭戈众议员是通过游说者特里·保罗培植的。帕兰提尔于 2011 年雇用保罗，他与亨特的父亲老邓肯关系密切。滕内尔离开军界后抱怨说，他在军队的上级磨磨蹭蹭地处理他关于配发更好的软件的请求，这促使亨特要求举行听证会。弗林则在升任奥巴马政府的美国国防情报局局长后，继续推动美国陆军采用帕兰提尔的软件。

滕内尔和弗林与军方意见相左，不仅是因为他们都喜欢帕兰提尔的软件。弗林后来被迫离开国防情报局，表面上是因为管理不善，但美国联邦调查局最终调查了弗林在国防情报局任局长及之后担任说客期间与俄罗斯人的接触。同一时期，他还非正式地为帕兰提尔进行游说。与此同时，滕内尔所在的战斗队里的不少成员被指控犯有战争罪行，他也将离开军队。滕内尔并未受到牵连，但在他退休后，一份陆军报告称他更具进攻性的姿态使士兵更容易越界。身为帕兰提尔在国会的拥护者，亨特最终被指控在竞选中财务违规、搞阴谋，以及电信欺诈。亨特承认了一项较轻的指控，并于 2020 年年初辞职。

这些不端行为没有一件与帕兰提尔扯上关系，但那些与该公司关系密切的人士承认，那些行为表明帕兰提尔培植的都是什么类型的人。"我们找了些变幻莫测的人，不是有点儿异乎寻常，就是善于夸大其词，却可以与我们合作。"帕兰提尔一位负责此事的前高管说。蒂尔把肖恩·帕克因毒品被捕的事变成了一个卖点，他从来没有因为带着道德包袱做生意而感到有问题，也从来没有做任何事情来阻止这一切。在与帕兰提尔的员工开会时，蒂尔总是喜欢用带有意识形态和革命色彩的词语表述公司目前的工作。"他是我们精神上的导师，让我们认识到当下的制度是腐败的。"一位员工说。

无可避免，这种草根方式及急切地要找到搅局者的愿望，使帕兰提尔做出了后来被其员工发现不妥的安排。2010 年，帕兰提尔的员工开始与另外两家安全公司 HBGary 和 Berico 合作，以获得一个每月收入 200 万美元的合同，任务是协助建立一个智能行动机制，以便挖出由美国商会的批评者发在社交媒体上的破坏性帖子。在起草这项提案的同时，这三家公司还向美国银行推销了一项针对维基解密的类似行动。帕兰提尔提出要向支持维基解密的记者施压，包括普利策奖得主格伦·格林沃尔德。"这些人都是有自由主义倾向的专业人士，"帕兰提尔的演示幻灯片上这样写着，"但最终，如果被逼无奈，其中大多数人就将选择保全职业，而不是事业。"

2011 年 2 月，由于黑客组织匿名者的成员将 HBGary 首席执行官的电子邮件公之于众，这一项目在外界看来就成了一桩丑闻。格林沃尔德写了一篇言辞激烈的专栏文章，抨击他所看到的"无法无天和不受约束的……政府和企业权力的沆瀣一气"。

但在帕洛阿尔托的公司总部，这起事件没怎么被当作一桩丑闻，而是更多地被视为帕兰提尔的销售方式不走运的结果，就像"蒂尔江湖"中所有的东西一样，这种销售方式是发散式的。一位前工程师表示："为了能干成事，我们赋予业务开发人员很大的自由，但也给他们施加了很大的压力。这些人真的很努力，很难去指责他们。"

亚历克斯·卡普公开道歉，切断了与HBGary的联系，并告诉员工，他不知道这个恐吓记者的提议。他在一份声明中表示："言论自由权和隐私权对民主的繁荣至关重要。"卡普还宣布，帕兰提尔将建立一个道德热线，以便员工举报这一类招惹麻烦的工作。尽管如此，卡普或蒂尔是否真的对强势压制记者的提议感到后悔，尚不得而知。这位前工程师还说，有些员工私下悄悄说，被卷入该事件的帕兰提尔员工包括26岁的工程师马修·斯特克曼和经理伊莱·宾厄姆，他们也只是做了自己的本职工作而已。帕兰提尔让斯特克曼休假，他却回到公司，后来还被提拔，最终在2017年离职前成为业务主管和卡普的高级顾问。宾厄姆也得到了提拔，被任命为公司"机器学习操作"项目的负责人。

他们一直受到蒂尔的青睐。斯特克曼后来成为安杜里尔的首席营收官，安杜里尔是类似于帕兰提尔的国防承包商，而且是蒂尔资助的。宾厄姆成为类似PayPal的金融科技公司Affirm的工程部副总裁，Affirm由列夫琴创立，蒂尔给予了支持。他们不会是最后一个在公开场合受到惩罚却在私下得到奖励的蒂尔的副手。

如果说帕兰提尔的员工因HBGary事件而气馁，他们的不满也并没有持续太久。4月底，员工们开始窃窃私语，说公司最神秘的客户之一做了一件大事。一名员工回忆说："大家都在之后一两天里等着看惊天大新闻。"

5月的第一个星期天晚上，奥巴马总统出现在白宫东厅，宣布美国击毙了全球通缉的世界头号恐怖分子。美国海豹突击队发现奥萨马·本·拉登时，他正躲在巴基斯坦阿伯塔巴德一处有围墙的院落里。奥巴马语调郑重地描述了由中情局领导的一次"艰苦的"情报搜集行动，该行动在当天早些时候的一次秘密突袭中结束。

"在这样的夜晚，"奥巴马总统说，"我们可以对那些因'基地'组织的恐怖袭击而失去亲人的家庭说：正义终于得到了伸张。"在之后的几个小时里，帕兰提尔的气氛激动人心。在电子邮件中，在内部论坛上，在帕洛阿尔托和华盛顿的公司办公室里，员工们纷纷开始问一个显而易见的问题：是我们干的吗？那些可以接触到真相的人的回答是"也许吧"，尽管他们说这话的样子几乎肯定意味着"是的"。

记者马克·鲍登在当年10月出版的讲述追捕本·拉登过程的畅销书《终结》中将成功归于两项技术突破，他说正是这两项突破让分析人员找到了这个"基地"组织的领导人。第一项是"捕食者"无人机的研发，这种无人机可以在城镇上空持续盘旋，让指挥官可以详细观察进出往来的任何人或任何东西。第二项就是"全信息识别"技术，可与无人机一起协同作业，创建数据记录，以感知潜在目标的移动和接触情况。

从官方来说，白宫顾问波因德克斯特的概念已经被扼杀，但鲍登认为，在硅谷的帮助下，其基本的方法保存了下来。"例如，有一家名为帕兰提尔的初创公司构想出了一个计划，优雅地完成了'全信息识别'研究业已着手要做的事情，"鲍登写道，"这个由难以置信的源头产生的软件，将有助于将美国特种部队打造成致命有效的猎手。"

在奥巴马新闻发布会后的全体会议上讲话时，卡普尽量谨慎地不去抢功，同时小心翼翼地不去不抢功。他指出，帕兰提尔曾与情报机构合作无人不知，而这些机构的确干成了惊天大事。"那个微笑真腼腆，"另一个目击者说，"这是卡普'盗梦空间'般的推销手法的又一个例子。"

帕兰提尔在接受媒体采访时沿用了这一套路，既拒绝回答有关追捕本·拉登的问题，又让记者们私下明白这不是空穴来风。早期的一位员工告诉我，员工不允许直接让别人去看鲍登的书，因为其中涉及的信息是保密的，但他们可以让别人在谷歌上直接键入"帕兰提尔、本·拉登"等字眼，这样就能将他们直接引向鲍登书中宣称该公司出产"绝对名不虚传的杀手级应用"的那几段文字。谷歌搜索的最终结果就是帕兰提尔的估值已达数十亿美元，这一说法因记者们反复提及而弄得就跟真的一样。不过，高客传媒是个罕见的例外，它指出帕兰提尔利用这一说法来大肆推销，但其实这一说法"根本就是子虚乌有"。多年后，《纽约时报》记者沙伦·温伯格这样写道："没有一个接受我采访的国家安全或情报部门人员认为，帕兰提尔在发现本·拉登的行动中发挥了重要作用。"

事实上，鲍登在谈到帕兰提尔的确切作用时含糊其词，也并没有真正仔细地讨论过那个应用软件。那么这个软件到底干了些什么呢？事实证明，它干的并不像说的那么多。一位那些年里一直使用帕兰提尔软件的前情报分析员说,帕兰提尔的软件能做的是极其有限的。尽管人们普遍认为它是一种可消化处理原始情报数据的工具,但这位分析员表示,其实它更像是一种可视化辅助手段,即在军方已经建立的数据库的基础上创建图表来显示关联的方式。帕兰提尔内部人士认为这种描述是不客观的,帕兰提尔提供了有价值的分析工具,尽管他们也承认其软件不像当时许多人认为的那样自动化。

分析师找出他们想要的目标,在帕兰提尔的软件上创建一个蛛网图,然后发给他们的上级。对那些喜欢图表的上司来说,这还是有价值的,但你还得或多或少动手制作图表。"这就是个整理最终报告用得着的工具。"这位分析师对我说,并称那些关于帕兰提尔具有超凡情报能力的说法"全都是假的"。在现实中,帕兰提尔在击毙本·拉登这件事上的作用仅限于"制作一张漂亮的图片,然后截屏,再将其加入一份演示报告的末尾,最后呈递给领导层"。

但是,不管帕兰提尔有什么作用(如果确实有的话),对卡普而言已是绰绰有余。帕兰提尔一副"你懂的"的腔调令媒体对这家公司的兴趣爆棚。与《魔戒》的主题相似,帕兰提尔将其政府工作称为"保护夏尔行动",将其员工称为"霍比特人",而卡普的古灵精怪,外加公司被普遍认为参与了悬疑刺激的秘密行动,这一切都让人欲罢不能。《商业周刊》的一篇文章称之为"反恐战争的秘密武器",并借用帕兰提尔的推销说辞,描述了一场由它加持的行动,中情局在行动中使用帕兰提尔的软件阻止了恐怖分子对迪士尼乐园的袭击。这当然是一个假想的例子,但为了保护"其客户的敏感工作",这样做是必要的。

美国公民自由联盟警告说,帕兰提尔支持"对数百万无辜民众的通信和活动进行甄别的错误策略"。媒体对帕兰提尔技术的危险含义也多有不祥的解读，他们在当时并不知道帕兰提尔的技术在很大程度上还处于开发阶段。《卫报》警告这是"一项险恶的网络监视"，《福布斯》在封面上刊登了卡普的笑脸，并发表了一篇题为"会见大哥"的人物特写。文章以各种"传闻"开篇，当然，这些都最早源自帕兰提尔的员工，不外乎是说该公司"曾协助击毙奥萨马·本·拉登"。

对于帕兰提尔的技术使政府把手伸得过长的说法，卡普和蒂尔并没有做多少反击，而且事实上有时还予以鼓励，理由就是隐私恐慌可能有助于帕兰提尔宣称这是一个改变游戏规则的监视技术。如果人们认为这很危险，那就更好了。这就是他们把它命名为"索伦之球"的原因。正如蒂尔向朋友解释其策略时说的那样："我宁肯别人觉得我邪恶，也不愿别人当我无能。"

他说得没错。包括金融服务公司、企业安全部门等在内的潜在客户并不在意帕兰提尔是不是太好了。事实上，如果软件的侵入性真的特别大，那就更好了。他们都想要军事级的技术，以便雇用抓到了本·拉登的公司，而蒂尔和卡普已经准备好将软件卖给他们。"当时感觉我们就像站在了世界之巅，"一名长期员工说，"很多人开始敲我们公司的大门。"帕兰提尔的成功极大地增加了蒂尔的财富，两年后，该公司的估值从2011年的25亿美元增长到两年后的90亿美元。

这也会带给他更多的东西。多年来，蒂尔一直在展示比其实际拥有的还要强的实力，比如自己出版图书、花钱举办会议，只要有可能，就下血本在任何时候、任何场合营造影响力。但时至现在，随着帕兰提尔的崛起和成功，蒂尔突然有了实际的影响力。多年来，帕兰提尔一直努力地吸引将军们和政治家们的关注，现在反倒是那些将军纷纷打电话找他。蒂尔已不再只是技术人员，他是一家公司的幕后掌门人，事实证明，这家公司改变了国家安全领域的"游戏规则"，而且他对如何利用自己的名声有宏伟的计划。

第 11 章

新的创业"黑帮"

2010 年夏，我在纽约西村的一家咖啡店见到了蒂尔。我带着一个模糊的想法前往，我想在《公司》杂志的连续特辑《我是如何做到的》中为他写一篇人物专访。在这一期特辑中，成功的工商业人士讲述了他们通向名誉和财富的曲折之路。这些文章难免有些粗劣，但在经济崩溃的当下，这种粗劣似乎让人耳目一新。

从技术上讲，大萧条已经过去了，但事情似乎有些令人感到绝望，至少从我在纽约这一观察事物的有利位置来看是这样。我 28 岁了，还算年轻，但也算不上那么年轻。我的朋友们大多手握名牌大学的文凭，但似乎又全都在苦苦挣扎，经历着爱情和职业上的挫败。他们在考虑回家或申请去读研。在过去的 18 个月里，媒体公司似乎每隔几周就会萎缩一点，或者裁员一半。我发现自己忧心忡忡，还有点儿爱瞎琢磨，不过很难说，说不定哪天我也被解雇了。

蒂尔穿着一件干净利落的蓝色正装衬衫出现了，在我对面落座，却没有点任何东西，也丝毫没有要跟我寒暄的意思。接着，他就针对最近的三大经济泡沫发表了一通即席演讲：首先当然是科技泡沫，其次是次贷泡沫，最后便是我们目前深陷其中的高等教育泡沫。

他解释了他的想法，这期间有好几次中途停下来，在我的笔记本上涂涂写写。学费一直在涨，我们用联邦政府担保的学生贷款来支付不断上涨的生活费，贷款债务也就越来越多，而这些债务即便在破产的情况下也是无法免除的。这一切到底是为了什么？政府为何要资助那些毫无用处的艺术史学位呢？说到底，这些学位其实就是关于饮酒和性的。我们究竟为什么要心甘情愿地花费15万美元来享受这四年的派对特权呢？

蒂尔说：与次贷泡沫不一样，高等教育泡沫更糟。次级抵押贷款至少让你拥有了房子，可是读大学，即便读的是常春藤盟校，你也照样一无所有。他说，最聪明的人选择辍学创业。采访完离开的时候，我虽然被蒂尔的论点说服了，但对刚才所经历的感到困惑。我原本期待像普通访谈一样互有问答，结果得到的却是这么一场冗长的宏观经济探讨，而且似乎注定要以我哭诉自己的文科学位告终。

对任何花费整块时间与蒂尔在一起的人来说，这种感觉都是再熟悉不过的，因为蒂尔的主要对话模式就是单方面的颠来倒去，随着时间的推移不断重复和完善其观点。反正，我当时就是这么认为的。但蒂尔的反大学高论不仅是即兴的碎碎叨叨，它是其设计的更宏大的战略的一部分，旨在极大地扩展其影响力，使之远远超出投资和技术的领域。这将在三个新领域中展开，即政治、法律及我正要了解的教育，或者说针对教育的运动。我当时并没有意识到这一点，但我其实不经意间已经抢先窥见了蒂尔迄今为止最雄心勃勃的创业计划：企图赢得美国每个不满现状的年轻人的支持。

同年10月,《社交网络》首映。大卫·芬奇导演的这部电影改编自《意外的亿万富翁》一书,该书取材于马克·扎克伯格与爱德华多·萨维林就脸书的所有权发生争执时所公开的文件。总之,这是对硅谷最怯懦的冲动的尖酸描绘。贾斯汀·汀布莱克在片中饰演肖恩·帕克,一个贪得无厌、寻欢作乐的大骗子;杰西·艾森伯格饰演的扎克伯格冷酷无情、反社会,最重要的是孤独。华莱士·朗翰以在《犯罪现场调查》中出演实验室技术员的角色而闻名,他把蒂尔描绘成一个穿着蓝色领扣衬衫的古板守旧型投资者。

正如阿伦·索尔金的剧本所说,创办脸书的灵感来自一场分手后的性别歧视幻想。然后,他又引入了一些来源可疑的知识产权,创造出了吞噬了整整一代人的社会结构的某种东西,并代之以一个悲伤的、闪烁的"喜欢"按钮。这就是大多数影评人对《社交网络》的看法,不无道理,因为它或多或少就是发生在现实生活中的事情。但这绝对不是美国新兴技术专家观看这部影片的感受,他们会将其视为一个可以效仿的榜样,出于这种信念,扎克伯格可以带领他们,蒂尔更是如此。

蒂尔的策略很简单,他犯不着去攻击电影制片人对事实做了随心所欲的处理;相反,他重点关注的是他所看到的对扎克伯格思想的错误解读。根据蒂尔的说法,扎克伯格创建脸书并不是为了报复或追女孩儿——就像电影中暗示的那样,他创办这家公司是出于一种想要创造某种促进人类发展的东西的纯粹愿望。如果不相信这一点,就会沦为"好莱坞或政府的非赢即输心态"的牺牲品,蒂尔说正是这种心态指导了这部电影的制作。"这部电影也有非常积极可取的一面,那就是尽管制片人的本意很坏,但影片将鼓励很多人进入科技行业,"他当时这样表示,"因此,我认为这是一件非常积极的事情。"

在电影上映前几天,蒂尔在各方人士广泛参加的 TechCrunch Disrupt 大会上开始了一波媒体宣传,该会议是新闻网站 TechCrunch 在旧金山举办的。在台上发言时,他批评了这部电影,接着宣布,和《社交网络》的那些不知情的制片人一样,他也要尽自己所能,引导胸怀大志的"扎克伯格们"进军科技。"未来几周内,我们将开启一系列行动,其中之一是一个奖学金项目,将向多达 20 名 20 岁以下的年轻人提供最高达 10 万美元的奖学金,以支持他们开创新事物,"蒂尔说,"很多伟大的公司都是由非常年轻的人创立的,我们认为(我们应当)鼓励这一点。"

蒂尔其实一直在做这样的事情。2009 年,创始人基金与 TechCrunch 合作,共同开展名为"天才极客奖学金"的项目,奖励有前途的科技人才 5 万美元,让他们投资一家初创公司。这个主意是肖恩·帕克提出的,他认为这是一种公司寻找新投资的不动声色的方式,这个项目的结构是这样的,风险投资公司可得到一半的股权,但一年后蒂尔又增加了一个变化。新的"20 岁以下 20 人"项目将仅限于青少年,而且完全是慈善性质的。他们把这些年轻的企业家称作"蒂尔奖学金学员",资助将不带任何附加条件,唯一的要求就是他们必须辍学,就像扎克伯格那样。

这个项目被科技媒体和蒂尔一直在培养的自由意志主义博客写了下来。更妙的是,在蒂尔看来,主流记者纷纷对它进行了嘲讽。网络杂志 *Slate* 的主编、现任播客制作公司普希金工业首席执行官的雅各布·韦斯伯格在 *Slate* 上撰文,指责蒂尔试图克隆他自己,"这或许是真的"。韦斯伯格也是耶鲁大学的毕业生和罗德奖学金的获得者。蒂尔奖学金学员"将有机会效仿他们的资助人,在成年期开始时即停止智力开发,保持一种狭隘的心态,专注于在尽可能年轻时变得富有,从而避免了帮助他人或为基础科学的进步做出贡献的诱惑,这些进步使巨大的科技财富成为可能"。这篇文章雄辩有力,吸引了更多的申请者。蒂尔会在一个宣传视频中放入其中的一些摘录。挑衅攻击起作用了。

2011年3月,蒂尔用飞机将44名青少年和他们的父母送到旧金山。他们在那里发表想法,聆听演讲,与大约50名"PayPal黑帮"成员聚在一起,这些青少年相互竞争,以成为最终的24名获胜者之一。他们是从大约400名申请者中挑选出来的,他们在网上提交申请时回答的问题包括"你会如何改变世界""什么是你坚信而别人不相信的"。

当蒂尔走上讲台欢迎他们时,坐在他对面的那满屋子人,与其说反映了知识分子的多样性,不如说反映了他自己独特古怪的兴趣和虚荣心。他们与蒂尔有着相同的政治主张和兴趣爱好。在他们的论文中,学生们写到了激进的自由意志主义,或者大学是多么愚蠢,或者长寿是多么美好。他们绝大部分是男孩,而且在面对他人时,他们和蒂尔一样,都表现出社交方面的窘迫。

"我们无意与教育作对,"蒂尔告诉大家,但又补充说,"伟大的教育往往有一种自修成才的成分。"这一奖学金项目"对你们每个人来说都是一小步,对人类来说却是一大步"。

不久之后,蒂尔发出了入选通知书。"未来不会自顾!"他写道,"现在,让我们改变世界吧。"他的基金会公布了22名男生和2名女生的名单，这些人将从几所美国著名的顶级大学辍学。新闻稿指出，他们来自麻省理工学院、哈佛大学和耶鲁大学，甚至还有一位十几岁的斯坦福大学已经上博四的神经科学专业的博士候选人，他也正在休学并尝试创业。一个 18 岁的学生想在小行星上采矿，一个学生想要自制质谱仪，还有个 17 岁的学生希望将人类的寿命至少延长 300 年。

新闻稿中还包括了该计划创始人的长篇传记，以及蒂尔（Thiel）这个姓该如何发音的说明（其中的"h"不发音）。蒂尔接受了一些采访，这些采访强调了这一项目的跨学科性。"在美国，教育可能是人们仍然相信的唯一的东西，"他说，"质疑教育是非常危险的。这是绝对的禁忌，这就像告诉全世界说根本没有圣诞老人一样。"

蒂尔聘请了当地的一个影视摄制组跟随第一组入选者拍摄，制作了一些短纪录片来美化这个项目。他在一间设置了舞台灯光的黑暗房间里接受采访，其中一些入选者在各自的家乡被拍摄下来，就像真人秀节目一样，包括他们收拾行李、跟父母告别等场景。蒂尔还与一位友好的记者亚历山德拉·沃尔夫·希夫，即汤姆·沃尔夫的女儿合作，就这个项目写了一本书。蒂尔的想法是要搞个老沃尔夫的《刺激酷爱迷幻考验》的新版本，不过，主要人物是蒂尔，他就像当今的肯·凯西，乘着大巴在国内旅行，去各地接奖学金项目入选者，并把他们带到硅谷。

这一奖学金计划，以及随之而来的媒体推广，构成了蒂尔试图改变公众看法的一个主要因素。在 21 世纪初，他扮演的角色并非他自己的本色，那只是一个生活奢侈的异性恋对冲基金经理，而现在，他正在打造一个全新的角色：一个大胆进取、敢于冒险的投资者，对于摧毁整个制度有着无比强烈的愿望。

事实上，蒂尔的形象确实需要重塑。创始人基金一直在拼命吸引新的投资者，部分原因就是蒂尔被认为是造成美国国内最热门的对冲基金倒闭的责任人。是的，蒂尔投资了脸书，但他在2006年的融资中不愿投入太多，因为他认为这家公司5亿美元的估值高得离谱。到2010年，事情已经很清楚，这就是一个愚蠢的决定。"这是彼得的遗憾之一。"创始人基金的一位前投资人说。

蒂尔最近的投资看起来也没有那么火爆。在马斯克的第三枚火箭爆炸前，蒂尔购买了SpaceX的股份，但马斯克一直等到事故发生后才对外宣布，就是想向美国国家航空航天局和其他潜在客户发出信号，表明他有足够的资金维持公司的运营。对SpaceX来说，这是很好的营销手段，但对蒂尔来说就没那么好了，他现在看起来就像花钱买了一个巨大的火球。在这次火箭发射失败后不久，一位一直考虑支持该基金的投资者写了一封电子邮件，抱怨蒂尔把公司带得偏离了轨道，"这就是我为什么没向你们提供资金，下这样的注简直太可笑啦"。

重塑形象使蒂尔能够将这种担忧重新定义为一个卖点。2011年7月，蒂尔和他的同事发表了一篇5 000字的宣言，专门阐述技术创新放缓的原因，题目为"未来发生了什么"。尽管这篇文章是由创始人基金的合伙人布鲁斯·吉布尼执笔，但其中的主要论点是蒂尔多年来一直在思考的东西。文章的标志性口号将蒂尔年轻时的科幻梦想与全球最成功的科技公司明显弱化的目标做了比较："我们想要会飞的汽车，结果却得到了140个字符（这指的是推特，此前媒体曾将其视为脸书的潜在杀手）。"

蒂尔认为，风投过去曾资助雄心勃勃的半导体公司、药品开发商和硬件制造商，比如鼎鼎大名的英特尔、美国基因泰克公司、微软和苹果。现在，他们支持的却是蹩脚的消费软件，全是些解决"虚假问题"的"虚假技术"。因此，自1999年以来，投资回报率一直平平。"20世纪60年代的人们希望看到的未来，仍然是半个世纪之后的今天，我们所等待的未来，"吉布尼写道，"虽然没有柯克舰长和'企业号'星舰，但我们可以靠'Priceline议价者'以及廉价航班去卡波。"

这篇文章的修辞极好，但它没有准确地描述创始人基金的投资组合，其中大部分都是蒂尔批评的公司，只有少数几家体现了他的雄心壮志。创始人基金支持的脸书就像推特及Path、Gowalla和Slide一样，都是社交媒体公司。最后一个是由PayPal的联合创始人马克斯·列夫琴创立的，它以一种名为"超级戳"的游戏应用而闻名。它允许用户虚拟地"打""揍""摸"他们的脸书好友，这与人们所能想象到的"兰德式理想"相差甚远。

蒂尔奖学金项目也存在类似的言辞与现实之间的脱节，被选中的那些幸运的青少年很快就会发现这一点。蒂尔在TechCrunch Disrupt大会上宣布了一个重大的奖学金项目，为此，20多人将会为了接受这笔资助而颠覆自己的生活。这一计划并不是经过深思熟虑的产物，而是在会议前一天飞返旧金山的航班上萌发的想法。尽管蒂尔一直在深入思考与高等教育有关的问题，但正如多年后他的一位亲密顾问在接受保守派刊物《城市杂志》采访时坦言，蒂尔真正想要解决的这个问题却要平庸得多。他拿到了阿伦·索尔金的《社交网络》电影脚本（这是该片制作者与脸书共享的），就担心自己会被描绘成一个冷血的投资者，在电影中展开一场该片认为相当于盗窃公司权力的游戏。这当然还是准确的，但这与蒂尔作为知识分子中的激进分子的新形象并不相符。"他想在这件事上抢先一步，带来一些好消息，"该奖学金项目前联合负责人迈克尔·吉布森如是说,"我们去了他家,上了一辆车,然后就赶去参加这个会议了。在飞行途中,我们突然就有了这个……好吧,我们管它叫什么?得多少钱?搞多少年?"

吉布森和蒂尔圈子里的那些人为该奖学金项目突发奇想的性质而自鸣得意,认为这证明蒂尔就处在生活的最前沿,于一飞冲天之际便在思想上超越了自由派的好莱坞。但对于那些为了能参与其中而颠覆人生的孩子们和年轻人来说,缺乏准备是显而易见的,并且对某些人来说还可能是一场灾难。他们到了加利福尼亚之后却发现,一旦蒂尔实现了他的推广目标,接下来如何落实奖学金项目基本上是还需要再考虑的事。

除了这个建议本身,根本没有其他的项目架构可言,而且还要求他们不上学,也不做全职工作。这里既没有阅读方面的要求,也没有行为指南;既不上课,也没有点卯报到的时间要求,当然也没有教员,有的只是负责这个项目的蒂尔基金会的四名工作人员:吉姆·奥内尔和乔纳森·凯恩是蒂尔在内部搞的伪权力操作的一部分;吉布森是个辍学的博士生,他被蒂尔招到克莱瑞姆时还只是个倡导"海上家园"的博主;达尼埃尔·斯特拉赫曼曾在圣迭戈开办了一所K-8特许学校,她也因此成为四人中唯一一个有相关经验的人。

获得蒂尔奖学的这些年轻人被允许每季度与吉布森和达尼埃尔会面,并被邀请参加在蒂尔家举行的一些联谊活动。这些听起来让人充满期待,但往往是让人绝望的事情,几十个年轻人为了跟老板待上几分钟而各显神通。"这些都是你参加过的最令人沮丧的聚会,"一位获得蒂尔奖学金的年轻人对我说,"无论任何时候,任何人跟他说话,总是有目的的。"如果幸运的话,他们可以和蒂尔共进早餐,包括与其他 5~10 个企业家同桌。蒂尔会滔滔不绝地说个不停，喋喋不休地谈论一些宠物政策问题，也许只有在讲了 45 分钟后，他才会停下来吃上一口早餐，却发现早就凉了，只好再点一份。

10 万美元的支票每年分两期支付，意味着蒂尔奖学金学员可以有 5 万美元过日子。这固然不错，但扣除税金和旧金山的房租后，也就不算很多了，如果你过去从来都不用自己管理开支的话，那就更不多了。为了让事情变得简单些，有一年夏天，基金会在旧金山郊区租了一栋房子，四个人睡一间卧室。但到秋天，他们就只能靠自己了。"当时就好像说：'这儿就是一栋房子，好好做你的事吧！'"托马斯·索默斯说。2010 年，14 岁的他第一次申请蒂尔奖学金，两年后在第三期被选中。

此事也有很多优点。围绕该项目的种种传闻意味着，蒂尔奖学金学员至少可以与几乎任何投资者或科技公司会面。另外，人们很难不认为这本身就有点儿令人失望。一位蒂尔奖学金学员说，蒂尔的奖学金项目承诺尊崇自由资本主义并打造一个支持社区，收获的将是创造力，而非马基雅维利式的操纵。"可笑的是，我的所见所闻并非如此。"他说。这是一所没有课程、没有居住社区甚至没有学习的大学，简而言之，没有大学里能让人充实起来的一切。这并不是对文凭制度的打击，它本身就是另一类文凭。

其他许多人，尤其是年轻的蒂尔奖学金学员们，感到的只有迷茫。就像托马斯·索默斯那样，16 岁来到旧金山，没有朋友，没有家，也没有老板，不仅如此，还被要求创办一家比谷歌更有雄心的公司，这是一个多么令人生畏的指令。索默斯被指派给一位导师，这位导师 23 岁。2011 年，另一位待聘导师、英俊的澳大利亚青年阿伦·德索萨以知识产权法专家的身份为蒂尔奖学金学员们做了一场演讲，尽管当时他自己也刚从研究生院毕业。他获得了墨尔本大学的博士学位、牛津大学的法学学位，但在蒂尔奖学金学员们看来，德索萨似乎没有任何明显能使其有资格做初创者导师的经验，当然，有一点除外，那就是他人长得特帅，很讨蒂尔的欢心。

这一奖学金项目经常被拿来与初创公司孵化器 Y Combinator 相比较：它会向初创早期的公司投资 10 万美元，并以放手而闻名；Y Combinator 要求初创公司每两周"报到"一次，这给初创业者营造了一种纪律感，并帮助他们结交朋友和建立联系。蒂尔奖学金项目不提供这些东西。"我就想说'我此刻就在硅谷'，"一位学员说，"我不认识斯坦福大学的任何人。我不能随便去酒吧，因为我还不到 21 岁。我可以与任何一位首席执行官会面，但我不需要这个。我只是需要有人陪我。"

当蒂尔奖学金学员抱怨或寻求帮助时，蒂尔的员工们的反应恰恰就是人们能够指望从一群极端自由主义者那里得到的反应。他们会说："这是一个很好的问题，你可以通过商业途径来解决。"这种反应在意识形态层面完全合理，但对一个孤独的青少年没有任何帮助。

这些年轻人当中，有人遭受了痛苦。我听说有一位蒂尔奖学金项目的早期学员似乎正在与心理健康问题和毒瘾斗争，根据两位早期学员的说法，管理人员的干预过于迟缓。还有一位蒂尔奖学金学员被悄悄地从该项目中除名，那是在警察出现在他和其他几位学员合住的房子里之后。有两位学员说，旧金山警方告诉他们，他们正在调查他与一起加密货币庞氏骗局的关联。

许多蒂尔奖学金学员都说，在蒂尔的圈子里，他们感觉自己就像二等公民。有人告诉他们，作为一项规矩，创始人基金是不会投资任何一位蒂尔奖学金学员的，因为他们担心这会让人觉得他们有投己所好之嫌。但规矩总是在变，少数几家公司筹到了小笔投资，蒂尔本人则更是将 200 万美元投入 Hello 公司，这是一家由詹姆斯·普劳德创立的专门生产售价 149 美元的闹钟和睡眠记录器的制造商。普劳德 19 岁入选该奖学金项目，蒂尔称他"从一开始就脱颖而出"。对普劳德的初创公司（后于 2017 年倒闭）来说，这是件大好事，但这也意味着任何没有从蒂尔那里筹集到资金的人，看起来都是表现不佳的。如此一来，其中的许多公司要想筹到资金，就会相当困难。

在蒂尔奖学金项目创立之际，蒂尔大量借用 Halcyon Molecular 公司举例，该公司由十几岁的威廉·安德雷格与人共同创办，承诺要解决老龄化问题。2011 年，为配合《纽约客》刊登乔治·帕克的人物专访，蒂尔甚至让帕克参加了一次会议，并且在会议快结束时敦促安德雷格兄弟及他们的员工积极招募更多的工程师。蒂尔曾说，写下你所认识的三个最聪明的人的名字，然后聘用他们。

但在帕克的人物专访于 2011 年发表几个月后，一家英国公司在营销上击败了 Halcyon Molecular 公司，开始推广小型的一次性 DNA 测序机器，售价有望达到 900 美元，远高于 Halcyon Molecular 公司一直致力要达到的 100 美元目标，却远低于这些机器之前 10 000 美元的售价。安德雷格试图转换聚焦点，但蒂尔最终不得不关掉该公司——用第二好的测序方法毫无意义。直到 2012 年 8 月，安德雷格都一直试图在蒂尔帝国内部为其员工寻找新的工作岗位。蒂尔聘请了曾在 Halcyon Molecular 公司工作的物理学博士阿龙·范德文德，让其成为 Halcyon Molecular 的首席科学家和主要投资者。在该公司宣布关闭的那天，他邀请安德雷格到家里来，并在一场国际象棋的对弈中无情地击败了安德雷格，然后利用这盘棋给他上了一堂商业课。蒂尔指出，在最终将死安德雷格前的几个回合中，这个年轻人原本有十几种可能的走法。"当你决定下一步做什么的时候，你应该非常谨慎地出着儿，因为你最终可能陷入一种被掣肘的境地。"蒂尔如是说。他把安德雷格兄弟俩送到现实世界中，让他们去揣摩下一步该怎么做。

安德雷格拟成立 Fathom Radiant 公司，为超级计算机制造先进的人工智能芯片，并邀请蒂尔投资。蒂尔同意与他见面，但在最后一刻又取消了这次会面，后来没再重新安排过。安德雷格总结说，创始人基金已经变得"更以商业为重"。

安德雷格对蒂尔并无恶意，却后悔将自己20岁出头的日子——人生中最美好的时光，虚掷在回想起来似乎考虑不周的商业模式上，并因此最终也没有发现自己的青春之泉。"不要按照你自己在19岁时制定的策略行事，"他说，"这当然是事后诸葛亮的想法。"

就在蒂尔远离安德雷格兄弟及其大学时代的朋友巴尼·佩尔的公司时，即两者显然都已实现了其目标之际，蒂尔最终还放弃了"海上家园"研究所。这家由帕特里·弗里德曼创立的热爱自由的非营利组织，曾被蒂尔用来打磨他的激进知识分子形象。2011 年，他离开了基金会的董事会。他告诉弗里德曼，他的非营利组织将不得不"自负盈亏"，最终蒂尔还缩减了自己的捐款。弗里德曼试图创办一家营利公司，以在洪都拉斯建立一座私密小城，蒂尔对此进行了投资。但是，由于洪都拉斯最高法院判定此设想违宪，并将该公司关闭，从而导致它陷入法律纠纷。弗里德曼破产了，他有两个孩子，又正在闹离婚，在过去的五年里，他的年薪平均只有 3.5 万美元。"无论怎么说，这都是彻底的山穷水尽。"弗里德曼说。因此，他于 2013 年又回到谷歌，就是为了那里的薪资和福利。他几乎不跟蒂尔说话已经好多年了。

蒂尔奖学金项目收获的成功如此稀少，以至于到 2015 年，蒂尔对吉布森和斯特拉赫曼已经完全失望，并让杰克·亚伯拉罕取代了他们。亚伯拉罕是一颗冉冉升起的风险投资新星，与蒂尔在政治观点上志同道合。他改变了规则，将蒂尔奖学金学员的入选年龄放宽至 22 岁——原先的 20 岁听起来很擅长"标新立异"，但在实践中还太年轻，并且开始招募已经筹集到资金的创业者。蒂尔用他们自己的 1517 基金资助了吉布森和斯特拉赫曼，该基金专门投资年轻人创办的公司。

那些未能成功创办震撼世界的初创公司的人，最终会被悄无声息地挤出项目关系网，他们不会再收到电子邮件，也不会再被邀请参加年度联谊聚会。正如其中一人告诉我的，他们开始不再把与蒂尔在一起的时间看作深刻的心智历练，而更像是"一次超级聪明的公关行动"。这位前学员还说："他每年花 200 万美元，买到了巨大的体面。如果没有这个奖学金项目，他就教不了这门课了。"

这门课指的就是蒂尔努力争取美国青年的第二个步骤。2012 年 3 月，在斯坦福大学的课程表上，新纳入了一门设在计算机科学系的名为"计算机科学 183：创业"的课程，将蒂尔列为授课教师，并承诺课程内容源自"早期的创业公司，包括 PayPal、谷歌和脸书"，并着重介绍"所创立的公司价值超过 10 亿美元的企业家，以及曾投资于包括脸书和声田这样的初创公司的风险资本"。在过去一年半的时间里，蒂尔一直在抨击精英大学，还写了一本专门指责斯坦福大学的书以及多篇专栏文章和演讲稿，然而，在做完这一切之后，他竟然还说服了母校，让他教授一门关于创业精神的课程。

这门课非常受欢迎，几天内报名人数就达到了 250 名学生的上限，并在教职工中引起了骚动，有些人对蒂尔当学生时的古怪行为还记忆犹新。但斯坦福大学并不是蒂尔的目标受众。路透社的头条标题是"讨厌大学的彼得·蒂尔前往校园"。"如果我的工作做得好，"一位发言人以蒂尔的名义向这家新闻通讯社吹嘘道，"这将是你们必须上的最后一门课。"媒体的关注也越来越多，他出现在《60 分钟》节目上，以及《纽约时报》专栏作家戴维·布鲁克斯的一篇文章里。

蒂尔在社交媒体上更成功。课程一开始，网上就出现了由他的年轻门生布莱克·马斯特斯撰写的文字整理稿。马斯特斯是斯坦福大学法学院的学生，上一学期就在创始人基金打工，是一个典型的蒂尔助手：长相英俊、极端保守、文质彬彬，还雄心勃勃。马斯特斯是在斯坦福大学读的本科，专业是政治学，后来在美国某检察官办公室任职。他和蒂尔一样，都是校内联邦主义者协会的会员，也是健身馆的常客。然而，从那年春天开始，他成了蒂尔的"鲍斯韦尔"，将每堂课的详细笔记发到网上，并附上蒂尔提供的图表和图形。这些笔记几乎立即走红网络，几乎每周都会出现在黑客资讯网站的首页，黑客资讯是一个阅读量非常大的科技和企业家精神论坛，当然这些笔记也出现在脸书、推特、红迪网和其他一切胸怀大志的年轻人相互联系的地方。

蒂尔的授课也可能会有不确定的地方，他准备好的讲稿虽然在纸面上简洁明了，但在讲课过程中时常会离题扯远，而且演讲的结构也有些凌乱松散，尤其是在初期。蒂尔一开始给出的大多是标准的创业建议。在一次关于企业文化的授课中，他建议企业应该拥有企业文化。但即便是这样乏味的课程，他也能通过邀请朋友和前员工（包括马克斯·列夫琴、里德·霍夫曼和马克·安德森等）来做客而让其变得生动起来。

然而，随着课程的进行，蒂尔不再只是给出随口一说的建议，而是变得更有哲学意味，他将其独特的末日政治理论注入商业建议。第十一讲是关于秘密的，5月底的第十三讲则是关于个人动力的首要性。在"成功不是中彩票"那一讲中，蒂尔认为，自打他出生以来，世界基本上就一直在走下坡路，而那时的人们对进步有着明确的看法。当时所说的进步，意味着打败苏联人和驾驶飞行汽车。也就是从那时起，世界开始接受他所谓的"不确定的乐观主义"。蒂尔声称，这是一种具有欺骗性的有害的世界观，其表现形式多样，包括指数投资的兴起、那种认为变老和去世是正常的普遍认知，以及洛杉矶的交通状况。蒂尔说整个世界都被搞砸了，然后他又说，在当时挤满教室过道席地而坐的听众中那些有动力的学生，以及在网上听讲座的成千上万的年轻人，有能力改变这个世界。他们可以解决洛杉矶的交通问题，甚至可以长生不老，而且一路越发暴富。只要他们把自己从自由、政治正确的高等教育世界中解放出来，任何事情似乎都是有可能的。

通向经济稳定甚至巨大财富及后衰退时代的希望之途，再加上令精英阶层可以坚守下去的机会，这一切都让年轻一代和科技天才难以抗拒。在英国南部读大学的20岁大学生路易斯·安斯洛表示："现在很多年轻人都有雄心抱负，而且都想要有壮志凌云的感觉。"安斯洛喜欢蒂尔理想式的未来主义和科学可以战胜死亡的自信，而且安斯洛也讨厌上大学。于是他退学了，决定接受蒂尔为自己的导师。

安斯洛开始给蒂尔的员工和助手写信，主动提出可由他来组织当地的活动。"我只是下定决心要尽可能地接近他。"他说。最终，安斯洛被邀请参加蒂尔基金会峰会——这是一个为有抱负的学员举办的活动，以及随后的一些聚会。

对安斯洛和其他像他一样的人来说，不只是蒂尔的想法完美地契合了当时的情况，就连推广这些想法的方式也是那样完美。蒂尔是一个跨界多能的、内涵深邃的人，在其人脉圈子中的那些人似乎能接触到外界无法接触到的秘密。2014年，蒂尔的一名员工给了安斯洛一本《从0到1》的售前样书，这本书是根据蒂尔在斯坦福大学教授的课程改编的。安斯洛告诉我，他内心充满了崇敬之情。"你崇拜这个人，就会得到这份神圣文本的独家副本，"他说，"这一切都充满了宗教色彩。"

蒂尔一直都不太可能是那种领导者，但几十年来，他一直在创建基于忠诚的人脉网络。在蒂尔奖学金项目成立之前，就已经有了"PayPal黑帮"，在那之前，他还借助《斯坦福评论》聚集了一小群愤怒的年轻大学生。现在，蒂尔正在以产业化的规模行事，培养年轻、有抱负、志同道合的人。正如斯坦福大学的马丁·赫尔曼观察到的，这些人"视蒂尔为领导者，不会与之唱反调"。那些入选了蒂尔奖学金项目的学生，以及那些像安斯洛一样对该项目心生向往的青年，不仅放弃了学业，也抛弃了正常的青少年社交，还将自己的信仰改造得与蒂尔的思想一致，并将实实在在地致力于为蒂尔及其公司工作许多年，如果不是当终身职业干一辈子的话。安斯洛说这感觉就像投身于一场群众运动，这场运动将成为一个新的、更大的"黑帮"的核心，而蒂尔将把这个"黑帮"部署于商业和政治领域。

第 12 章

政治天赋

2011年年底，现已不复存在的《细节》杂志——《纽约时报》曾称其为"都市丽男圣经"，打算为蒂尔编发一篇人物专访。在此过程中，蒂尔在普雷西迪奥公园里一边散步一边接受了采访，那里离创始人基金办公室不远。蒂尔成功地遵循了一个屡试不爽的套路，他将自己描绘成胸怀大志的投资者，专访的标题为"科技乌托邦的亿万富翁之王"。但被问及工作之外的生活时，他愣住了。"你知道，结果就是……结果就是很多……很多的……大部分吧，都是相当简单的基本社交活动，"他磕磕巴巴地说着，直到最后把结语带出来，"没那回事儿……没有那么疯狂，那么激动。"

也许很难理解，一个连自己的兴趣都说不顺溜的人，怎么就成了一代年轻人心目中有魅力的人。当然，蒂尔最忠实的追随者并不是都市月刊的典型读者，他们是不一定能融入传统社会场景的工程师。这些有抱负的创业者一遍又一遍地观看了影片《社交网络》，并接受了这样一个得到蒂尔奖学金项目加持的信息，即聪明的厌世者可以成就一番事业。在哈佛大学混不下去并不重要，事实上，被这个体制拒绝

（或者更好的是主动自绝于体制）会让你比那些无趣的、循规蹈矩的同龄人更有优势。

蒂尔意识到这种态度是有市场的，于是便通过其员工的博客帖子及一系列主要为了宣传蒂尔和他的兴趣而组织的活动积极地将奖学金项目推向公众。其中既有蒂尔基金会员工负责组织、志愿者参与的欢乐时光，也有蒂尔基金会峰会，这是一种小型联盟会议，专门面向有抱负的奖学金学员或已经申请奖学金却被拒绝的人。当然，对那些讨厌专业媒体的人来说，这里还有社交媒体可用。蒂尔广泛结交了许多人，比如迈克尔·吉布森和帕特里·弗里德曼，他们经常使用社交媒体（如在博客和推特上发帖）来宣传蒂尔的想法。

所传递的信息总是很简单，往最好的一面说，上大学和传统的追求事业毫无意义；往最坏的一面说，这是在债务积累中的智力破产练习。你有雄心壮志，想要改变世界，让自己成为富人，这当然是好的。换句话说，这是一种客观主义，它对于年轻奋斗者的吸引力丝毫不亚于蒂尔年轻时读过的安·兰德。

在全美国及美国以外的地方，青少年们都想接近蒂尔。他们响应并放大了蒂尔的代理人发表的博客文章。他们在推特上跟踪他的核心圈子，采用他的语言作为他们自己的语言。一大批年轻的蒂尔追随者，其中大多数人只是想创办公司致富，而且最理想的是用蒂尔的钱，他们开始像科技乌托邦主义者或逆向投资者那样说话。

他们有自己的语言，很多人被认为是"理性主义者"，他们也有自己的文学经典。其中包括托尔金和兰德，当然，也有崇敬科技的神秘文本，《哈利·波特与理性之道》就是这样一部60万字的粉丝小说。它改编自J.K.罗琳的魔法故事，想象哈利·波特把科学方法融入他的魔法。还有一部很受欢迎的作品《最后的魔戒持有者》，它是《魔戒》系列粉丝小说的一部分，似乎很适合帕兰提尔的创始人。这本书于 1999 年在俄罗斯首次出版，2010 年在网络上被翻译成英文。在这本书中，托尔金笔下的"好人们"——甘道夫和精灵们，由于魔多的和平发展威胁到他们的封建统治，遂成了试图摧毁魔多的战争贩子。"甘道夫是个疯子，他想发动战争，"蒂尔对《细节》杂志说，"魔多是一个建立在理性和科学基础上的技术文明。在魔多之外，一切都是神秘的，什么都不起作用。"

蒂尔喜欢阅读《主权个人》这本书，它是一本鲜为人知的关于政治的鸿篇巨制。1997 年，风险投资家詹姆斯·戴尔·戴维森和记者威廉·里兹-莫格共同出版了这本书，这是一份网络自由主义的宣言，预言了民族国家的终结。《主权个人》在 2020 年重新出版发行，并附有蒂尔写的序言。这本书很有可能影响了蒂尔在 20 世纪 90 年代末和 21 世纪初对 PayPal 使命的大胆评论。戴维森和里兹-莫格认为，富人应该把自己从国籍的束缚中解放出来，当然也应该从"民族主义的税负"中解放出来、从"工人对资本家的剥削"中解放出来，其路径包括雇用私人民兵、在低税或无税国家获得公民身份，以及在一个新的自由意志主义天堂中尽情享受。这些思想不仅影响了"海上家园"，也影响了由蒂尔出资、弗里德曼领导的 Pronomos 资本项目，该项目寻求在发展中国家建设"特许城市"。

在蒂尔异军突起的运动中，还有一个政治哲学家柯蒂斯·雅文。雅文当时以笔名"孟子·莫尔德布格"为外界所知。像许多蒂尔的圈内人一样，雅文是一个啰唆又脾气不好的极客，长期厌恶主流左派。他毕业于布朗大学，后在加州大学伯克利分校攻读计算机科学博士学位时辍学。在一家互联网泡沫期间上市的科技初创公司就职后,他成为全职博主,专写政治理论、文化、种族等方面的文章,多取材于名不见经传的19世纪和20世纪的哲学家,以及"蒂尔江湖"平时常常引用的《星球大战》、《魔戒》和《源泉》。"孟子·莫尔德布格的文字,读起来就像一个过于自信的自学成才的人在模仿刘易斯·拉普曼的论文,"左翼杂志《异见者》上的一篇文章这样写道,这里指的是那位《哈泼斯》杂志前编辑的难懂冗文,"就好像刘易斯·拉普曼是个法西斯青年地下城管理员。"

雅文的博客"无条件保留"集中讨论了他称之为"形式主义"的理论,他将其定义为减少暴力的项目。雅文认为,美国的政府应该被公司架构组织和独裁者所取代,民主是"一种无效的和破坏性的政府系统"。蒂尔在 Cato Unbound 网站上发表的关于民主和自由的不兼容性的评论与雅文的观点如出一辙,帕特里·弗里德曼也在同期的一篇文章中推荐"无条件保留"。在斯坦福大学授课期间,蒂尔抨击公司内部的民主决策。"初创公司和创始人都倾向于独裁的一面,"他说,这当然是一种美德,"它比暴民更专制,因为它本应如此。"

雅文的看法最终固化为一种成熟的意识形态,即所谓的"新反动",其主要观点包括:认为气候科学在很大程度上是精英们制造的骗局;通胀的货币,比如美元,是"恶魔";遗传基因上的差异导致某些群体"更适合掌控",而其他人(他说包括非洲人)"更适合被奴役"。蒂尔就算不支持第三种观点,当然也支持前两种观点。雅文对种族隔离的看法可追根溯源到本科生蒂尔(尽管被蒂尔否认了),他将纳尔逊·曼德拉与挪威爆炸和枪击事件的行凶者安德斯·布雷维克进行比较。"新反动"思想有其专属的词语:用"红色药片"(red pill）治某人，意味着让他面对这种新的世界观睁开双眼；"大教堂"（The Cathedral）是指由政府官员、媒体，尤其是大学教授占据的精英轨道。

蒂尔还与其他极右翼煽动者建立了联系。2010年，他给了新成立的同性恋保守派组织GOProud 10万美元，这让他成了该组织的最大捐赠者，同时他还提议并在他家里搞了一次聚会，最大的亮点是安·库尔特也来参加了，她是煽动专家、康奈尔大学仿《达特茅斯评论》风格的《康奈尔评论》的创始人。GOProud在同性恋政治团体中独树一帜，与更主流的"木屋共和党人"大相径庭，因为它并不专注于倡导同性恋权利。

蒂尔对参加聚会的一名《政客》杂志的记者说："总体上来说，有太多共和党人想要普遍摆脱同性恋问题。"蒂尔邀请其好友安·库尔特出席，就很好地说明了这一点。2007年，库尔特在保守派政治行动会议上发表演讲时，曾开玩笑地称2008年民主党总统候选人约翰·爱德华兹为"同性恋"，那是个玩笑，她告诉蒂尔家里的来宾。在讲话中，她表达了对同性婚姻的反对，并试图拿种族讲个笑话，以驳斥美国同性恋是受压迫群体的观点。她调侃说："那黑人一定会盯着同性恋说，'我们怎么受不到那样的压迫呢？'"

蒂尔的思想非常极端，不那么容易符合任何政治理念。新反动派或右翼反对派没有自己的政党，却有一个候选人——罗恩·保罗。像蒂尔（和雅文）一样，这位眉毛低低的得克萨斯州众议员喜欢奥地利经济学派的极端自由市场资本主义，也喜欢一般的末世预言。保罗和蒂尔一样，都是气候变化的怀疑论者，而且长期以来都是极右翼的煽动者。

从 20 世纪 70 年代末到 90 年代中期，保罗发表了很多时事通讯，其中有名的包括《罗恩·保罗自由报告》和《罗恩·保罗生存报告》等，在这些通讯中，他将"小马丁·路德·金日"称为"我们每年的仇恨白人日"，并声称 1992 年的洛杉矶骚乱结束于"黑人该去领取福利支票的时候"。在南非种族平等问题上，保罗也持怀疑态度，将种族隔离的终结称为"对文明的毁灭"，也是撒哈拉以南非洲有史以来最大的悲剧。他后来声称，他从未写过这些时事通讯，尽管它们经常以他的名义和第一人称发表。

保罗在其胜算极小的 2008 年总统大选中略去了这段历史，把重点放在其鹰派的经济主张上。他赞成恢复金本位制并要求终结美联储，并且反对伊拉克战争。保罗的这些思想让他脱离了共和党的主流，但在互联网上炙手可热，保罗自己的社交媒体账户吸纳了数以万计的追随者，其中大多数是被他的反战和反建制的言论吸引的年轻选民。在整个竞选过程中，他的支持率都在个位数以下，但辩论后进行的网上民调显示他始终领先。保罗还通过被他的竞选团队称为"金钱轰炸"的网上筹款活动，从捐赠者那里筹集了数百万美元。2007 年 12 月 16 日，在波士顿倾茶事件发生 234 周年之际，5.7 万名保罗的支持者平均每人捐款 50 美元，帮助他筹集了 600 万美元，创下了单日筹款最高纪录。保罗没有得到来自主流政党或捐赠阶层的支持，但一周后，彼得·蒂尔捐赠了 2300 美元，这是他第一次支持总统候选人。

保罗 2008 年的竞选失败了，但大萧条使他的形象大幅提升。他出席茶党的民众集会，在大学校园里吸引了大量的人。他的书《定义自由：影响我们自由的 50 个重要议题》在 2011 年成为畅销书。在媒体上露面时，保罗表现出捕捉和放大年轻人对其痴迷的天赋。他呼吁终止联邦学生贷款，他认为这使学费变得负担不起，并进行了一场欲让所有毒品合法化的疯狂探索。

当时，一些自由派民主党人站出来支持医用大麻和民事结合。2011年5月，罗恩·保罗走上南卡罗来纳州格林维尔的一个辩论舞台，对福克斯新闻的克里斯·华莱士表示，他支持废除那些不仅禁止大麻和同性婚姻，也禁止可卡因、海洛因和卖淫的联邦法律。他将阻止人们使用非法药物的努力与政府对宗教自由的侵犯进行类比。"我们希望自由地以精神的方式选择未来，但涉及个人习惯时不希望这样，这非常令人惊讶。"保罗如是说，迎来了满堂欢呼和笑声。

"我从没想过海洛因会在南卡罗来纳州这里得到掌声。"华莱震惊地说。

到了12月，离艾奥瓦州党团会议还有不到一个月的时间，保罗在艾奥瓦州的民调很有竞争力，在筹款方面超过了除领跑者米特·罗姆尼以外的所有人。在兴奋中，蒂尔看到了一个扩大影响力的机会，更重要的是，他要利用保罗日益增长的名气来提升自己的影响力。

12月12日，他向支持保罗竞选的革命政治行动委员会捐款5万美元。4天之后，正值又一个波士顿倾茶事件周年纪念日之际，保罗的竞选团队举行了一次"金钱轰炸运动"，但这次不是只有小额捐赠者参加。除了从通常的支持者那里筹集到400万美元，蒂尔还向该组织捐赠了8.5万美元。他还悄悄地开始资助一个超级政治行动委员会——"支持自由"，提供的资金高达260万美元，比保罗从其他人那里募集到的资金多得多。"凡是想要自由和经济增长的人们都应该采取行动，"蒂尔在2012年1月底的一份声明中说，"投票给罗恩·保罗是一个很好的开始。"

保罗和他的亲信们发现，科技亿万富翁全力支持他们的竞选活动，这既令人兴奋又令人困惑。保罗在商界没有主要支持者，尽管这是他反建制候选人资格的一部分意义所在。而且，蒂尔的超级政治行动委员会也很古怪。掌管其运转的不是政治人士或坚定的自由意志主义活动家，而是一群政治新手，其中包括斯蒂芬·奥斯古尔，他是毕业于斯坦福大学的网络营销人员，也是创始人基金的卢克·诺塞克的朋友，还有杰弗里·哈蒙，是他让口腔刷风靡市场，口腔刷是一款据说可消除口臭的舌头清洁工具，每支仅售5美元。早期，口腔刷主要通过电视购物广告来销售，哈蒙是在杨百翰大学读书时了解到这款产品的，他在优兔上制作了一系列视频，主角是一个巨大的会说话的舌头。（"我们能找到的最大的舌头。"）继口腔刷之后，他和几个兄弟又一起创办了一家数字广告公司，专门推广其他新奇的产品，包括神奇噗噗丽（厕所除臭喷雾剂）和蹲坑式马桶凳（科学家表示这种流行的卫生间配件确实能帮助使用者更好地排便）。

哈蒙的独门绝技就在于他能把奇奇怪怪的、令人不爽的东西变得赏心悦目。《从大便到黄金》是一本讲述哈蒙及其广告公司的书，这本书的书名也是他的播客名称。哈蒙用蒂尔的钱来推销保罗，就像卖那些卫生间用品一样。蒂尔资助的政治行动委员会制作了一系列低成本的恶搞视频，打着"虚假政客网络"的幌子，请人模仿其他候选人拍摄了纪录片风格的视频，宣传保罗是一个真正的保守派，不会向民主党、银行家或媒体屈服。

这些视频有的长达10分钟，有的甚至更长，这样的片长和互动性在当时是不同寻常的。哈蒙率先使用了一种新的谷歌广告类别，允许营销商家付费后在视频中添加链接。纪录片风格的商业广告《致敬我们的军队》将"9·11"事件归咎于美国的军事行动，还拍摄了投票给保罗的退伍军人的感言。观众可以点击并立即在脸书上分享该视频，这在政治广告上还是第一次。

最终，由于蒂尔和保罗的竞选活动在行动上南辕北辙，结果并没有掀起多大的浪花。保罗把重点放在党团会议较小的州，这些州的竞选成本较低，热情的志愿者可以赢得代表。之所以决定不考虑佛罗里达州，是因为佛罗里达州的三大媒体市场坦帕、迈阿密和奥兰多的广告费用较高。但佛罗里达州是超级政治行动委员会"支持自由"重点关注的州之一。保罗完败，只赢得了7%的选票，在该州排名第四。"这很奇怪，"《理性》杂志跟踪竞选活动的编辑布莱恩·多尔蒂说，他还著有《罗恩·保罗的革命：他所激励的人和运动》一书，"我很想知道那些家伙是怎么让蒂尔给他们几百万美元的。"

保罗的竞选班子也同样感到困惑。当然，从官方层面来看，超级政治行动委员会和竞选活动是各自独立运作的，但通常委员会领导人都是候选人的亲密盟友，这就确保了即使他们不说话，他们也会按照相同的剧本操作。"在彼得身上我们找不到这种感觉。"保罗竞选团队的主席杰西·本顿说。在2012年总统大选之前，本顿和保罗都没有和蒂尔握过手。"我们都是在报纸上看到的。"本顿告诉我。当时，本顿接受《理性》杂志采访时表示，"支持自由"净帮倒忙。保罗败选已成定局后不久，本顿说："我们没有看到他们花的那些钱有什么效果。"

超级政治行动委员会在那之后不久就停止了运作。"没什么好说的，"哈蒙说，"我和彼得的关系维持的时间很短暂。"问题是，蒂尔并不是真的关心帮助罗恩·保罗获得共和党提名。他找到了一种相对廉价的方法来汲取保罗的运动能量，最终目标是将其融入自己的运动。在 2 月下旬的自由学生大会上，蒂尔对年轻的激进分子讲话时甚至都没有提到保罗，而是专注于他的技术停滞论。蒂尔抱怨客机的速度越来越慢，还建议说如果美国食品药品监督管理局停止对药品的有效性和安全性进行管制，就能开发出更好的药品。为了说明这一点，他建议学生们试着想象一下，如果食品药品监督管理局强迫流行的脸书上的电子游戏《开心农场》自证它不会造成伤害，那世界将会变得多么可怕。他说："如果把生物技术标准应用到电子游戏上，那就不会有电子游戏产业了。"

当记者问及保罗时，蒂尔几乎毫无热情，这无关乎保罗，也无关乎民主本身。"我怀疑投票到底能起到多大作用，"蒂尔说，接着便又给出了一个仿佛直接来源于雅文的博客的科技乌托邦式回答，"我喜欢科技的一个原因就是，当科技不受管制时，你无须征得别人的同意而改变世界。在最好的情形下，它可以不受民主的控制，也不受多数人的控制，我认为多数人往往敌视变革。"

那么他和保罗到底在做什么呢？蒂尔解释说："我们只是试图为下一个周期奠定自由意志主义的基础。这场大选真的是为了 2016 年。"

2012 年共和党全国代表大会于 8 月底在坦帕举行，因艾萨克飓风推迟了一天半，大会的主题是"更美好的未来"。在三天时间里，一连串的发言者，包括南卡罗来纳州州长妮基·黑利、新泽西州州长克里斯·克里斯蒂，还有对着一把空椅子演讲的演员兼导演克林特·伊斯特伍德，他们都试图证明奥巴马总统在任期内未能兑现其任职承诺，以及罗姆尼作为一名有钱有势的商人的看法是有缺陷的。坦帕非常著名的名人之一、最近成为罗姆尼支持者的摔跤选手胡克·霍根在福克斯新闻频道发表讲话，大谈特谈他的商业投资及他对这次选举的兴奋之情。他说："美国获得了进行自我改造的机会，就像曾经的我一样。这只是一个新的开端。"

值得注意的是，没有在官方程序上露面的是保罗，他拒绝支持罗姆尼，也没有得到发言的机会。就在竞选委员会做出判定，在缅因州的选举过程中，候选人的选拔方式存在不当之处之后，保罗在该州失去了一半的代表，而就是在缅因州，他曾赢得了几乎所有的代表，尽管在该州党团会议中位列第二。一群缅因州代表中途退会以示抗议，支持者们高呼："给缅因州位置！给缅因州位置！"罗姆尼的竞选团队愿意和解，同意在党纲中增加保罗审计美联储的计划——这可是蒂尔帮忙奠定基础的"红肉"，还制作了一个时长四分钟的纪念视频，并在会议第三天晚上，在保罗之子、参议员兰德·保罗发表讲话前播放。

所有这一切都是为了安抚聚集在坦帕的数千名保罗的支持者，他们包括100多名代表、竞选工作人员和志愿者，以及一位不善社交的亿万富翁，此人对建设"更美好的未来"有着自己的想法。保罗中断竞选后，克莱瑞姆的合伙人、蒂尔当时的政治调停人之一罗伯·莫罗打电话给保罗的政治主管本顿，告诉他蒂尔想来坦帕。他请本顿帮忙弄张入场券。

不管保罗的顾问们对蒂尔在竞选期间的做法有什么保留意见，他们看到了一个加深关系的机会。7月,保罗暗示他将不再强调终结美联储,而将专注于争取"互联网自由"的事业,或确保大型科技公司受到尽可能少的监管。保罗做出保证,一是将反对网络中立性,即阻止大型科技公司为使自己的网站和应用加载速度快于竞争对手而付费的一系列规则;二是将反对监管科技公司搜集私人信息的努力。

这是一种公然讨好蒂尔及其圈内其他人的无耻行径,而且在共和党全国代表大会期间还在继续,保罗的竞选阵营为蒂尔和莫罗骗来了所有的通行证,并给他们寄去了一份年轻活动家的名单。罗恩·保罗的一名工作人员还安排蒂尔和兰德·保罗会面。兰德·保罗将接手其父亲的组织,并参加2016年的总统竞选。虽然正式的话题是自由意志主义运动的未来,但保罗的盟友将其理解为某种形式的采访。

据熟悉两人会面细节的人士透露,他们的想法是"兰德将掌舵并扩大"这项运动,蒂尔似乎也上了船,"他们的关系似乎很好"。在坦帕,蒂尔为保罗的竞选志愿者举办了派对,与年轻的代表们合影留念。

保罗竞选失败后,蒂尔将他的努力转向共和党的未来。他聚焦于参众两院极端保守的候选人,向茶党附属的增长行动俱乐部基金捐赠了100万美元,用于资助特德·克鲁兹获胜概率不大的初选活动。蒂尔曾于2009年拿出总计24万美元来全力支持克鲁兹竞选得克萨斯州检察长,因帮助推翻了华盛顿特区的手枪禁令,并为一名墨西哥死刑犯的上诉案件辩护而在全国崭露头角,该案件是基于墨西哥死刑犯声称得州侵犯了其国际法权利。

在萨拉·佩林等茶党人士的支持下,克鲁兹在与副州长的初选竞争中排名第二,此人是民主党支持的一大热门人物。但在5月底,克鲁兹曾获得了足够多的选票,以强势进行决选,并发起了一场由蒂尔继续资助的疯狂竞选活动。就在 7 月的初选之前，蒂尔通过增长行动俱乐部又捐赠了 100 万美元。克鲁兹以 14 个百分点的优势获胜，《华盛顿邮报》称"这可以说是参议院颠覆了这一循环"。克鲁兹在大选中轻松获胜，就像这样，彼得·蒂尔帮他的第一位参议员成功当选。高客传媒自然而然地站出来对蒂尔大加奚落，嘲讽他给坚决反对扩大同性恋权利的候选人撑腰，并指出："这并不比给钱让孩子辍学、治愈死亡、创造'海上家园'的自由意志主义的乌托邦更疯狂。"

对兰德·保罗的顾问们来说，从蒂尔对克鲁兹（也被视为 2016 年总统大选候选人）的支持不难看出，蒂尔可能不仅是他们原以为的硬核自由意志主义者那样简单。例如，罗恩·保罗就反对死刑，并认为克鲁兹对金融服务业过于友好。"他们以为他会支持自由市场呢，"保罗后来在 2016 年怒斥道，"他是属于高盛集团的人。"相反，保罗团队认为蒂尔将支持兰德必定参加的 2016 年总统大选。

但是，2013 年 3 月，随着时来运转，兰德·保罗试图扩大自己的影响力。他打算在美国拉丁裔商会召集的一次活动上发表演讲，他的顾问希望这次演讲能表明他作为全国候选人的认真态度。这也将向主流共和党人传达一个信息：他没有其父亲那样的种族包袱。他这样做将会失去潜在赞助人的支持。

在演讲开始时，保罗用西班牙语为自己没能更好地掌握这门语言而致歉。他回忆起自己小时候和拉丁裔孩子一起玩耍，十几岁的时候和移民一起修剪草坪。保罗说，他曾问一个西班牙语裔劳工能挣到多少钱，那人告诉他挣 3 美元，保罗还以为他说的是每小时 3 美元，事实上，这是一整天的报酬。他说，这些经历让他亲眼见识到，美国，尤其是共和党，是如何让移民失望的。保罗说："共和党人在某些方面一直未能理解和阐明移民是美国的财富，而不是债务。"他还建议改善签证制度和边境安全，他说："这将使我们能够让更多的人入境，并使我们承认我们不会驱逐已经在这里的数百万人。"保罗引用了加夫列尔·加西亚·马尔克斯和巴勃罗·聂鲁达的话，呼吁"对移民要采取新的态度，真正把移民视为财富，而非债务"。

与对政策的描述相比，这次演讲的语气更具安抚性。保罗并没有像某些人期望的那样，主张允许大赦目前的非法移民。人们希望这个演讲既能赢得一些温和派的选票，又让极端保守派满意。大约就在这个时候，蒂尔停止参加财务委员会的电话会议，并通过中间人宣布他将支持另一位候选人。一位熟悉保罗竞选团队的人士表示，他认为是保罗的演讲和蒂尔反对扩大移民规模的立场引发了两人之间的不和。多年后，保罗开玩笑说，蒂尔的移民策略相当于"计划把自由女神像变成一个数字停车标志"。他后来删除了这条推文。

保罗拒绝与蒂尔重修旧好，似乎是假设他会继承他父亲所开创的青年运动，却没有意识到其实他根本就没有真正拥有过它。"一直以来，我都以为他们会投票给自由意志主义的共和党人，"肯塔基州的众议员、保罗的盟友托马斯·马西这样评价竞选活动的支持者，"但经过一番灵魂拷问后，我意识到当他们在初选中投票给兰德、罗恩和我时，他们不是在投票支持自由意志主义思想，而是在投票给这场竞选中最疯狂的家伙。"

这才是蒂尔的政治天赋，也是当他说要聚焦2016年总统大选时，他所要表达的真实意思。他并不是像媒体那样看待罗恩·保罗的运动，将之看作理想主义，而当它是可以利用的东西。这个新兴的政治基础不是自由意志主义，而是与蒂尔一样，是新反动主义。保罗已经矢口否认有关其种族主义的新闻报道，并且基本上清理了他那部分不光彩的过往。但保罗的支持者们更喜欢那个曾经的罗恩·保罗，这样的保罗曾像《斯坦福评论》的那些专栏作家一样发声，他也曾发表过一份时事通讯，称华盛顿特区 95% 的黑人男性都是罪犯，并针对同性恋的权利说过"我想念壁柜"。和蒂尔一样，他们想坚守"大教堂"。他随时准备出手相助。

第 13 章

公共知识分子，既完全是局内人，又完全是局外人

"让我们进去，让我们进去，"他们喊道，"反对国家安全局！反对警察国家！"

抗议者虽然是在礼堂外面，但他们的口号声传到了蒂尔就座的舞台上，意指帕兰提尔涉嫌侵犯普通美国人的公民权利。在 2014 年 12 月的那天晚上，除了出现二十几个示威者，加州大学伯克利分校的礼堂里挤满了数百名学生，都在观看伯克利论坛的嘉宾就蒂尔的新书《从 0 到 1：开启商业与未来的秘密》采访他。该论坛是一个本科生的公共事务组织。

上述抗议活动发生在因纽约和圣路易斯的大陪审团拒绝起诉埃里克·加纳和迈克尔·布朗致死案的涉事警察而在全国各大城市出现的示威活动之后，而蒂尔似乎为自己也被卷入其中而感到好笑。"哇！"他傻笑着说，"这还真是伯克利风格！"

一名大学负责人出现在舞台上，建议大家应该谨慎地结束这场活动。蒂尔耸了耸肩，举起双手，宣布道："我想我们应该继续下去！"

人群中响起欢呼声，蒂尔点点头，坐在椅子上等待下一个问题。但几秒后，礼堂内一名富有同情心的学生为抗议者打开了门，他们喊着口号走上舞台。在一阵混乱中，蒂尔的麦克风被切断，他很快被人护送了出去。活动结束了。

这一插曲显然令蒂尔兴奋不已，证明了他关于激进分子有力量的观点，但这也暗含了其地位的不稳定性。多年来，他一直在走极端，试图通过不断挑衅来赢得主流的认可。蒂尔的反主流思维对他的影响力至关重要，就像他面对抗议仍然坚持继续活动那样。但他对极端主义政治和道德上可疑的商业行为的操弄也带来了风险。他总是有可能把事情做得太过头，要么是支持某件事，要么是支持某个人，尽管真的很讨厌，但他无法退缩，或说更有可能的是不愿意退缩，因为他做事易冲动。

总体上来说，蒂尔在更广阔世界里的声誉从未像现在这样好。在HBO电视网同年早些时候首映的反映高新技术产业的剧集《硅谷》中，他被克里斯托弗·埃文·韦尔奇精心地演绎为一个脱离现实但才华横溢的投资者。在剧集开头的一个场景中，剧中的角色彼得·格里高利与蒂尔一样，有着冷酷无情的做派、对"海上家园"情有独钟、对精英大学无比蔑视，却被一个威胁要重返大学的有前途的工程师成功地操纵了。该剧集的编剧们对其他高新技术业人物毫不留情，将谷歌的几位创始人和甲骨文的拉里·埃利森的不同特征加以整合，塑造了一个邪恶的角色加文·贝尔森，这是一个贪婪的、患有被迫害妄想症的大型科创公司的高管兼全职精神导师，他残忍地嘲弄投资者兼NBA球队老板马克·库班，库班在剧中的角色是一个只知道痴迷于自己的净资产和其在20世纪90年代创造的一款失败但赚钱的科技产品的人。另外，蒂尔的剧中角色看上去"人畜无害"，顶多不那么接地气，但绝非阴险狡诈。

尽管高客传媒对蒂尔的批驳一如既往，如 2014 年年末，"硅谷闲话"就曾抱怨蒂尔关于创新放缓的观点，说"蒂尔又在大放厥词了"，然而其他媒体大多认可了好莱坞对蒂尔的看法。《华盛顿邮报》推出了一系列有关蒂尔的问答专访，对象都是些"撼动慈善事业的人"，重点聚焦于他对延长生命研究的支持。"我一直有种强烈的感觉，那就是死亡是一件非常可怕的事情，"蒂尔说，"我认为这有点儿不同寻常。"他补充说，他希望其延长人类寿命的工作将成为他的遗产。

当时，蒂尔的投资公司创始人基金正投资于硅谷最热门的趋势——"共享经济"。该词指的是一批初创公司，由失业者或寻找额外收入的人通过智能手机应用程序提供专业服务。蒂尔的公司投资了大部分此类规模较大的公司。来福车是一款打车应用程序，它用驾驶私家车的普通人取代了出租车司机。（来福车开发出这个想法，优步则仿效它，并让这个想法闻名于世。）创始人基金的投资组合还包括一家让人们出租多余卧室或度假屋的住宿服务公司爱彼迎、一家专门提供零碎小工服务（比如洗衣服和遛狗）的公司"任务兔子"（Task Rabbit），还有 Postmates 提供类似的服务，只是工作人员为用户配送美食，而不是帮用户组装宜家家具。

尽管针对这些应用程序都有一些批评的声音，但媒体几乎只关注它们的承诺。一直对全球化持乐观态度的《纽约时报》专栏作家托马斯·弗里德曼表示"这是一种强大的力量"，并预言"共享经济将使没有熟练技能的劳动者适应现代经济"。《连线》较少关注经济，而更多地关注文化潜力。"爱彼迎和来福车最终是如何让美国人彼此信任的。"一篇报道这样提到，该文章认为这些硅谷公司有潜力将我们带回一种"定义了前工业社会的"邻里友好的互动形式。

当然，爱彼迎和来福车的影响也远不止这种邻里关系。这些项目旨在重塑劳动力市场，取消自新政以来工人享有的保护。至少在蒂尔看来，新政是美国政治史上最糟糕的发展之一。优步和来福车的司机、任务兔子和 Postmates 的工作人员、爱彼迎的兼职民宿经营者都不是雇员，也不可能是真正意义上的雇员，这意味着他们为之工作的应用程序公司没有义务为他们提供健康保险或养老保险，也没有义务与代表他们的工会谈判。零工工人没有最低工资，因为他们是按零工来获取薪酬的。此外，这种新兴劳动模式并不局限于共享经济，各地的企业都在剥夺工人的权利，方式就是从全职员工转为零工合同工。现在，爱彼迎、来福车和蒂尔的其他投资组合提供了一种支持这种转变的意识形态：剥夺工人的权利与企业的贪婪无关，这本身就是未来。

蒂尔的新书《从0到1》试图在挑衅主流和接受主流之间走一条中间道路。他和他现在实际上的幕僚长布莱克·马斯特斯一起，将他在斯坦福大学授课的内容重塑成一种创业宣言，并且比当初的课上实际讲授的温和一些。他们删减了关于活人祭祀的冗长历史、关于古代苏格兰人和他们的血祭仪式的讨论，以及"创始人是上帝"的短语。相反，蒂尔着重讲到竞争，他认为成功人士应该尽其所能地避免竞争，要做到这一点，就必须实现对市场的垄断。蒂尔把谷歌作为一家科技公司的原型，他说这家公司通过消除或避免与潜在竞争对手的对抗，为自己创造了垄断。

新闻界认为《从0到1》是一本很好的机场商务图书。"是的，这是一本为企业家写的自励图书，充满了陈词滥调和对只有初创公司才能创造的未来的阳光自信。"《大西洋月刊》的高级财经编辑德里克·汤普森如是指出，接着他赞扬该书"具有挑衅意味的言论"是"一种巧妙的框架设计，其本身的争议性足以引起大辩论，但同时其常识性又足以让渐进主义者承认其优点"。汤普森继续说："企业家首先应该寻求主导一个小市场。换句话说，他们应该尝试建立一种小型的垄断。"

自入学斯坦福以来，蒂尔就一直对上流社会"狂轰滥炸"，现在却突然受到上流社会的欢迎，故而对这种反应，他既感到高兴又感到失望。他曾经指望《从0到1》这本书能多少有点儿煽动性，但读者们在很大程度上忽略了他关于科技停滞的观点，他的观点将此现象归咎于应享权益支出，汤普森称这可以"忽略不计"。读者们似乎也没明白蒂尔是指责谷歌垄断的。要是一位知名风险投资家收购了最大、最受欢迎的高新科技巨头，就可能会导致监管部门采取行动，或在国会引发一场辩论，或至少会招来一波有争议的专栏文章。

不！令蒂尔大失所望，没有人呼吁要解散谷歌，甚至没有人会真的费心指出蒂尔是一个骄傲的斯特劳斯主义者，喜欢隐藏的含义，所以他也许有他的潜台词。相反，读者们可是把他当成一个自励作家来阅读的：谷歌是垄断的，你也可以！

蒂尔没有公开纠正任何人，2014—2015年间，他的一些副手关注着他，感觉他在退缩，就像他初涉对冲基金时退缩那样。威廉·安德雷格是蒂尔推荐的有可能治愈死亡的企业家，他觉得这本书本身及其首发式都令人费解，他说："就像有人作梗似的。"这就是那个一向虚张声势抨击高等教育的人，常常喜欢说哈佛大学基本上就是精英们的54俱乐部，而且由于他对PayPal的工商管理硕士是如此发自内心的不屑一顾,以致那些为他工作的工商管理硕士都会对他隐瞒自己的学位,但他偏偏把《从0到1》的首发仪式放在了管理科学的伟大地标哈佛商学院。这就是那个颠覆者,现身于《财富》杂志的人物特写中,被描述为"美国公共知识分子的领军人物",在该文中,蒂尔似乎对"海上家园"这个备受争议的项目感到尴尬,其目的是要打造漂浮在海上的自由意志主义乌托邦。正如《财富》杂志所说,现在他谈起这件事"几乎用的都是过去时"。

9月,蒂尔现身纽约技师和商人总协会,与曾助力发起"占领华尔街"运动的左翼学者大卫·格雷伯展开辩论,并找到了共同点。当《纽约时报》的一位记者询问蒂尔其对一篇文章的看法时,蒂尔一笑而过。这篇文章发表在此次活动的赞助商《异见者》杂志上,文中称蒂尔喜欢新反动派,尤其是柯蒂斯·雅文。这篇文章的标题是"愚蠢透顶的硅谷帝国的马基雅维利之梦",蒂尔说它"隐隐约约在奉承",但其实是"彻头彻尾的阴谋论"。事实上,蒂尔说:"根本就没有人坐在那里谋划未来,尽管有时我想要是有人这么做该多好。"

蒂尔喜欢玩这个特别的把戏,一边宣称自己已经完全恢复,一边经常眨眼示意,也许在其内心深处,他并不像他看起来那样完全顺从。2015年4月,在一次他与泰勒·考恩[①]一起参加的问答活动中,有人就卡托上的一篇文章向他提问,因为他在该文中跳出来反对女性的选举权和民主。"写作总是一件很危险的事情。"蒂尔面带愧色地说,接着话锋一转,老调重弹地说美国政府为何根本就不是一个真正的民主政府,因为它是由这些"完全未经选举的技术官僚机构运作的"。

---

① 泰勒·考恩是乔治梅森大学的经济学家,还经营着由蒂尔提供100万美元种子资金成立的风险公司Emergent Ventures。

蒂尔没有使用尚未被特朗普政府加入词典的"深层政府"一词，也没有向同样主张大幅减少联邦官僚层级而将权力集中在行政首长手中的雅文额首赞同。但对追随极右翼和新反动运动的人来说，这种批评听起来很熟悉。在活动一开始，考恩就不吝辞藻地称赞蒂尔是"我们这个时代最伟大、最重要的公共知识分子之一"，但他并没有给别人质疑此评价的机会，立刻就把话题转到一个有关新西兰的问题上。"评价高了，还是低了？"考恩问道。低了，蒂尔回答。

蒂尔经常形容自己"既完全是局内人，又完全是局外人"，他在玩一场微妙的游戏。例如，作为局外人，即在考恩的受众或《CBS早晨秀》节目主持人看来，蒂尔是一个日渐重要的思想领袖，他充满争议的过去已经翻篇。但是，事实上，在他充当公共知识分子并与媒体人一起狂欢的同时，蒂尔也在秘而不宣地采取行动。他不仅是"喜欢"新西兰，还秘密地获得了新西兰国籍。而且，他一方面与记者们在各种签售会上唇枪舌剑，另一方面偷偷地发动了一场媒体政变，目的就是要在受了多年的抨击之后跟高客传媒算总账，同时也给其他打算发文骂他的记者传递一个信息。

反对高客传媒的运动，至少在最开始，是由一位英俊的知识产权法律专家领导的，他神秘地出现在蒂尔奖学金项目的一次活动上。2011年4月，阿伦·德索萨和蒂尔在柏林共进晚餐，当时蒂尔正在柏林参加一个会议，当时就读于牛津大学的德索萨前往柏林看望他。德索萨说，他们是通过一位不愿透露姓名的共同的朋友认识的。"彼得吸引的就是这种类型的人。"作者瑞安·霍利迪在其关于蒂尔和高客传媒的书中写到了德索萨，他这里所指的就是"来历不明、身强体壮的年轻人",而且此人显然 13 岁就读过马基雅维利的《君主论》,并"着迷于权力"。霍利迪是蒂尔聚会的常客,享受了与蒂尔频繁接触的机会,并在离开时以史诗般的词语描述蒂尔。在该书中,他多次称这位风险投资家堪比谢尔曼将军、基督山伯爵、安德鲁·卡耐基、约翰·D. 洛克菲勒和科尼利尔斯·范德比尔特等人的集合体。

德索萨出席了那天的晚宴聚会,总共有八道菜,之后又在酒店内的酒吧里待了好几个小时。他此番为蒂尔带来了一个向高客传媒复仇的计划,他建议蒂尔将他当作一个替身来使用。德索萨将建立一个秘密的控股公司,然后由这家公司匿名出资与高客传媒打官司,以不断的起诉压倒高客传媒,直至其破产关门。他要求得到 1 000 万美元的支持。那天凌晨 3 点,蒂尔同意了。

德索萨在新西兰和旧金山造访了蒂尔,两人一起调整改进了他们的计划。他们考虑通过贿赂员工来破坏高客传媒的业务、通过暗中监视丹顿来找到破绽让其难堪,甚至连窃听新闻编辑室都想到了。"你可能会忍不住去做所有这些事情,但不清楚它们是否会有更好的效果,"蒂尔后来说,"所以我们很早就明确只做完全合法的事情,这是一个很大的限制。"

好吧,这是蒂尔自己的说辞,其他人却说他也采取了至少在道德上有问题的手段。确实发生过这样一件事,高客传媒的一位系统管理员收到了一封帕兰提尔招聘人员发来的电子邮件。邮件上提供的待聘职位比他在当前这家媒体公司的职位要高得多,这位工程师担心自己可能资格不够。

从那以后,后续的五轮面试越发诡异。该工程师告诉我,帕兰提尔高管一再把对话引向高客传媒:他们的服务器是什么样的?他们使用了哪些安全供应商？晚上有多少人在办公室加班？他们运行的是哪个版本的 Linux？他参加了所有面试直到最后一轮，之后就再也没有收到帕兰提尔的回复。后来，他才意识到他所泄露的信息足以帮助帕兰提尔成功地进行黑客攻击。"你真的可以用这些东西来攻击一个地方。"他说。这件事被曝光后，该工程师告诉高客传媒的高管，他认为自己无意中成了某个情报行动的信息源。硅谷的一家律师事务所也搞了一个类似的调查，该律所声称代表私人股本投资者，试图采访高客传媒的高管。高客传媒后来得出结论，这很可能也是在试图搜集情报。

对蒂尔而言，有一个重要的道德底线就是（至少他会这样告诉你），他和德索萨不会资助任何针对高客传媒的诽谤或诽谤索赔，尽管这些都是那些对高客传媒不满的人最常发起的诉讼。蒂尔会跟朋友们说，做出这一决定是出于一个高尚的愿望，即限制诉讼裁决的范围，以便阻止搞出有可能破坏新闻自由的先例；但有时他又说，他之所以会接这样的案子，倒不是因为他对美国宪法有什么特别的忠诚，而是因为官司能打赢。

通过德索萨，蒂尔委托诉讼律师查尔斯·哈德进行一项反向研究行动，涉及的范围比他数年前在克莱瑞姆所做的广泛得多。哈德及其团队搜罗了高客传媒最丑陋的帖子并寻找潜在的原告，挖出创始人尼克·丹顿的备忘录和公开声明，这些在法庭上都对丹顿不利。丹顿在一份致员工的备忘录中写道："旧黄色新闻的主料也是新黄色新闻的主料，即性和犯罪，如果再好一点，那就是性犯罪。"最终，为蒂尔资助的这个活动工作的调查人员采访了高客传媒前雇员，进而发现高客传媒一直在使用无薪资实习生，于是便安排这些人起诉这家公司。

哈德带来了一些针对高客传媒的案子，其中有一个案子来自一名声称发明了电子邮件的人，他称受到了高客传媒网站的大肆嘲笑；另一个案子来自一位独立记者，高客传媒曾说他可能患有"偏执癫狂"。不过，其中最有希望的案子是关于特里·博莱亚的，也就是广为人知的职业摔跤手胡克·霍根。

2012 年 10 月 4 日，就在霍根在坦帕共和党大会上华丽亮相几个月后，高客传媒发表了一段一分半钟的剪辑视频，内容为霍根和朋友之妻希瑟·克莱姆做爱的场面，并加了一个讽刺的标题——"即使只有一分钟，在工作时观看胡克·霍根在四柱床上做爱也不安全，但管它呢，看就是了"。总编 A.J. 多勒里奥如是写道。高客传媒起初根本没理会霍根删除视频的要求，霍根说，对于视频拍摄，他不知情也没同意过，并强调那对夫妇是公众人物（克莱姆的丈夫是坦帕电台的主持人）。霍根向媒体投诉了这段视频之事，这引起了哈德的注意。

当月晚些时候，哈德起诉了克莱姆，霍根指控克莱姆未经他同意擅自录下了那次幽会。12 月，他提交了一份修改后的诉状，其中提到丹顿、多勒里奥和克莱姆三人。该诉讼尤其指出霍根"作为 12 次世界摔跤冠军"的地位，并要求 1 亿美元的损失赔偿。

高客传媒的员工，连同外界，都一致认为霍根的诉讼是他的另一场表演，或者再不济，也要从这家高度资本化的媒体公司讹出几百万美元。事实证明，霍根还曾试图压下另一份更具破坏性的录音，他在这份录音中发表了种族歧视言论。（"在某种程度上，我是种族主义者，"霍根在录音中说，"该死的……"霍根后来承认讲了这些话。"我说了些可怕的话，"他说，"但那不是我，那不是本来的我。"）丹顿认为霍根的诉讼针对的是克莱姆和其他泄密者，故而指示他的律师们与霍根的团队协商和解方案。

据纠纷双方的知情人士透露，一开始，这位摔跤选手似乎愿意甚至热切地想要和解，至少在某一时刻，他已经同意通过赔偿金解决。但是，就在和解即将达成的时候，他的律师不见了，然后又回到谈判桌前宣布和解失败。这让高客传媒的员工感觉有人在做局。

高客传媒的保险合同并不包含侵犯隐私的诉讼，但这家媒体网站还有一个普通责任保险，可以保护它免遭人身伤害索赔。而且，在努力争取法院驳回霍根诉讼的同时，该公司也曾与责任保险公司抗争，主张因为霍根曾申请"精神伤害"保险，所以责任保险应该理赔。但接着霍根做了一件出乎意料的事：2014年12月，他主动放弃了对高客传媒引起他情感困扰的声索。

这对高客传媒是一大打击，并且有效地扼杀了保险赔付的机会。这一点也非常奇怪。通常情况下，如果原告还想要得到最后判决或实现和解，是不会想要把被告搞到破产的，但霍根突然表现得好像非把高客传媒搞破产，而不是得到大量的现金赔付。他为什么要试图限制高客传媒向其支付的能力呢？

还有一点让人想不明白，哈德公司手上的案子很少，但预算似乎要多少有多少。在出庭时，霍根的律师会住在这个城市最高档的酒店。这些钱是从哪里来的呢？难道有人因为霍根提起诉讼给他补偿吗？

2015年年初，高客传媒的记者开始调查此案。他们想知道，霍根打官司是自己掏腰包付律师费吗？若不是，那会是谁呢？高客传媒的记者开始拼凑其雇主的敌人名单。

瑞安·霍利迪的书中顺带提到了高客传媒还有其他敌人。这些人中包括影响力越来越大的查尔斯·约翰逊，他与年轻的另类右翼运动成员过从甚密。这场运动既充满恶意和愚蠢，又危险至极。该运动的成员跟种族主义甚至纳粹主义眉来眼去，激怒了自由派，其领导人则利用社交媒体攻击所有他们认为属于中左翼主流的人，其中包括民主党人士、"黑人的命也是命"运动分子及相当一批高客传媒的写手。蒂尔宣称这帮家伙也让他感到十分厌恶，他对霍利迪说："就是这些人，不是说他们愿意以意识形态的名义做任何事情……看似相同的就是这个虚无主义——一副根本没有意识形态的面具。"霍利迪指出约翰逊也曾起诉高客传媒，但称他为"与彼得·蒂尔毫无瓜葛的"几个人之一。

这即便不是谎言，也是一种非常谨慎的遁词。在现实中，约翰逊和蒂尔关系密切已近十年，而且时至今日，约翰逊已是一个重要的政治顾问和知己，还即将在针对高客传媒的行动中承担角色，其重要性可以说与德索萨不分伯仲。他们初次相见是在2008年，当时约翰逊还只是一名19岁的大学新生，两年后，在保守的克莱蒙特研究所举办的一次会议上，他们建立了联系。像蒂尔的许多追随者一样，约翰逊才华横溢，但好斗、喜欢长篇大论，并对周围的自由主义世界感到愤愤不平。

约翰逊在中产阶级聚集的马萨诸塞州米尔顿长大，那里是波士顿城外的郊区，他获得了当地一所预科学校的部分奖学金。他在米尔顿高中学习成绩优异，该校是当地每年学费为2.5万美元的常春藤盟校的新生输送者。（现在这个学费价格已经翻了一番。）这一转变并不容易。他认为自己是跻身在银行家子女中的平民小子，也许正因为如此，他采取了一种强烈的、对抗性的保守主义，这是《斯坦福评论》的读者都熟悉的。

在学校曲棍球队的 5 名队员因与 15 岁的高中二年级学生发生性关系而被开除后,约翰逊在学校大会上为他们辩护。他还引发过另一场丑闻,当时,他在一个网上论坛为比尔·贝内特的有关言论辩解。2005 年,蒂尔在教育部的这位老上司曾建议医生们"将美国所有的黑人胎儿都流产"(贝内特狡辩说这只是一个思想实验,而不是严肃的政策方案)。令人难以置信的是,在因 O.J. 辛普森被判无罪而出名的哈佛法学院教授艾伦·德肖维茨来校演讲之后,约翰逊居然和他成了朋友。

从米尔顿高中毕业后,约翰逊进入了克莱蒙特麦肯纳学院,这所位于洛杉矶郊外的文理学院以培养右翼知识分子而著称。在那里,约翰逊开设了博客"克莱蒙特保守党",并逐渐确立了校园右翼煽动者的身份。有一次,他在一个网上论坛发表的有关同性婚姻的评论被该论坛的学生版主删除,他说这个名叫罗斯·布默的学生版主就是同性恋,所以才会带有偏见。布默认为这只是一次尝试,因为他的家人不知道他的性取向。当《琼斯夫人》杂志报道这件事时,约翰逊说他以前并不认识布默,布默的情况对其同龄人是公开的,却瞒着家人。约翰逊说,他的同班同学"像同性恋一样在校园里到处乱跑"。多年后,约翰逊告诉我,他对这件事感到后悔,觉得这件事被放大了。在这些年里,约翰逊还将自己沉浸在保守的知识分子生活中,参加专门讨论斯特劳斯和马基雅维利著作的研讨会。正是在他大三即将结束时的一次研讨会上,他第一次与彼得·蒂尔进行了长时间的深入交谈。在一次酒宴上,他们讨论了对精英机构,尤其是自由派大学的共同敌意。

约翰逊毕业后和蒂尔一直保持着联系。他定期为塔克·卡尔森的保守派新闻栏目《每日传讯》撰稿，并出版了一本关于卡尔文·柯立芝的书。此时，约翰逊在右翼圈子里的影响力已经上升到如此高度，以致卡尔森、参议员特德·克鲁兹及为布什政府在伊拉克战争中实施的酷刑辩护的律师柳约翰等人都纷纷发声为其背书。约翰逊终于创立了属于他自己的网站 GotNews，有点儿右翼的"高客传媒"的意思，他在此引发了针对迈克尔·布朗案的一大反转，这位18岁的黑人男子在未持有武器的情况下被一名警官开枪射杀于密苏里州的弗格森，引起了一波"黑人的命也是命"的抗议。约翰逊起诉圣路易斯县，要求其提供未成年人法庭记录中涉及布朗的内容，但这一请求被拒绝，因为法官说布朗并不存在重罪记录。此外，约翰逊还搜集了显示布朗有"暴力倾向"的截图。他声称自己的信源人士说布朗是黑帮成员。

2014年年底，约翰逊报告说，《滚石》杂志上一篇描述弗吉尼亚大学一起所谓的轮奸案的文章存在缺陷，而且没有证据。当年12月，他打破了新闻和执法部门长期以来的禁忌，公布了受害者的全名并附上了一张照片，他说这张照片是她在一次反性暴力集会上的照片。约翰逊似乎没弄错名字，但照片看走眼了，照片上的并不是受害者。他为照片的事道了歉。

这引起了高客传媒的注意。就在约翰逊曝光上述受害人姓名之后不久，高客传媒就以"约翰逊是干啥的，为什么这样？"为题发帖，将他说成"互联网上最糟糕的记者"。六天后，该网站又发布了一篇帖子，其中包括一系列传言，约翰逊全部予以否认，这些传言来自匿名人士。这篇帖子试图让约翰逊尝一尝"以其人之道还治其人之身"的讽刺味道，其中一篇声称他在大学宿舍的地板上大便，另一篇指他有兽交行为。"没有证据表明，约翰逊在2002年因把一只羊绑在栅栏上奸淫而被捕，"高客传媒的记者J.K.特罗特写道，"然而，约翰逊就是那种家伙，随便什么人都会针对他编造和散布谣言。"

约翰逊在推特上向高客传媒宣战，猛烈地攻击特罗特和丹顿。"你们肯出多少钱来结束一个自由主义记者的职业生涯？"他一度问道。他执迷于这项事业，即谴责高客传媒毁掉了他的婚姻，并向朋友们保证他一定会以牙还牙地干掉这家媒体。"我讨厌他们！"他说。2016年年初，在高客传媒从与普京关系密切的亿万富翁维克多·维克塞尔伯格那里筹集到资金之后，约翰逊发布说高客传媒与俄罗斯情报部门有联系。大约就在此时，蒂尔的老朋友、20世纪90年代末曾在蒂尔的对冲基金工作的杰夫·吉西亚通过推特与约翰逊取得了联系，告诉他应该和彼得·蒂尔好好谈谈。

他们第二次共进晚餐是在蒂尔的旧金山家中，坐在桌边的还有布莱克·马斯特斯和其他几位蒂尔的员工，约翰逊一眼看出了玄机。"你在资助各方起诉高客传媒。"他说，眼睛直视蒂尔的眼睛。

"我……"蒂尔磕磕巴巴地说，脸涨得通红，也承认了，但请约翰逊保守秘密。约翰逊告诉他，自己也想加入。"这个我在行！"约翰逊说。

两人同仇敌忾，见面和交谈更加频繁。在对抗高客传媒的行动中，约翰逊成为第二大助力。在蒂尔位于洛杉矶和旧金山的家中，他们时常在一起吃晚餐和早餐，通电话——有时一打就是好几个小时。蒂尔觉得约翰逊既可怕又有趣。每当约翰逊大嗓门地描述他幻想的尼克·丹顿之死，或者解释彼得为何应将"20岁以下20人"计划改为"20岁以下20个100万"计划，又或者他是多么不在意"蒂尔江湖"的其他成员时，蒂尔就会说："查尔斯，你简直太绝啦！"

约翰逊当然也可以像蒂尔的其他跟班那样奉承他,他管他叫"蒂尔老师",但又不像"蒂尔江湖"里的其他圈内人,他更愿意当面让蒂尔出丑。约翰逊会对彼得说,科技公司都是寄生的,也就是指那些蒂尔建立起来的公司及他圈子里的所有人尊敬的公司。当蒂尔阐述完一个观点时,约翰逊会告诉蒂尔说他简直就是在"胡说八道",而疯狂的是,蒂尔对此似乎并不介意。

蒂尔身边的许多人很担心约翰逊的网络形象会在公开场合伤害到蒂尔,但他们更有可能是对约翰逊的影响力越来越大感到愤愤不平。尽管反击高客传媒的行动在名义上仍然由德索萨负责,但约翰逊开始提倡更强硬的策略。

与德索萨"一丝不苟地坐实案件,并不惜一切代价保守蒂尔的秘密"的计划不同,约翰逊更倾向于开打"全面战争"。他在社交媒体上嘲讽奚落高客传媒的高管们。高客传媒的总法律顾问希瑟·迪特里克在一次和解谈判中情绪失控,指出如果霍根把高客传媒搞垮了,大家都会丢了工作的。这个说法当然不成立,也不知怎么的,有些话传到了约翰逊耳朵里,于是他在推特上表示,听说高客传媒的律师一直在哭。

有了蒂尔撑腰,约翰逊开始在全美各地奔波,寻找任何被高客传媒欺负而愤愤不平的人和地方。其中包括《商业内幕》杂志前高管帕克斯·迪金森,在高客传媒的记者挖出其在推特上常以粗鲁的方式攻击女权主义及警醒文化后,他被解雇了。迪金森曾在一篇推文中使用侮辱非裔美国人的单词,并在一篇深情回顾蒂尔论文的推文中写道:"女性选举权和个人自由是不相容的。"对约翰逊有潜在帮助的还有霍安·同-代特,他是一位年轻的互联网开发人员,后来成为勇于挑战极限的企业家。高客传媒不仅当众嘲笑霍安创建的应用是垃圾,还拿他在推特上的自我介绍说事,指他把自己称为"无政府主义的变性人"。用欧文·托马斯的话说,他就是"典型的旧金山软件开发人员"。约翰逊跟霍安成了朋友,顺带还有迈克·切尔诺维奇,他也是一个保守派,高客传媒攻击他支持所谓的男性权利运动"别再当基佬了!"切尔诺维奇曾在推特上写道,"谁会在乎乳腺癌和性侵?反正我不会。"切尔诺维奇在约会性侵问题上的立场与蒂尔和戴维·萨克斯在《多元神话》中表达的观点大致相同,但他后来删除了这条推特,转而关注起政治来。

  蒂尔对约翰逊行动主义的个人风格非常满意,乐意向他提供资金支持。约翰逊被推特禁言的原因是他提议为一个项目筹集资金,目的是要揪出"黑人的命也是命"运动的组织者德雷·麦克森,他创建了众筹网站 WeSearchr,与同是众筹网站的 Kickstarter 不同,WeSearchr 宣扬自己是不受监管的,因此对另类右翼的内容完全开放。大约在这个时候,蒂尔给了他一张 10 万~20 万美元的支票。约翰逊说,这只是一份礼物,算不得投资,但对蒂尔来说,这就是一种尴尬。后来,约翰逊在红迪网上表示,犹太人在大屠杀中死亡的人数远低于 600 万,随即引起了人们的关注。而且,他的众筹公司将帮助新纳粹主义网站"每日冲锋"筹集 15 万美元。就像 1992 年的拉布瓦一样,约翰逊说这两起事件都是挑衅,就是想检验一下言论自由的底线。他在红迪网上的评论是一场表演,旨在确定该网站是否会审查其用户;他的众筹网站对所有意识形态开放。约翰逊说,这两件事都并不反映其真实的信仰。

  这种怪诞的形象让蒂尔感到不舒服,但它也带来了好处。第二年,就是约翰逊把蒂尔带进了唐纳德·J.特朗普的圈子。

蒂尔从未完全接受另类右翼。"他认为这些人都是失败者,"约翰逊说,"但他也发现他们很有趣,甚至可能还有潜在的价值。"2015年,蒂尔与马库斯·爱泼斯坦建立了友好关系。爱泼斯坦是致力于反对种族多样性的活动组织"西方文明青年力量"的创始人,也是极右翼网站 VDARE 的写手,该网站 2005 年左右在克莱瑞姆的员工中很受欢迎。爱泼斯坦还成立了另一个组织——罗伯特·A.塔夫脱俱乐部,成员包括著名的白人民族主义者凯文·迪安娜和理查德·斯宾塞。爱泼斯坦坚决否认自己的文章是种族主义的,但是在 2007 年的一个晚上,他在华盛顿特区散步时偶遇一名黑人女性后辱骂她。然后,他靠近这名女子(她的姓名由警方保密),根据一份法庭文件表述:"辱骂后,他用空手道招式劈砍了这位女士的头部。"爱泼斯坦提出了所谓的阿尔弗德抗辩,本质上是承认案件,但不承认罪行。

2016 年年中,蒂尔与迪安娜共进晚餐,迪安娜是塔夫脱俱乐部的共同发起人,也是在 VDARE 上发稿活跃的写手。南方贫困法律中心认为迪安娜是白人民族主义运动重要的"意识形态设计师"。在此前后,约翰逊安排蒂尔与米洛·扬诺普洛斯会面,此人是布赖特巴特新闻网的科技编辑,因帮助推动玩家门事件而出名,该事件导致新闻和电子游戏领域的几名女性受到骚扰。

蒂尔拒绝与理查德·斯宾塞见面,斯宾塞可能是这个小集团中最臭名昭著的成员。2016 年,他曾带领一群人搞了一场胜利万岁礼式的致敬仪式,口中高喊:"特朗普万岁!我们的人民万岁!"约翰逊说:"彼得不是纳粹,但也许是纳粹好奇者。"他后来跟我说自己有点儿故弄玄虚了，其实就是想说蒂尔的知识分子兴趣十分广泛。蒂尔的另一位朋友给出了类似的评价，指出尽管蒂尔会见了另类右派成员，但会面很少有深入的进展。这个人说："另类右翼的支持率正在上升，他与这些人见面对我来说一点儿也不奇怪，反而更能说明接下来会发生什么。"

但蒂尔的亲密助手、蒂尔资本早期的员工杰夫·吉西亚认识斯宾塞。据《赫芬顿邮报》报道，吉西亚向斯宾塞的非营利组织国家政策研究所捐赠了 5 000 美元。前白人民族主义者凯蒂·麦克休后来成了"吹哨人"，称吉西亚是一本广为流传的指南《如何资助另类右翼》的作者，该指南列出了不少团体，其中包括斯宾塞的团体及"每日冲锋"，并解释了对捐款保密的方法。吉西亚否认写过这本指南。

在这段时间里，蒂尔也与柯蒂斯·雅文走得更近，雅文成为另类右翼的御用哲学家。2014 年年末，理想主义少年约翰·伯纳姆与雅文就他们的 Tlon 公司的管理发生了商业纠纷。三年前，伯纳姆还是蒂尔奖学金项目的代表人物之一。2014 年雅文提起的一项诉讼称，尽管他们是权利平等的合伙人，而且伯纳姆还是公司的首席执行官，雅文还是想要解雇伯纳姆。在为自己的理由辩护的法律文件中，雅文说伯纳姆承诺，如果有人要求，他将随时辞职。他还指出，当他们创建公司时，伯纳姆缺乏经验，而且"几乎没有接受过大学教育"。

从蒂尔奖学金项目的角度来看，这是一种奇怪的抱怨。毕竟，没有大学学历，尤其是对伯纳姆这样一个与蒂尔密切相关的企业家来说，完全是可取的。但当伯纳姆拒绝离开时，雅文的投资者小组，包括蒂尔和另一位自由意志主义风险投资家巴拉吉·斯里尼瓦桑在内，站在了雅文一边。伯纳姆于 2013 年 10 月被从 Tlon 公司办公室调离。一个月后，雅文与蒂尔和其他投资者分享了他所谓的"约翰灾难"的拯救计划，即剥夺伯纳姆在该公司 50% 的股权。伯纳姆最终离开了这家公司，诉讼也被撤销。

但这一事件与扎克伯格解雇爱德华多·萨维林类似，不说别的，首先就肯定有损于蒂尔帮助保护创始人权利的声誉。他不仅是赶走一位创始人行动的同谋，而且伯纳姆还是他年轻的门徒之一。人家放弃了大学，甚至放弃了一切，只为和这位伟人一起追逐梦想。然而，蒂尔竟然站在了雅文一边，而雅文是一个拥护奴隶制的人。或许这也是蒂尔真正的信仰？难道他真有什么信仰吗？

第 14 章

未来主义的后备计划

当地人称之为"等离子屏屋",它被嵌入在皇后镇的山上,可以俯瞰世界上最美丽的地方之一——瓦卡蒂普湖,这是一个很深的冰川水体,一直伸入新西兰崎岖不平的南岛山脉。"等离子屏屋"这个称谓源自该房屋的突出特点:一个长度 15 米左右的落地窗,从外面看有点儿像一块巨大的平板电视屏幕。彼得·蒂尔买下这幢房子后又增加了一样东西:避难密室。

他在世界各地都有家宅,日本,巴西,美国的纽约、旧金山、洛杉矶,生活得很滋润。除了不断的人际交往,蒂尔还参加聚会。这些并不是充满渴望的企业家们摩肩接踵的"绝望之夜";两名知情人士透露,这些人都是暴怒之徒。虽然不清楚蒂尔参与这些纵欲狂欢到什么程度,但当时他仍在和丹泽森约会。他往往会带着一群帅气的年轻男子随行,然后就消失在某个密室中。

他在新西兰的房子,以及后来在往北约 65 千米购置的大约 2 平方千米的农田,并不是用来开派对的;正如避难密室本身就表明的那样,这一切都是为了避祸逃生。与其社交圈子中的许多人一样,蒂尔也多少是个"有备者"——这个词专门用来描述那些相信世界或者至少文明的末日会在其有生之年到来的人,所以他们囤积黄金和武器,有的时候就放在地下的保险密室里。换句话说,这是另一种对冲,而新西兰地处偏远,通行英语,而且当时的政府是由一位富有的前外汇交易员约翰·基领导的右翼政府,所以对于一位有偏执倾向的保守派亿万富翁来说,这里就是一个极具吸引力的目的地。蒂尔要找的不只是一个地堡,他想要一个后备国家。

但蒂尔在公开场合对此从未吐露半个字。就连在那次和泰勒·考恩一起做问答活动时,尽管当时已经说到新西兰,他也压根儿没提到他的新西兰国籍。他成为美国军方重要的软件供应商,并且是极右翼政客的赞助人,这些政客抨击周游全球的精英,这在非逆向投资者看来可能是前后矛盾的。另外,抛弃美国的想法在"蒂尔江湖"中已经流行多年。这为蒂尔在 PayPal 的大部分工作奠定了基础,PayPal 承诺所有人的瑞士银行账户都无法追踪,并预示着更广泛的"对民族国家的侵蚀"。当然,这也是"海上家园"的基础之一,那些"海上家园"的支持者都希望他们那锚浮于公海之上的定居点可以为居民提供避税庇护(以及为制药公司希望在不受监管的情况下进行人体实验提供总部基地,当然还有许多其他想法)。

蒂尔从 1997 年的《主权个人》一书中了解了这个概念。这本书是他最喜欢的书之一,建议精英们寻求外国公民身份,把自己从国家意识的过度负担中解脱出来。这本书的影响在蒂尔的朋友巴拉吉·斯里尼瓦桑的一次访谈中也有所体现。斯里尼瓦桑是一位自由意志主义风险投资家,曾与蒂尔一起投资过柯蒂斯·雅文的公司。2013 年,在 Y Combinator 为年轻企业家举办的一次活动上,斯里尼瓦桑曾将"民主参与"（即他所说的"发声"）与离国或移民（也可称"退出"）区分开来。他提倡听众考虑后者，通过创办能够成功抵制监管的公司，甚至完全离开自己的国家，来摆脱自己身上的传统公民身份的束缚。

蒂尔的退出计划始于 2010 年，当时他开始对新西兰高新技术规模很小且相对鲜为人知的状况产生兴趣。那一年，这位"PayPal 黑帮"的大佬向惠灵顿一家名不见经传的会计软件制造商投资了 300 万美元。《商业内幕》杂志一位友好的记者出面解释说，蒂尔喜爱新西兰，而且"显然会长期待在新西兰"。这篇文章称，蒂尔正在启动一个新西兰风投基金 Valar Ventures，以寻找更多的交易，所有这些都是他把这个国家变成其梦想的自由意志主义乌托邦的计划的一部分。2011 年 4 月，蒂尔开出一张 80 万美元的支票，用于基督城地震灾民的救援工作。这两项投资和捐款都不符合蒂尔的性格，他很少会把钱花在商业软件上，而且迄今为止他的几乎所有慈善行为都是明确地跟意识形态有关。（卡特里娜飓风造成的死亡人数是基督城地震的 10 倍，如果说他曾为新奥尔良的灾后重建工作提供援助，那他也一定是私下做的。）2011 年夏，蒂尔飞往奥克兰参加一个由政府支持的、非营利组织举办的会议，该组织致力于支持新西兰的创业精神。具有讽刺意味的是，蒂尔 14 分钟的演讲聚焦于全球化的危险，这是这次活动的核心。

现在回想起来，蒂尔对新西兰及其高新技术领域的兴趣似乎并没有那么真诚。尽管有《商业内幕》杂志的报道，但 Valar Ventures 在新西兰并没有员工，而是由一群忠实亲信在管理，其中包括他交往多年的男友马特·丹泽森，以及创办了 Frisson 并在其对冲基金工作的助理安德鲁·麦科马克。当时，蒂尔正在秘密推动新西兰政府准许他成为该国公民。新西兰拥有世界上最开明的移民法，允许技术工人或任何拥有200万美元以上投资资本的人无限期居留。但要获得完全的公民身份，通常需要有移居新西兰的意向，并要在该国停留很长时间，还要遵守执行蒂尔根本无意遵守的规定。因此，在6个月的时间里，他的律师极力游说新西兰政府，考虑以他最近的投资和慈善记录来折抵相关的法定要求。于是，蒂尔并没有像通常要求的那样在这个国家待够1 350天，而是只待了12天。

移民官员起初对这一大胆的要求感到吃惊，但在蒂尔和新西兰总理约翰·基坐下来交谈后，他们最终还是同意了。另外，其他政府高层人士也与蒂尔进行了会谈，确保蒂尔同意向一家政府支持的创业资本基金投资。在一个秘密仪式上，这位未来的"美国第一"的民族主义者将在美国圣莫尼卡的新西兰领事馆内宣誓效忠新西兰。

这实际上是蒂尔对这个国家求爱的终结。Valar Ventures只在新西兰进行了一次投资，并且从未在那里开展过其他业务。蒂尔最终执行了他在这个政府基金所持股份的收购条款。正如《新西兰先驱报》所言，蒂尔"像幽灵一样消失"在他的新祖国。

在新西兰，为蒂尔快速办理国籍身份的决定将被视为一件丑闻，证明该国实际上是向一位外国亿万富翁卖了护照。在美国，这被解释为蒂尔有备者冲动的表现。记者们写了一些报道，想象他可能会在他新获得的土地上建造地下掩体。然而，那些非常了解他的人怀疑，真正的原因怕是与核战争、疾病大流行或革命的前景并没有什么关系，而只关乎蒂尔最害怕的东西——美国政府。

对外而言，蒂尔从未像现在这样成功过；从内部来看，他的帝国却很脆弱。2014年，风险投资及其资助的科技行业正在发生变化，这对蒂尔构成了威胁。蒂尔的财富在很大程度上是这样获得的，一方面是培植一个"PayPal黑帮"网络，另一方面利用他的口才和逆向投资本能扩大影响力，而这也为他赢得了接触最有前途的初创公司的机会。但由于有了社交媒体，尤其是推特，建立网络和扩大影响力突然变得更容易，蒂尔也不再是唯一一个被年轻拥趸们追捧的风险投资家。与此同时，富达和老虎全球管理基金等公开市场投资者因受到私募市场的新产物"独角兽"公司增长潜力的吸引，突然开始争夺那些通常是硅谷风投专属领域的公司的股份。为了保持这种势头，同时不让自己在基金中获利丰厚的所有者份额缩水，风险投资家开始筹集越来越大的基金。蒂尔可以玩这个游戏，2014年3月，创始人基金公司为其第五支基金筹集了10亿美元，但与富达操控的2万亿美元相比，不过是九牛一毛。

然后还有政治。蒂尔对奥巴马既鄙视又害怕，而奥巴马之所以赢得大选，根本原因是其竞选活动在某种程度上迎合了多元文化主义，蒂尔认为这具有侵蚀性。上任之后，奥巴马推行了一系列政策，包括医疗体制改革和拯救经济，用政府的资金救助银行、支持汽车制造商，同时向消费者提供刺激经济的支票。奥巴马还策划了经济救助计划，避免了经济崩溃，却导致了克莱瑞姆资本的崩溃。让情况更糟的是，在希拉里·克林顿明确为下任总统候选人的情况下，奥巴马总统的成功似乎能够更加持久。尽管在蒂尔得以创立PayPal的那个经济繁荣时期就是希拉里的丈夫在担任美国总统，但她对蒂尔的利益表现出了比奥巴马更强烈的敌意，人们认为她会对科技公司进行反垄断审查，并提高资本利得税税率。正如蒂尔在2013年国家评论研究所的一次活动上所说，他感觉"上层阶级和极端贫穷的人在两面夹击中间阶层"，尽管不切实际，但他似乎认为自己属于中间阶层。

蒂尔有理由对此耿耿于怀。在 2012 年总统大选期间，米特·罗姆尼曾透露自己的个人退休账户中有 1 亿美元，这对大多数美国人（甚至一些私募股权界人士）来说是惊人的数字，他们很难想象一个人怎样做才能积累这么多钱，因为政府限定每年往账户中注资不得超过 3 万美元。负责监督奥巴马政府汽车业救助计划的资金经理史蒂芬·拉特纳当时指出，和他一样通过私募股权投资而致富的罗姆尼，似乎以道德上可疑的方式把"极限推到了边缘"。"我问过私募股权公司的同行，"拉特纳告诉美国有线电视新闻网，"我们甚至都不知道这是一个可行的伎俩。"罗姆尼是如何做到这一点的呢？答案就藏在对《大西洋月刊》的威廉·科汉所说的私募股权的"炼金术"的理解之中，即假设投资者选对了投资的公司，他们只需要少量的资本投入就能获得巨大的回报。

蒂尔当然明白罗姆尼的"伎俩"，但他积蓄的金钱比罗姆尼要多好多倍。罗姆尼使用的是传统的个人退休账户，这意味着他从该账户提款要作为普通收入纳税，而蒂尔使用的是罗斯个人退休账户，这意味着当时他是在更严格的每年注资不得超过 5 000 美元的限制下这样做。这同时也意味着他不用缴更多的税。据四位熟悉其财务结构的知情人士透露，蒂尔的罗斯个人退休账户里至少有 35 亿美元，还有可能更多。当他年满 65 岁后取钱时，这些钱都是免税的——只要政府不改变规则就行。

在蒂尔的关系网中，许多人认为这是一桩正在演进的丑闻。罗斯个人退休账户创立于 20 世纪 90 年代末，是经共和党占主导的国会通过并由克林顿总统签署的一系列减税政策的组成部分。作为"与美国的契约"的一部分，众议院议长纽特·金里奇试图在削减资本利得税的同时平衡预算，但这需要在其他地方增加收入，因此就有了罗斯个人退休账户。它允许投资者将传统个人退休账户转换为罗斯个人退休账户，只要他们事先缴纳税款。这就是蒂尔能够最终拥有一大笔免税的储蓄金的原因。

罗斯个人退休账户在创立之初就受到了人们的欢迎，但在奥巴马的第二个任期内受到了越来越多的审查，总统曾多次提议限制往罗斯个人退休账户的注资。与此同时，2014年，美国政府责任办公室发布了一份报告，宣布它已经确定了大约314名纳税人的个人退休账户余额超过2 500万美元，还特意提到"某些公司的创始人通过使用个人退休账户来投资其新成立公司的非公开交易股票"。也就是说，他们和蒂尔在 PayPal 做的事情一模一样。报告指出，美国联邦税务局计划调查这些资产，并建议国会通过法律打击这种做法。不久之后，蒂尔告诉一位朋友，他正在接受美国联邦税务局的审计。

他从未受到制裁，对他的审计显然没有发现任何非法的内容，但这似乎让他变得偏执。正如蒂尔投资脸书和帕兰提尔那样，投资那些能成为创始人或关键投资者之一的初创公司，理论上是没问题的，因为蒂尔小心地将自己的持股比例控制在50%以下。但这种做法是灰色地带中的灰色地带，每个人都知道蒂尔对这些公司有着巨大的影响力。

只要美国联邦税务局改变关于公司控制规则的解释，就能迫使蒂尔按其罗斯个人退休账户中的全部30亿美元或更多的资金缴税。又或者，投资公司里心怀不满的前合伙人可能会引人关注蒂尔对他的公司施加的影响到底有多大，以至于让这种影响看起来像是控制。熟悉相关政策安排的人士透露:"哪怕蒂尔违反了一条规则,或脚踩在了错误的方向上,政府就可以对他的这一块整体征税。"

这是很可怕的,据几位和他长期共事的员工说,对于税收政策的变化或联邦税务局执法方式的转变,蒂尔的应对能力极其薄弱,这一点似乎受制于他与周围人的所有关系。有人说,这是唯一的压倒性因素,他似乎总是在担心,怕一些前同事或朋友会跟他反目,因此,他倾向于通过慷慨地为前员工创办的基金开出支票,诱使他们不要这么做。

如果较真的话,那就正如他的一位密友所说,蒂尔其实是"深深寂寞的"孤家寡人。作为一个依靠关系网成就事业的人,蒂尔与他人几乎没有真正的友谊,也没有任何与其职业生活完全不相关的人际关系。蒂尔相恋多年的男友马特·丹泽森不仅是他的伴侣,还和其身边几乎所有人一样,也是他的员工。"蒂尔江湖"的一名成员注意到,丹泽森和蒂尔在公共场合似乎有意拉开距离,很少站在一起,也很少牵手。

在日常管理层面,蒂尔的焦虑对他所投资的公司几乎没有直接的影响。帕兰提尔的基层员工,甚至是创始人基金的员工,对蒂尔的那些政治痴迷考虑得极少,如果说还有人想过的话。但蒂尔帝国[①]的本质是,蒂尔的感情有一种向下沉淀的趋势,即使他没有直接控制。这就是帕兰提尔正在发生的事情,该公司急于寻找一种方式来证明自己的高估值是合理的,仿佛是对蒂尔的脆弱感做出了回应。这样一来,便会进一步加剧这种脆弱感。

---

① 蒂尔帝国里的人将自己的信仰和行为塑造得与他一样,并将他的认可视为自我价值和未来前途的核心。

表面上，帕兰提尔是蒂尔的纯种"独角兽"，是他长期财务成功的关键，也是他作为杰出的未来主义者的声誉之源。帕兰提尔的故事众所周知，它也因此备受钦羡，据说正是其超级机密的技术追踪到了本·拉登，而且其创始人是美国最前沿的公共知识分子。2013年年底，帕兰提尔以90亿美元的估值融资超过1亿美元，是当时走红的初创公司优步的身价的3倍。蒂尔挑选出来担任帕兰提尔首席执行官的亚历克斯·卡普正凭借自己的实力成为商界名人。同年早些时候，《福布斯》推出过一篇浮夸的文章，将卡普描述成硅谷坏男孩，一个吹嘘会去"肮脏的"柏林夜总会的"离经叛道的哲学家"，他还强烈暗示自己偶尔吸大麻，而他恰好管理着一家大型数据公司。有些名言出自著名将军之口，戴维·彼得雷乌斯告诉《福布斯》："当需要更好的捕鼠器时，这就是一个更好的捕鼠器。"这篇文章还提到了一个庞大的、不断增长的公司业务线。《福布斯》称，帕兰提尔"正从间谍和特种部队的阴影世界中崛起，迅猛席卷美国企业界"。

这一切都让帕兰提尔的员工感到惊讶，因为他们知道摩根大通已经基本停止使用该技术。事实上，卡普和"盗梦空间"团队达成的大多数大型公司交易都以失败告终。"基础非常不稳，"2013年加入帕兰提尔以协助在欧洲建立新业务线的阿尔弗雷德斯·奇美柳斯卡斯说，"我们一无所有，那真是让人感到绝望。"直到我在奇美柳斯卡斯位于西班牙农村的家中找到他之前，他从未公开谈论过这种绝望的影响，他告诉我的故事揭示了蒂尔崛起过程中最奇怪的一章：剑桥分析丑闻。

帕兰提尔被卷入这家英国公司意欲操纵2016年美国大选的个中缘由其实就是这种绝望。帕兰提尔的主要产品Metropolis最初由克莱瑞姆资本孵化，但用一位高管的话来说，这就是"一场灾难"。该产品旨在帮助对冲基金经理根据价格或历史天气报告等大数据建模。为了开发为摩根大通分析抵押贷款的软件，帕兰提尔不得不对其进行普遍修改，并派遣一支靠前部署的工程师队伍进驻摩根大通来维护代码，他们更像是技术咨询员，而不是硅谷的产品开发人员。要想定制Metropolis，比如跟踪大公司供应链所需的原材料，就需要做出更大的调整，而且似乎永远达不到卡普推销术的魔力。"做当然也能做到，但需要付出很多努力，"一名前工程师表示，"有点儿像一头跳舞的熊。"

帕兰提尔的政府产品效果稍好一些，但该公司在这一领域也是举步维艰，尤其是跟美国陆军和奥巴马政府内部最重要的决策者打交道。诚然，情报机构和少数特种部队喜欢该软件，但陆军作为美军中最大的一支，以及帕兰提尔最大的潜在收入来源，并没有表现出要放弃为其开发了主要数据库软件分布式通用地面系统的承包商的意愿。事实上，在2013年的国会听证会上，陆军参谋长雷蒙德·奥迪尔诺对帕兰提尔的最高政治盟友、加利福尼亚州众议员邓肯·亨特大发雷霆，因为亨特曾暗示，陆军不允许他们购买帕兰提尔软件就是对不起战场上的士兵。

"我听腻了别人对我说'我不关心我们的士兵'！"奥迪尔诺将军提高了嗓门说。他还为分布式通用地面系统辩护，称它比2003年他在伊拉克当师长时使用的技术有了极大的进步，并说亨特根本就不懂。奥迪尔诺将军的这一说法让亨特看起来一脸错愕，并在国防圈内迅速传开。《陆军时报》的头条标题就是"奥迪尔诺在国会听证会上发飙"，陆军部长约翰·麦克休也替奥迪尔诺辩护，称亨特的分析"不正确"。

"奥迪尔诺发声之后，将领们团结一致，这下永远地改变了局面。"某位参与帕兰提尔在五角大楼项目工作的人说。在之后的几年里，在准备就 80 亿美元潜在价值的新版本分布式通用地面系统公开招标之际，陆军开始释放信号，表示其打算雇用一家传统国防承包商来构建定制的系统，而不是向帕兰提尔这样的商业供应商购买软件。

这对帕兰提尔来说不啻灾难性的转变，它会被挡在外面，甚至连投标合同都提交不了。该公司试图通过其在国会的盟友（包括亨特）来施加压力，并通过蒂尔的朋友格伦·贝克的媒体公司播出了一部纪录片《全副武装和不负责任》，声称政府不购买帕兰提尔的软件就是腐败的证据。这些努力并没有起作用，帕兰提尔的高管们便开始考虑一种可能性，即他们不得不放弃争取成为政府主要承包商的想法，从而将自己重塑为一家咨询公司。但由于风险资本家认定软件公司的价值要远高于咨询公司，所以采取这种行动（尽管它是拯救帕兰提尔以维持其经营的必要之举）会抹掉一大块公司估值和蒂尔的净资产。

2014 年，卡普停掉了公司在美国的商业业务，掉头转战欧洲，在那里帕兰提尔的品牌和缺点鲜为人知，他悄悄地要求高级工程师们将 Metropolis 的代码全都扔掉，重新打造一个替代品。他的计划是借助公司在情报工作方面的声誉，以及卡普和他所雇用的人的魅力，重点将 Gotham 这款情报机构曾经购买过的软件，推销给欧洲的大型工业公司。

这就是阿尔弗雷德斯·奇美柳斯卡斯的切入点。他和卡普及其他许多进入蒂尔圈子的人一样，都是特立独行的。他出生在苏联时期的立陶宛，1999 年到西方上大学，和蒂尔一样，在进入学术界并攻读经济学博士课程前，他在 2005 年左右创办了一个宏观对冲基金。他是政治上的不可知论者，一头乱发，渴望冒险。他很快得出结论——帕兰提尔的软件存在缺陷，但他很接受了该公司的文化，尤其是在推动其情报工作时培育出的神秘身份，他喜欢扮演间谍的想法。

卡普的一大特点就是随心所欲的自由精神，但这一点在欧洲并没有得到很好的发挥。在欧洲，高管们都期望商业伙伴遵循正式礼仪，而不是像在美国那样穿着运动装到处跑。奇美柳斯卡斯与卡普的合作非常密切，他表示自己参与到一项新的方案中，该方案在公司内部被称为"无赖小队"，这大致意味着做任何一定要做的事，甚至不惜挑战道德底线。蒂尔似乎对"无赖小队"并不知情，但奇美柳斯卡斯说帕兰提尔的高管们肯定都知道，而且无论如何，奇美柳斯卡斯遵循了"蒂尔江湖"最重要的法则之一：在必要时抛弃规则。帕兰提尔为其估值正名的行动出于同一种精神，而这种精神曾激励PayPal在蒂尔的领导下努力从危机中满血复活。

欧洲的一家大银行希望利用帕兰提尔的软件发现不遵守协议的交易员，在参与竞标这个项目时，奇美柳斯卡斯的团队开发出一个工具，可以让该银行的IT部门读取员工的电子邮件。这其实并不是最初竞标项目的一部分，原项目只涉及交易模式分析，并不包含情报搜集，而且这还有可能涉嫌侵犯个人隐私，因为帕兰提尔的软件很容易窥探个人问题，比如该银行的谁跟谁发生了不正当关系，但毕竟客户喜欢它。"当时我们什么都想试试，要怎么做都行。"奇美柳斯卡斯回忆道。帕兰提尔最终拿下了这项业务，这是其在欧洲的第一个大单。

换句话说，奇美柳斯卡斯行动迅速，并且打破了比他能想象的还要大得多的东西。由于帕兰提尔与美国中情局有合作，客户就想当然地认为帕兰提尔专门从事反间谍的活动，如果有生意可做，帕兰提尔也很乐意尽力满足对方的要求。"在与剑桥分析合作之前，我做过很多更见不得光的交易。"奇美柳斯卡斯说。

剑桥分析公司由英国贵族亚历山大·尼克斯创立，奇美柳斯卡斯于 2013 年首次与尼克斯见面。尽管名字听起来很有派头，但其实该公司与剑桥大学毫无关系，公司的办公室设在伦敦。但尼克斯的计划是推销在剑桥大学里酝酿出的那些点子，即利用人们在脸书上的数据来推测他们的性格类型。他将从极端保守的默瑟家族那里筹集资金。默瑟家族由通过定量对冲基金暴富的族长罗伯特及其女儿丽贝卡领导，默瑟家族是布赖特巴特新闻网的支持者，并为剑桥分析投资，期望用于选举政治，使政治运动可以扫描人们的社交网络资料，从而预测他们会投票给谁，然后就向他们推送广告，催促他们去投票。

尼克斯说他将以帕兰提尔为榜样来推动其设想，这使奇美柳斯卡斯立刻怀疑剑桥分析可能基本上就是忽悠人的，因为他很清楚帕兰提尔的软件并不总是像卡普大肆宣传的那样给力。不过，尼克斯对帕兰提尔的推崇使他颇具吸引力，奇美柳斯卡斯便开始培养他。奇美柳斯卡斯说自己这么做一方面是出于好奇，另一方面是因为他觉得剑桥分析有一天可能会成为客户。的确，2013—2014 年，两家公司讨论过合作，但帕兰提尔的高管们拒绝了，一位发言人后来说这是因为帕兰提尔并不想掺和政治。

即便如此，2014 年，奇美柳斯卡斯开始向尼克斯发送建议，告诉他如何最高效地搞到公司认为需要的数据。脸书不向外部营销人员出售数据，扎克伯格曾表示这是一个重要的原则问题，尽管部分原因可能是通过自家保留数据，脸书可以为广告商提供向其用户推送精准定向信息的独家能力。尼克斯原先计划从剑桥大学的两位教授迈克尔·科辛斯基和戴维·史迪威那里购买或争取授权使用相关数据，这些数据都是他们在脸书上合法收集的。脸书允许以研究为目的进行数据收集。但当两位教授要求其支付 50 万美元，外加剑桥分析一半的产品时，尼克斯就决定一分钱也不付。

奇美柳斯卡斯提供了一个替代方案：为什么不创建另一个类似脸书的应用程序，然后通过收集使用者的个人信息及他们所有使用脸书的朋友的个人信息从社交网络中抓取数据呢？在接下来的几个月里，尼克斯采纳了奇美柳斯卡斯的想法并将其付诸实践。他没有去买科辛斯基的数据，而是找到另外一位研究员亚历山大·科根来创建一个应用程序，以大面积获取 8700 万美国人的脸书数据，最终目的是支持唐纳德·特朗普，而特朗普将靠使用精准定向的脸书广告来筹集资金和争取选民，为此他在这一社交媒体平台上花掉了大约 1 亿美元。

剑桥分析丑闻被尘封多年，直到该公司的吹哨人向《纽约时报》和伦敦的《观察家报》揭露了他们的所作所为后才得以曝光。从脸书获取的数据成功帮助特朗普获胜这件事一经披露，便引起轩然大波，尤其是在民主党人中，他们大骂扎克伯格。

这位脸书的创始人曾坚称，他的公司是剑桥分析窃取美国人数据的不端行径的受害者，但随着脸书董事会的一名成员涉及该丑闻的事实越发明确，他的这种说辞变得不那么有力。剑桥分析前员工克里斯托弗·怀利，即那位吹哨人说，他曾在剑桥分析的办公室里看到过帕兰提尔的工程师，他们在那里帮助剑桥分析进行登录操作并帮助构建另外的应用程序，比如科根设计的测试小程序，以便从脸书用户那里获取更多的隐私数据。假如脸书是受害者，而不是剑桥分析的主动同谋，那剑桥分析为什么要和扎克伯格的导师控制的公司合作呢？

奇美柳斯卡斯最终被解雇了，帕兰提尔说他是一个无赖员工，一直"完全以个人名义"工作。他告诉我这种说法在某种程度上没错，因为他在剑桥分析的工作没有被记录在案，也没有涉及更深，但同时也有让人误解的地方。他拿工资就是做这种业务开发的，而且事实上，帕兰提尔过去也曾使用社交媒体数据为其他客户服务，一直也没有受到任何政策的限制。是的，他是个无赖员工，但他做那份工作一直都是以半官方身份。他说："他们把我推下了车。"

这一切都无法解决帕兰提尔的各种潜在问题。时至2016年年初，该公司的困难，或推而广之，更有蒂尔的困难，已经被新闻界发现。据美国新闻聚合网站BuzzFeed 5月6日报道，帕兰提尔的很多主要企业客户最近纷纷与其解约，其中包括美国运通公司、可口可乐和纳斯达克。也就是在这个时候，蒂尔正秘密地试图安排将帕兰提尔出售给大型数据库提供商甲骨文公司，而从中牵线搭桥的是好莱坞大亨迈克尔·奥维茨，他与蒂尔和甲骨文的联合创始人拉里·埃利森都是好朋友。

这三个男人和另一位投资者马克·阿布拉莫维茨聚在一起吃了一顿午餐，但潜在的交易还是没有达成。然而，由于美国总统大选越来越热，蒂尔需要找到一个候选人来确保他的财富受到万全的保护，而且对购买帕兰提尔正在推销的软件持开放态度。卡莉·菲奥莉娜、特德·克鲁兹、兰德·保罗和不确定人选唐纳德·特朗普，这几位均不能完美地符合蒂尔一直在培育的反动思想。但在过去十年里，蒂尔一直在积累社会和政治资本，并构建了一个随时准备并愿意帮助他的极右翼政治盟友网络。他突然有机会使用了。

第 15 章

硅谷的政治时代

关于 2016 年美国总统大选的共和党候选人提名争夺战，蒂尔在其最初的评估中全力支持著名的科技公司高管卡莉·菲奥莉娜，她曾于 1998 年登上《财富》杂志刊有"最强势女性"专题那一期的封面，当时菲奥莉娜在美国朗讯科技公司担任高管，朗讯是美国电话电报公司剥离出来的电信设备业务版块。菲奥莉娜后来担任了惠普的首席执行官。她是唯一明白算法到底是什么的人，跟蒂尔灵犀相通。

但蒂尔并没有完全倾心于菲奥莉娜。2005 年，在极力推动惠普收购康柏之后，菲奥莉娜的商业职业生涯灾难性地结束了，当时个人计算机行业开始萎缩。这次并购被许多人视为现代史上最糟糕的商业交易之一，同时正好遭遇了几波裁员潮，总共有近 3 万人失去工作，其中包括菲奥莉娜，她当时已将自己重塑为一名主流的保守派共和党人。这使得她在贸易和移民等问题上比蒂尔更左倾。"他认为卡莉根本不可能胜选，"一位朋友说，"支持她不过是换一种方式说'我不选边站队'。"

2015 年 8 月，蒂尔向菲奥莉娜的超级政治行动委员会捐赠了 200

万美元，这促成了一笔巨额广告采购，加上她在辩论中的出色表现，从而推动了其民调结果的短暂上升。到 9 月，菲奥莉娜的支持率排名第三，落后于两位热门候选人——特朗普和神经外科医生本·卡森。在短时间内，她被视为共和党建制派有可能选择的人。9 月中旬，她的民调支持率达到了巅峰，而就在此之前，特朗普因对她的崛起大感慌张，而在《滚石》杂志上对她的外表进行了极尽性别歧视性的嘲讽。他说："你瞧她那张脸！难道有谁会投票给她吗？"

但到了 9 月底，当特朗普调低了厌恶女性的调门，转而攻击菲奥莉娜的职业生涯后，她的民调支持率陡然下跌。特朗普称她的职业生涯是"一场灾难"。当媒体随后对并购康柏进行详细的报道时，蒂尔本来应该是能够帮助她回应这些攻击的天然代理人。菲奥莉娜糟糕的工作表现是在残酷的高新科技低迷时期出现的，当时 PayPal 也差一点儿被扼杀。蒂尔本可以站出来证明这一点，但他拒绝追加更多的捐款，也不代表菲奥莉娜发声。她在艾奥瓦州的党团会议上只得到了 2% 的选票，在新罕布什尔州也只获得了 4% 的选票。

菲奥莉娜退出后，竞选很快就只剩下三名候选人：中间派俄亥俄州州长约翰·卡西奇、特朗普和特德·克鲁兹。当然，蒂尔和克鲁兹也有过一段交情，包括 2012 年支持克鲁兹竞选参议员时捐款。蒂尔钦佩克鲁兹，因为他身上也体现了一些存在于蒂尔自己与精英机构之间的矛盾。与蒂尔一样，克鲁兹也是常春藤盟校中的民粹主义者，普林斯顿大学培养了他对于自由主义精英和普通美国人之间阶级斗争的感知力，也与蒂尔一样，他曾就读于顶级法学院。2014 年，在接受《每日传讯》采访时，蒂尔对克鲁兹大加夸赞，将他与国会中典型的共和党人进行了正面的比较，他说："这些人的智商比另一方的人略低。"这一切让克鲁兹自然成为下一个选择。

继菲奥莉娜 2 月 11 日退出竞选后,蒂尔和查尔斯·约翰逊在达拉斯与投资者兼克鲁兹的财务主管哈尔·兰伯特共进晚餐。蒂尔曾经说他计划捐赠 100 万美元,支持这位得克萨斯州参议员,希望他能抓牢共和党内"拒绝特朗普"的党派人士的选票,赢得主流共和党人的支持,从而获得提名。但在这次晚宴结束时,蒂尔却并没有做出任何实际的支持举动。

"你在想什么呢?"约翰逊在喝酒的时候问道,此前,兰伯特在没有得到任何承诺的情况下就离席了。

蒂尔说,他在想奥巴马总统关于工薪阶层白人选民的那些臭名昭著的言论。"你去宾夕法尼亚州的一些小城镇看看,就像中西部的许多小城镇一样,那里的工作岗位已经消失了 25 年,也没有什么能填补这些空缺,"奥巴马 2008 年在旧金山的一次筹款活动上说,"于是人们的日子更苦了,他们只能倚靠枪支、宗教或对一切异于他们的人的反感,或者说用反移民情绪和反贸易情绪来解释他们的沮丧,这不足为奇。"

令人惊讶的是,蒂尔认同奥巴马的这一分析。事情不在于执着于枪支和信仰,而在于意识到两党在全球化问题上已无法达成共识。蒂尔说,美国人对贸易和移民感到愤怒,他们指责贸易和移民让他们变得更穷,在他看来,这完全正确。他们也对信息全球化感到愤怒,因为他们的文化更多地被大型互联网公司所定义。在一个以跨国界转移资金为业的移民技术企业家看来,这一承认相当有力,几乎就是一个自我憎恨的评论。蒂尔并不在意。

"政治将完全与全球化有关,"他对约翰逊说,"特朗普会赢的。"

蒂尔虽然还没有准备好公开支持特朗普，但还是向约翰逊提出了帮忙的请求。约翰逊能确保蒂尔在共和党全国代表大会上成为支持特朗普的代表吗？

蒂尔从来都不是特别"喜欢"特朗普，并且他们几乎在所有方面都截然相反：特朗普是一个好色的纽约人，肚子里什么话也藏不住；蒂尔是拥有三重国籍的内向公民，每说一句话都要经过深思熟虑，并且绝不把话说满。在同一篇《每日传讯》的专栏文章中，他既称赞了克鲁兹的智慧，又贬低特朗普，说在他身上"几乎体现了纽约市所有的问题"。然而，在很多方面，特朗普又都是蒂尔一直追求的政治项目的完美化身：他和罗恩·保罗一样，支持对非法移民进行极端打击；他的竞选纲领和保罗2012年的一样，其中包括终结出生公民权和强化边境。特朗普不像保罗那样反对白人身份政治，但他对20世纪八九十年代纽约的种族问题的看法，与同一时期保罗在时事通讯中所表达的立场大致相同。首先，也是最重要的，特朗普和保罗一样，可以完美地出演"这场竞选中最疯狂的家伙"。他是总统候选人，却总爱说些不该说的话，蒂尔也就是冲这个才喜欢他的。"这差不多就是所谓的惺惺相惜吧，"约翰逊说，"他认为特朗普很特别。"

这位真正的房地产大亨的参选，是为了直接解决在蒂尔政治发展中最早让其活力四射的那个问题：自由派政治正确的巨大祸害。"我们必须重振我们的国家！"特朗普在接受新闻访谈节目《与媒体见面》的采访时这样表示。当时共和党总统候选人的提名竞选活动正在进行。特朗普说："我们必须让我们的国家再次伟大起来，我们需要能量和热情。这种政治正确绝对是在扼杀我们这个国家。你什么都不能说。不管你今天说什么，他们都会找到理由说它不好。"

在蒂尔悄悄向特朗普靠拢的同时，他也在关注高客传媒案的情况，当时距开庭审理只剩几周时间。霍根的法律团队找到了某个突破点。他的案子被一名联邦法官驳回，所以他向州法院起诉高客传媒，这意味着审判将在霍根居住的坦帕湾地区进行。负责本案的法官帕梅拉·坎贝尔似乎很有可能会同情霍根，而且一点儿也不反对媒体大肆炒作。她是特丽·夏沃父母的代理人，而就在医生宣布夏沃脑死亡后，夏沃的父母提起诉讼，要求阻止夏沃的丈夫移除她的生命支持系统。考虑到审判地点，以及陪审团几乎肯定会包括一些胡克·霍根的死忠粉的情况，霍根的法律团队似乎一定会辩称，一家满是虐待狂的纽约媒体公司竟然如此粗暴地攻击了一位当地的英雄。

高客传媒的编辑们真没把这件事当作难事。在做证期间，尼克·丹顿更是表现得油嘴滑舌、毫无悔意。

如果能够证明霍根的案子得到了秘密资金，那么高客传媒就有可能自救，而且该公司正尽力这样做。1月，高客传媒聘请的危机公关专员戴维·戈尔丁从一位在坦帕有不少关系的当地律师那里听到了一个传言：霍根的这场官司得到了一个亿万富翁的幕后支持，其儿子的同性恋身份就是高客传媒曝光的。

高客传媒的执行编辑约翰·库克和记者J.K. 特罗特疯狂地查找了该网站的档案，也没能找到一个完全符合条件的亿万富翁，但他们确实找到了几个可能人。他们认为最有可能的就是对冲基金经理彼得·布兰特，其子彼得·布兰特二世是同性恋。在高客传媒发布了狗仔队拍摄的时年18岁的彼得亲吻其超模母亲斯蒂芬妮·西摩的照片后，他还给他们写了一封愤怒的信。另有一种看起来不大像的可能性：彼得·蒂尔，他不是哪个亿万富翁的同性恋儿子，而他本身就是同性恋亿万富翁，显然还非常憎恨高客传媒，2009年曾把高客传媒比作恐怖组织，并将它的灭亡作为"一个有趣的理论问题"进行思考。至3月该案开始审判之时，有关证据也就搜集到这种程度，根本不足以将他们的怀疑公之于众。

在法庭上，高客传媒永远不会有机会。霍根的法律团队由哈德领衔，提出了一个既微妙又粗俗的论点。哈德认为，当霍根谈到他的性生活时，比如在一次电台采访中吹嘘他的阴茎长度，在接受娱乐新闻网站TMZ采访时为其录音的出版而扬扬自得，他和"绿巨人"一样，是个肌肉发达性欲旺盛的疯子。是的，也许胡克·霍根确有新闻价值，哈德也承认这一点。但是他指出，高客传媒过去也侵犯了胡克·霍根的个人隐私。"特里·博莱亚的阴茎不是25厘米。"这位前摔跤选手告诉陪审团，这是审判期间一些超现实的时刻之一。

这一论点中不那么微妙的部分就是民粹主义者对一家纽约媒体公司的攻击。霍根的团队认为高客传媒是邪恶的，它由色情之王丹顿经营，"毁了很多人的生活"。陪审团花了6个小时才给了这些外乡人致命一击：高客传媒应赔偿霍根1.15亿美元，另外，还增加了2500万美元的惩罚性赔偿，使得赔偿总额高达1.4亿美元。蒂尔得知判决结果后如释重负，甚至感到高兴。"这是我做过的最慈善的事情。"他开始这样对他的朋友说。

他没有公开谈论有关此事的任何一点，至少至今还没有。不过，私下里，他却在极力炫耀，结果有些话就这样传了出去。在审判刚开始时，律师兼媒体企业家丹·艾布拉姆斯在博客上发了一个帖子，推测有个"痛恨高客传媒的人"在为霍根支付法律费用。审判结束后，有高客传媒销售团队的员工报告说："在和最近出席过脸书公司聚会的朋友聊天时,听到了蒂尔在幕后的消息。"高客传媒的这名员工说,这件事的蹊跷之处就在于,友人提到此事就当是题外话一般,好像无人不知、无人不晓一样。

高客传媒将在6月申请破产,但其网站依然还在更新,丹顿也宣布计划对判决提出上诉。约翰逊敦促蒂尔发挥自己的优势,哈德仍在进攻。他不再特别关注自由裁量权,而是开始代表一些客户提起诽谤诉讼,但这些客户远不如霍根那么让人同情。

其中之一涉及自由撰稿人阿什莉·特里尔,她声称高客传媒的一名员工在一篇关于她和手机交友程序Tinder争论的文章中诽谤了她。另外一起诉讼是替企业家希瓦·阿亚杜拉代理的,阿亚杜拉说他在1978年发明了电子邮件,尽管大多数历史学家认为电子通信早在几年前就开始使用了。这两起诉讼都涉及高客传媒的编辑约翰·库克和山姆·比德尔,后面这位高客传媒年轻的写手经常批评蒂尔的朋友和另类右翼的成员。高客传媒根据比德尔自己写的一篇关于焦虑和抑郁的文章,把他描绘成一个靠不住的麻醉品滥用者。这正是高客传媒炉火纯青的含沙射影手法,现在就连该网站的初级雇员对此都训练有素了。

5月9日,特朗普竞选团队提交了加利福尼亚州共和党初选代表的名单。在所列出的加利福尼亚州第三国会选区的三名候选人中,有一位就是彼得·蒂尔。这引发了一些令人挠头的头条新闻,把蒂尔对特朗普的支持与他的其他反向赌注相提并论,比如"海上家园"和"20岁以下20人"项目。但事实证明,这只不过是两周后发生的事情的前奏。《纽约时报》的安德鲁·罗斯·索尔金发表了对丹顿的采访,丹顿说他怀疑有一位硅谷亿万富翁一直在为针对高客传媒的诉讼提供资金。索尔金的文章可能迫使蒂尔的一个亲信最终泄露了他就是幕后主使的消息,因为第二天,瑞安·马克和马特·德兰格就在《福布斯》上爆料说,那人就是蒂尔。

蒂尔随后给索尔金打了电话,索尔金在第二天就发表了对蒂尔的采访。在索尔金的专栏文章中,蒂尔使用了与审判当天相同的表述。因为一篇负面报道就整死一家小型媒体公司,这并不是什么典型的寡头的不满,他坚持认为这是一种公共服务。他并不是在攻击传媒界,而是在帮传媒界清除掉一个坏演员。"正是因为我尊重记者,所以我不相信他们会因为反击而身陷绝境,"蒂尔说,"这并不完全是报复,更多的是特定的威慑。"

对于蒂尔同时成为特朗普的支持者,以及历时 10 年摧毁一家媒体公司的阴谋策划者,人们的反应非常强烈。Glitch 软件公司的首席执行官阿尼尔·达什在推特上写道:"当反弹真的开始,科创行业的每个人都被痛恨时,一切都是拜这样的邦德式恶棍所赐。"《卫报》专栏作家玛丽娜·海德很有先见之明地警告说,这起案件或将预示着一个有权势的人利用法庭来欺凌传媒机构的时代的到来。"对于蒂尔专横的'慈善'主张,那些哪怕表示出些许同情的人都应该好好想想,如果下一个愤怒的亿万富翁效仿他的做法,开始摧毁他们尊重的媒体,他们是否还会使用同样的称谓,"海德写道,"当然可以想象,比方说,落败的唐纳德·特朗普欲开始一轮秋后算账,蒂尔就把路线图递到了他手上。"

这种蔑视并非记者的专利。杰夫·贝索斯在 Recode 公司的年会上表示,他认为蒂尔追求的这种秘密诉讼应该是非法的。"作为公众人物，对于那些涉及自己而你又不喜欢的言论，最好的防御就是厚脸皮，"贝索斯说，"你根本阻止不了它。"

既然人们都在挖掘，蒂尔与另类右翼的联系也就渐渐浮出水面。同年早些时候，蒂尔同意在土耳其举行的一次主题为"企业垄断"的会议上发表演讲，该会议是由财产和自由协会组织的。在蒂尔被揭露为高客传媒案的幕后支持者之后，南方贫困法律中心发表了一篇文章指出，该会议常常吸引白人民族主义者到场，包括理查德·斯宾塞。蒂尔在次月退出了该活动。

约翰逊仍在幕后工作，他确保蒂尔从这场争议中获得尽可能多的好处。利用其右翼活动人士的关系网，他在推特上传播信息，感谢蒂尔干掉了高客传媒。"感谢你彼得"的标签飞速传开，成为推特网站上的热门话题。斯宾塞、米洛·扬诺普洛斯和迈克·切尔诺维奇都在推特上发文，敦促粉丝们感谢蒂尔。扬诺普洛斯将蒂尔比作蝙蝠侠，并在发给布赖特巴特新闻网的一篇帖子中写道："蝙蝠侠是硅谷需要的英雄！"

约翰逊还利用他的众筹公司 WeSearchr 资助了一场行动，旨在发现丹顿犯罪的证据，以便把他送进监狱。WeSearchr 的网页上有一张丹顿穿着条纹服蹲监狱的图片，共募集了 5 万美元，其中大部分是约翰逊本人捐出来的。由于在极右政治的阴暗世界之外，很少有人知道蒂尔支持另类右翼，传媒界误以为这是一场草根起义。据约翰逊透露，蒂尔秘密资助的在线期刊 *Quillette* 拿热门话题标签作为普通读者站在蒂尔一边的证据，使得约翰逊的信息战看起来很自然。布赖特巴特新闻网和《财富》杂志刊登了同样说法的多个版本。

到此时为止，约翰逊和蒂尔的关系仍然是一个秘密，但约翰逊觉得很安全，稍微暴露一点儿自己也没事。他在接受塔克·卡尔森的《每日传讯》采访时表示，他愿意伸出"橄榄枝"。他还表示，如果丹顿能发表被其网站诽谤的每位受害者写的文章，他就放弃诉讼。"丹顿说他想和彼得·蒂尔见面？"约翰逊说，"我倒是准备好随时跟他见面呢。"

这话说得有点儿奇怪，丹顿从未公开提过要和蒂尔会面的事。但事实上，他们已定于当月晚些时候会面。这次谈话是由一位中间人安排的，他是蒂尔在 PayPal 的老同事杰里米·斯托普尔曼，他仍然经营着 Yelp 网站，与丹顿的关系也很好。他鼓励他们两人努力达成和解，以避免继续打官司的痛苦。达成和解的理由也显而易见：丹顿可以在财务上解救自己，让蒂尔放弃对其网站写手的起诉，并以某种形式留住高客传媒。而蒂尔只需略微仁慈一点儿，就能在不用真的毁掉一家媒体公司的情况下表达他的"慈善"观点，也不会冒在上诉法庭上尴尬败诉的风险。这将会是个双赢的结局。

但当时实际发生的情况与此毫不沾边。会面期间，以及之后的几个月里，蒂尔依然仗势欺人，明确表示自己没有兴趣让高客传媒作为公司保留下来，也无意让丹顿有任何机会保住尊严。他就是要这家媒体公司消失，就是要尼克·丹顿穷困潦倒。

"听着！"他说，此时正值达成和解的可能性出现之际。他发誓要"抹杀你的一切出版物"。

此时，高客传媒已申请破产，但是它的旗舰网站还在继续发帖。丹顿已将该公司的其他博客挂牌出售，并计划对佛罗里达州的判决提起上诉。但是，横下一条心的蒂尔使丹顿的意志崩溃，迫使他在 8 月初进入个人破产程序。三周后，即在他 50 岁生日之前，他发表了高客传媒的最后一篇文章。丹顿在文中指出："彼得·蒂尔按照他的主张重构了双方的争论,这样一来,他便侥幸逃脱了原本会被视为小人报复行为的恶名。"他认为蒂尔是新精英阶层中的一员,他们是一群"拥有垄断利润的技术巨头","与任何其他统治阶级一样对批评极为敏感,但有信心改变和破坏任何东西——从政府直到媒体"。

在高客传媒放弃上诉并同意支付给霍根 3 100 万美元,外加丹顿额外支付一笔费用之后,丹顿最终退出了破产程序。阿什莉·特里尔得到了 50 万美元,希瓦·阿亚杜拉得到了 75 万美元,约翰逊得到了大约 80 万美元。丹顿在 11 月的一篇描述和解方案的博客文章中解释说,他已经放弃上诉,因为蒂尔明确表示他永远不会让步。考虑到蒂尔的绝不妥协及他掌握的无限资源,丹顿根本就不可能再筹集到继续打官司所需的资金。事情就这样结束了:蒂尔实际上彻底毁掉了一家大型媒体公司的所有者。

蒂尔这是怎么了?他的一些密友想不通。他好像突然要跟整个世界开战了,他不仅对高客传媒绝不妥协,而且全力支持特朗普,还越来越轻率地和另类右翼搅和在一起。"每次我看到"彼得·蒂尔支持特朗普的消息时,马克斯·列夫琴说,"我都会看日历,因为我不确定今天不是 4 月 1 日"。其他人,尤其是那些从对冲基金领域认识蒂尔的人,则没那么震惊。蒂尔看起来没那么像疯子,而更像是一个在打赌的人。也许他知道一些他们不知道的事。

那年夏天,我和彭博社的利泽特·查普曼开始给蒂尔的朋友和前同事打电话,试图弄清楚他在 2016 年总统大选中的做法。我们曾报道,蒂尔认为他押注特朗普一定是高收益、低风险的买卖。蒂尔在

"海上家园"、妇女权益、移民等问题上的观点已经把硅谷能得罪的人都得罪了个遍。再多一个诡异的选边站队,又会对他的地位有什么影响呢?我们写道,他是"硅谷里堪称超凡脱俗的古怪自由意志主义者"。但是,如果特朗普当选,他就会成为"美国总统的古怪自由意志主义者"。

这也许意味着 SpaceX 和帕兰提尔有可能更容易拿到合同,这也将使脸书有机会像谷歌那样接近白宫。蒂尔后来开玩笑说:"这是我最不逆向的押注。"

当然,蒂尔做任何事都离不开对冲,尤其是帕兰提尔,需要有一个后备预案,以防押错了宝——特朗普落选。帕兰提尔仍然在欧洲艰难地推销其软件产品,而且尽管已成功地以更高的估值(200 亿美元)筹集到了更多的资金,但在美国陆军那里还是没有取得任何进展。由于蒂尔对帕兰提尔的前景非常不看好,创始人基金对帕兰提尔的估值要比官方公布的 200 亿美元低 40%。帕兰提尔在华盛顿特区的职员们也陷入了绝望,他们设计了一种内部称为"特洛伊木马"的策略。帕兰提尔将尝试修补与陆军高层的关系,并试图将自己打造成分包商,向拿下 80 亿美元的分布式通用地面系统合同的赢家负责。然后,无论如何,往后总有一天该公司会拿下整个合同。

但在 6 月下旬,即蒂尔透露他资助起诉高客传媒并转而支持特朗普仅一个月之后,蒂尔的公司在国防界做了一件令人震惊的事,其震撼程度丝毫不亚于他在传媒界对高客传媒的攻击。他起诉了美国陆军!在一份法律诉状中,帕兰提尔的律师们认为,陆军不让帕兰提尔投标其大型软件数据库合同,违反了 1994 年通过的一项防止联邦政府过度开支的法律。这支律师团队由强大的博伊斯,席勒和弗莱克斯纳律师事务所的哈米什·休姆领导。该法案是在反对五角大楼拟购买600美元的马桶座圈的抗议声中通过的，根据该法案，陆军必须尽可能地考虑价格更低廉的市场产品，而非那些被大型国防承包商加价的产品。该诉讼称，陆军通过将分布式通用地面系统设置为一种咨询安排，从而排除了帕兰提尔的软件这种商业产品。

陆军及更广泛的国防界对此大为震惊。承包商通常都试图引诱官僚，有时甚至不惜越线行贿。帕兰提尔虽然还没有玩过这一套，但在卡普的领导下，它也曾以自己的极客方式去引诱别人。现在，它却对一个潜在客户发起了攻击。

要说这一举动令陆军感到惊讶的话，那么一直密切关注"蒂尔江湖"的人则都见怪不怪了。两年前，由埃隆·马斯克创办、蒂尔支持的 SpaceX 也曾玩过同样的伎俩，在美国空军将一份合同授予其竞争对手联合发射联盟后，该公司便起诉了美国空军。"每个人都说：'如果你起诉你未来的客户美国国家航空航天局，他们就永远也不会和你再次合作，'"马斯克回忆道，"那我就想：'好吧，既然就算我们不告他们，他们也肯定不会与我们合作，那么要是我们告他们并且赢了，这样至少还有机会使他们和我们合作。'所以，这样机会虽小，但比没有强。"马斯克将打官司与在国会出场相结合，他在国会指出联合发射联盟使用俄罗斯制造的发动机。美国空军做出让步，同意确保 SpaceX 可以竞标其合同，该公司的估值随即飙升。

现在，帕兰提尔也在如法炮制。诉状中包含了帕兰提尔一直在拉拢的中层指挥官的一连串证词，并引用了迈克尔·弗林的支持备忘录。该公司还称，陆军曾压制赞扬帕兰提尔的主要政府产品 Gotham 的相关报道。帕兰提尔希望联邦法官判决现在的分布式通用地面系统招标合同无效,重新启动招标程序。

据参与本次诉讼的人说,这是一项"经过测算的风险",也起到了潜在的对冲作用,无论11月发生什么,它都给蒂尔呈上了获胜的机会。特朗普有可能获胜并扰乱陆军,但即便他落选,帕兰提尔的诉讼也能带来同样的结果。

7月中旬,在克利夫兰举行的共和党全国代表大会上,上演了一出疯狂的真人秀,非常适合这位电视明星出身的候选人。特朗普轻而易举地赢得了提名,但他之所以赢了,部分原因是他侮辱了一大群共和党精英。提名分别位列第一、第二的候选人卡西奇和克鲁兹表示,他们无意支持这位候选人。特朗普还多次嘲笑前总统乔治·W. 布什,以及先前的两名候选人米特·罗姆尼("最愚蠢、最糟糕的候选人之一")和约翰·麦凯恩("我喜欢没有被俘经历的人")。

美国主流商界也对特朗普敬而远之。美国100家大型公司的首席执行官中没有一人向他的竞选活动捐款,而且共和党的长期赞助人也拒绝提供支持。有些人,比如梅格·惠特曼(蒂尔在她掌管易贝时曾与她发生争执),还公开表示了批评。

硅谷对特朗普尤其反感。同年早些时候,扎克伯格批评过他,尽管言辞中带着从蒂尔那里学来的那种故意的含糊其词。4月,扎克伯格就特朗普提出在美墨边境建造隔离墙一事不点名地表示:"与其建高墙,不如帮助人们建桥梁。"6月,在美国拥有大量制造业务的英特尔时任首席执行官布莱恩·科兹安尼克似乎随时准备从特朗普的经济民族主义中获益,并计划在家中接待这位候选人和其他科技公司高管。但该消息走漏后,科兹安尼克在最后一刻取消了活动。

克利夫兰的空缺被特朗普的直系亲属填补了，六位姓特朗普的人被列为主要发言人，整个现场被支持者们弄得"一片狼藉"。这些人中包括亚利桑那州著名的反移民警长乔·阿尔帕约，他因藐视法庭审判而被拘捕；20世纪90年代的内衣模特小安东尼奥·萨巴图；因出演《快乐时光》中的查奇而为人熟知的斯克特·拜奥。

就克利夫兰所拥有的企业领袖而言，下列各位的形象可都够狼狈不堪的，包括狩猎装备业创始人威利·罗伯逊，他因《鸭子王朝》剧情真人秀而闻名，终极格斗大师白大拿，拉斯维加斯马戏团娱乐场酒店的老板菲尔·拉芬，以及把特朗普介绍给保罗·马纳福特的房地产大亨托马斯·巴拉克。这些人似乎都不太可能领导特朗普所承诺的美国制造业复兴，而且很大程度上仍然会把票投给希拉里·克林顿，或者干脆在大选中作壁上观。就在共和党大会召开的几天前，大约150名知名科技公司的高管和投资者发表了一封公开信，谴责特朗普"易怒、偏执、害怕新思想和新人物，以及从根本上认为美国国力疲软且日渐衰落"。

当然，美国国力疲软且日趋衰落是蒂尔多年来一直极力宣扬的观点。他虽不是硅谷唯一信奉特朗普这一基本观念的首席执行官，却是唯一愿意公开说出来的人。据特朗普的圈内人说，这使得蒂尔的支持极其宝贵，也是大会组织者邀请他发言的原因。他是商界名人，却没有特朗普圈内许多人都有的那种有点儿谄媚的一面。"在特朗普的世界里，有很多想要成就大事但在圈外世界没有出色业绩的人，"解释说，"只有很少的人能够上常春藤盟校，在资本市场或企业界取得成就的人也很少。他把所有这些天才都带到了这场运动中。"

蒂尔被安排在了周四的黄金时段演讲，当晚特朗普将正式接受提名。他将排在利伯缇大学校长小杰里·福尔韦尔之后、托马斯·巴拉克之前发表讲话。当年早些时候，小杰里·福尔韦尔站队离婚两次的特朗普，而不是特德·克鲁兹，他推动了关键的福音派教徒对特朗普的支持。技术专家蒂尔和房地产企业家巴拉克将反复强调特朗普的关键信息：他在商业上的成功，大家都有目共睹，使他有资格成为美国总统。伊万卡·特朗普紧随其后发言，然后是特朗普本人。

蒂尔在开始演讲时表示自己是一名"建设者"，就像特朗普一样，然后发表了非同寻常的个人观点。他谈到了自己的父母克劳斯和苏珊，他们最早就是移民到他现在正向听众发表演讲的这座城市。"他们在我1岁时把我带到这里，"他指的是克利夫兰，"这里就是我成为美国人的地方。"

会议大厅里闹哄哄的，蒂尔看上去有点儿不自然，尤其是刚开始的时候。他站在讲台上，微微弓着腰，脸上挂着僵硬的笑容，露出满口的牙齿，目光机械地在两个提词器间切换。他事先显然做过排练，故而成功地克服了平时讲话不流畅的缺点，甚至通常大量出现的填充词也不见了，但他说得太快，忘了在句子之间停顿，以致除了抨击"希拉里邮件门"的那段，他讲的话都好像在飞一样，落地的似乎很少。

镜头摇向人群，小唐纳德·特朗普和他当时的妻子瓦妮莎与蒂芙尼·特朗普一起在台下就座。当蒂尔对美国的科技状况发出尖锐的谴责时，他们却扭转身体开始聊天，似乎只用了一半的注意力在听。对那些关注并追随其文章的人来说，这一主题听起来耳熟能详：美国在20世纪80年代的某个时候迷失了方向，不再有实现未来壮志的雄心，而特朗普将是把这一切带回来的人。

"我们的政府崩溃了！"蒂尔宣称。美国的核电站仍然在使用软盘，一些喷气式战斗机在雨中根本不起作用，政府的软件毫无用处。"对一个曾经完成了曼哈顿计划的国家来说，这是惊人的衰退，"蒂尔说，"我们不接受硅谷如此无能，我们也绝不接受我国政府如此无能。"

在这个时间点上，即演讲进行了大约三分钟，他隐去了做作的微笑，更加严肃，但同时看起来好像他其实开始欣赏自己。人们安静下来听蒂尔说，当他还是个孩子的时候，"最重要的争论就是如何打败苏联"。他接着说："现在有人告诉我们，最大的争论是谁可以使用哪个卫生间。这是在分散我们对真正的问题的注意力。谁在乎呢？"他大声地，也几乎是愤怒地说出了最后几个字，并得到了他平生头一回真正的掌声，就连特朗普家的孩子们都在鼓掌。

接着，蒂尔说出了那句每个人都会记住的话。"诚然，"他说，"每个美国人都有自己独特的身份。我为自己是同性恋而自豪！我为自己是共和党人而自豪！最重要的是，我为自己是美国人而自豪！"一阵微弱的"美国！美国！美国！"的欢呼声为一位同性恋移民响起，而呼喊的人就是原本对同性恋及移民都怀有敌意的某政党的成员。特朗普一家也站了起来，所有人都站了起来。

查尔斯·约翰逊在贵宾区观看蒂尔的演讲，一起的还有被高客传媒嘲弄过的霍安·同-代特。他们成了朋友，并计划在蒂尔的帮助下创办一家公司。那一周，约翰逊把同-代特引见给了蒂尔，于是这三人便为了共同摧毁高客传媒而携起手来。

"如果我跟你够熟的话，我会吻你的。"同-代特当时说。

蒂尔有点儿别扭，但还是热情地点了点头，笑着说："可以，可以,可以。"

他苦苦思索着有关他身份的最后几行文字。"我想让他们知道,同性恋一直是美国的一部分,美国是最适合同性恋的国家。"蒂尔告诉约翰逊。他从来没有在公开场合这样说起过自己的性取向,甚至他从来没有和他的大多数朋友直接说过,但他想"让人们了解完整的我"。"他一直以来没有出柜的时机,"约翰逊说,"而这就是。"

个人的转变是有用的,赋予蒂尔关于政治正确正以某种方式阻碍美国再次伟大的论点权威性,并使特朗普免受他只是在利用不宽容的批评。特朗普领导下的共和党平台支持"传统的婚姻和家庭",谴责美国最高法院 2015 年宣布同性恋婚姻在所有 50 个州均合法并宣称变性美国人享有平等的法律权利,这是奥巴马政府试图根据 1972 年教育法第九条的解释予以确立,重塑美国"以适应与美国历史和传统格格不入的意识形态模式"计划的一部分。突然间,这令特朗普更容易辩称,反政治正确不仅关乎冒犯受保护群体的自由。

更重要的是,这次演讲将使蒂尔及其公司在战略上处于优势地位,假定特朗普能够克服困难并获得大选胜利的话。除了那一堵边境墙,特朗普对他将如何执政的具体计划一直含糊其词。蒂尔的演讲提出了一个可能的框架,即特朗普可以接受蒂尔长期呼吁的那种大型技术项目。当然,是要建造一堵漂亮的高墙,但特朗普的基础设施项目可以也应该包括对政府所使用的软件进行升级换代。华盛顿可以把目光投向硅谷,尤其是蒂尔持股的那些领域。

第 16 章

蒂尔的政府理论

"你太棒啦!"特朗普在大会结束时对蒂尔说,"我们是一生的朋友。"

不过,总的来说,这位纽约房地产大亨似乎对他的硅谷支持者也没那么当回事。蒂尔不在特朗普所真正感兴趣的范围内。特朗普关心的似乎只是蒂尔的钱,包括由此赋予特朗普的合法性,以及利用蒂尔作为其接触其他科技亿万富翁的渠道的潜在可能性。

就蒂尔而言,他也没有立即认识到特朗普的价值。在共和党全国代表大会之后,蒂尔很享受自己打破界限的角色——他是第一个在共和党全国代表大会上公开谈论自己性取向的同性恋,但当其他竞选班子成员试图让他进一步参与时,他拒绝了。大会结束后,特朗普立即在投票中追上了希拉里,但随后又大幅落后。蒂尔告诉助手们,他担心特朗普会输,决心与他保持距离。

然后,在 10 月初的一个周五下午,蒂尔和大多数美国人一起观看了《华盛顿邮报》流出的一段视频。在视频中,特朗普向《走进好莱坞》节目的主持人比利·布什吹嘘自己的出轨行为,包括带着一名电视主持人去买家具，试图和她上床。"我确实想睡她，"9个月前才刚与梅拉尼娅结婚的特朗普解释说，"可最后没成。"他还吹嘘自己曾对女性霸王硬上弓。"我只是开始亲吻他们，"他说，"如果你是明星，他们会让你这么做，抓住她们的私处。你可以干任何事。"

人们一致认为特朗普完蛋了。美国参议院多数党领袖米奇·麦康奈尔称特朗普的这番言论"极度让人反感"，并敦促特朗普"对自己在录像中表现出的对女性的完全不尊重承担全部责任"。众议院议长保罗·瑞安宣称自己感到"恶心透了"，并说第二天在自己的家乡举行的活动将不再欢迎特朗普。许多著名的共和党人敦促特朗普让位，让他的副总统提名人迈克·彭斯再上一个台阶。

约翰逊鼓励蒂尔换个角度看这件事。约翰逊对他说，从政治观点来看，这段录像最糟糕的地方并不是对性侵犯的明显认可，也不是通奸。用另类右翼的说法，这是一次失败的性诱惑，是一次"测试版"的举动。他说，剩下的就是异性恋男性私下里的谈话方式。异性恋男性对特朗普的尊重只会更多，而不是更少。"你应当加倍下注。"约翰逊建议道。

约翰逊提出了一个计划，说蒂尔应该向丽贝卡·默瑟的政治行动委员会"让美国成为第一"①做出重大捐献。由于默瑟是布赖特巴特新闻网的长期赞助人，一笔可观的捐款有助于蒂尔进入特朗普的核心圈子，而如果特朗普最终以某种方式胜出，那蒂尔就将是其竞选团队

---

① 政治行动委员会"让美国成为第一"（Make America Number 1）最初被命名为"击败不诚实的希拉里"（Defeat Crooked Hillary），但后来改成了现在这个稳妥的名称。当时，一位官员对彭博社表示："如果将其称为'击败不诚实的希拉里'，就违反了联邦选举委员会的规定。"

的救星。

此次拟议的捐款将是约翰逊为这位四面楚歌的总统候选人恢复名誉所发挥的作用的第一部分，而第二部分将涉及下一场在圣路易斯举行的总统辩论。约翰逊和保守派作家坎迪斯·杰克逊安排多年来指控比尔·克林顿性侵的三名女性，以及第四名女性凯西·谢尔顿，在辩论前前往圣路易斯参加一场新闻发布会。

控告克林顿的三个人凯瑟琳·威利、保拉·琼斯和胡安妮塔·布罗德里克在克林顿的批评者中可谓家喻户晓，但谢尔顿的事不太为人所知。谢尔顿指控一个 41 岁的男人在 1975 年性侵她，她当时才 12 岁。希拉里·克林顿当时是一名年轻律师，经营着一家法律援助事务所，她为这名男子辩护，理由之一是谢尔顿"情绪不稳定，有寻觅年长男性的倾向"。她的当事人最终承认了一项较轻的指控。

约翰逊的 WeSearchr 公司为谢尔顿筹集了前往圣路易斯的旅费，并在其网站上宣传了她的故事。特朗普和这几名女子一起出现在脸书直播视频中，该视频在他上台之前播出。在辩论中，当被问及他粗俗的用语时，他提起了谢尔顿的事。"凯西·谢尔顿，那个年轻的女人，今晚和我们在一起，"特朗普说，"所以别跟我扯什么用语。"

接下来的一周，蒂尔承受了最后一击。同性恋新闻杂志《倡导者》发表了一篇文章，批评他对特朗普的支持。"因在共和党全国代表大会上支持唐纳德·特朗普，彼得·蒂尔成为今年夏天的一大新闻，这位硅谷亿万富翁是一个与其他男性发生性关系的男人，但他是同性恋吗？"盖茨堡学院美国研究教授、作家吉姆·唐斯写道。唐斯认为，蒂尔的政治，尤其是他在大会演讲中对变性人权利的排斥，构成了对同性恋文化的背叛。蒂尔把这次演讲看作其个人的出柜时刻，唐斯则将其描述成对性少数群体的一次重击，而不是打破界限的时刻。

第二天，蒂尔身边的人透露说，他将向特朗普的竞选活动提供125万美元，其中大部分资金将按照约翰逊的要求，指定用于默瑟的政治行动委员会。几周后，他在美国国家新闻业俱乐部的一次演讲中解释了自己的行为。"并不是唐纳德·特朗普所说和所做的每一件事我都同意，我想其他数百万投票给他的人也都一样，"蒂尔说，"我们投票给特朗普是因为我们认为我们国家的领导失败了。"

在演讲中，他坚持认为，说特朗普就因为"抓住她们的私处"这句话而不能当选的那些自由派抨击者是一些无视国家更紧迫问题的无德小人。他提到了《倡导者》杂志的那篇专栏文章，反驳道："'多样性'这个流行词背后的谎言再清楚不过了，如果你不随大流，那么无论你的个人背景如何，你都不能算是多样的。"这与其说是在为特朗普辩护，不如说是在为特朗普的辩护人辩护，这是他从斯坦福时代起就一直坚持的相关论点的又一个版本。

在演讲结束后的问答环节，蒂尔表示媒体应该忽略特朗普的愤怒，把注意力集中在他批评的实质上，即对待特朗普"要严肃认真，但不能死抠字眼"。举例来说，蒂尔说，特朗普关于禁止穆斯林移民或建设美墨边境墙的言论，应该抽象地解读。特朗普并不是真的想要禁止穆斯林入境，或者真的造1 600千米长的高墙，正如蒂尔所说，他只是想要"更理智、更合理的移民政策"且"其成本与收益之间要实现平衡"。蒂尔的这句"严肃但不抠字眼"极有可能是从《大西洋月刊》记者萨莱娜·齐托的一篇文章中抄袭而来的。齐托在文中解释了内陆地区的选民如何才能够忽略特朗普持续不断的搪塞之词。但这句话还是像病毒一样传播开来。"彼得·蒂尔以寥寥数语完美概括了唐纳德·特朗普"就是美国消费者新闻与商业频道的新闻标题。

这笔钱和演讲都是意义重大的新闻,因为就在蒂尔捐款之前,特朗普并没有集中召集任何主要的科创界大佬为其捐款,这有助于扭转特朗普的竞选活动给人的正在崩溃的感觉,但这不是蒂尔的帝国帮助这位总统的唯一途径。马克·扎克伯格最初似乎是反特朗普的,后来却以自己的方式支持了这位候选人。

曾有这样一个秘密,那就是脸书的一些自由派员工采取的行动跑偏了。对此,那些曾参加 2016 年 5 月和平峰会的保守派人士表示理解,但脸书的实际高管们似乎还想不通。那次峰会是在蒂尔的帮助下,由有影响力的右翼权威人士和脸书高管们召开的。脸书对保守媒体没有偏见,它本身就是保守媒体。因为脸书的动态新闻本质上是人气竞赛,而在脸书内部,混合了白人身份政治和经济民粹主义的"特朗普意识形态"比任何东西都有市场。

"我认为硅谷还未意识到这一点。"曾出席那次会议的戴维·博泽尔说。在处理新闻方面,谷歌长期以来都聚焦于老牌媒体,相比之下,脸书则侧重于能带起一时热点的特刊新闻或右翼的网络爆料,这些可能比《纽约时报》的文章或左翼的网络爆料更易被人们分享。右翼内容的点击率最高。"热门话题"就是意图纠正这种情况的一种努力,既偏向脸书又不与右翼为敌,只是转向表面上更加合法的新闻来源。但是,扎克伯格似乎听从了蒂尔的建议,选择终结这一努力,并重回人气流量竞争中去,这给了"为网络爆料而生"的总统候选人特朗普巨大的优势。

特朗普通过吸引能够找到的援助来建立这一优势。其中就包括臭名昭著的俄罗斯政府援助，即把用黑客手段攫取来的材料在社交媒体上分发，并通过脸书上的虚假账户和群组最终传给了 1.26 亿人，这些虚假网络和群组旨在阻止自由派支持希拉里，并煽动保守派投票给特朗普。此外，剑桥分析也卷入其中。在特朗普获提名后，剑桥分析将一些选民数据提供给了特朗普的竞选团队，并利用这些数据于 2016 年 7 月筹集到了 8 000 万美元。在此期间，在帕兰提尔的帮助下，一些选民信息也许就是剑桥分析利用脸书盗来的，并赫然出现在特朗普的竞选捐赠者名单上。

但最重要的帮助至此还是来自脸书本身。脸书能够实现定位的算法远远优于剑桥分析所能提供的服务。脸书工程师团队曾进驻特朗普的竞选团队，为其培训竞选经理布拉德·帕斯卡尔，目的是让其能够使用一种使广告商可以精准地找到极端特定的潜在选民群体的技术。其中包括支持特朗普的群体，比如访问竞选网站但还没有捐款的人，以及特朗普认为对希拉里有利的群体，包括妇女和黑人，那些定向投给他们的广告提醒他们，希拉里曾针对性骚扰指控为其丈夫辩护，并在 1996 年描述帮派暴力时使用了"超级捕食者"这一种族主义措辞。

希拉里竞选团队之前却拒绝了这种帮助，而脸书高管们后来做出的这个决定可能导致她输了大选。扎克伯格的亲密盟友安德鲁·博斯沃思曾在一份备忘录中称赞帕斯卡尔的工作，称其为"数字广告活动的高水平标志"。"脸书应当为唐纳德·特朗普的当选负责吗？"他问道。"我想答案是肯定的。"

大选之夜，蒂尔在他位于旧金山的普雷西迪奥宅邸举办了一场聚会，邀请了所有他认识且有可能是特朗普支持者的人。参加的人并不多，大概 20 人，其中有蒂尔的助手、几位英俊的大学生模样的人及一些知名公司的首席执行官。当时，创投平台 AngelList 的首席执行官纳瓦尔·拉威康特和说服蒂尔支持埃隆·马斯克的 SpaceX 的 PayPal 联合创始人卢克·诺塞克也在场。新反动主义博主、蒂尔曾投资的 Tlon 公司的首席执行官柯蒂斯·雅文也参加了。

起初会场的气氛有点儿沉闷。在一台调到美国有线电视新闻网的大电视前摆了几排椅子。蒂尔坐在前排，在等待选举结果时眼睛一直盯着屏幕。在私底下，他对待这位候选人的极端立场比在公开场合更友好些。当然，如果是在美国国家新闻业俱乐部演讲，他兴许就会与特朗普的"建墙论"撇开关系。但他和朋友们在一起时，就像现在这样，他会澄清说他可能不同意那些具体的政策方案，但对特朗普坦率地谈论移民问题感到兴奋。蒂尔会说："我喜欢他这样说。"

晚上 8 点左右，一种兴奋感开始形成，此时各大新闻媒体宣布特朗普已接连快速赢下北卡罗来纳州和俄亥俄州，在密歇根州和威斯康星州的领先优势也越来越显著，这两个州原是希拉里志在必得的。而在希拉里本应轻松获胜的宾夕法尼亚州，双方也几乎打成平手。蒂尔对特朗普及坚决拥枪的中西部选民的预测正在变成现实。

"这一切真的在发生吗？"有人问。

香槟酒在会场传递着，电视也转到了福克斯新闻频道。还有人想知道蒂尔到底有多大把握，蒂尔说："你永远不可能完全确定，但他拥有所有这些要素。他是真够傻，才能引起这么多人的注意。他也是够认真，才会那样去做。"气氛变得欢快起来，这不仅是因为他们的人赢了。"主要大家的心态都是'我这么高兴，那是因为硅谷的每个人都对此不高兴'。"一位与会者说。

蒂尔的电话一刻没停。参加聚会的人都在说，其中一位来电者是大名鼎鼎的伊拉克战争的公开支持者、美国驻联合国前鹰派大使约翰·博尔顿。他打电话来联系蒂尔，是想请蒂尔支持他到国务院任职。（博尔顿的发言人后来表示，博尔顿当时正在福克斯新闻台现场，选举之夜没有给蒂尔打过电话。）不久之后，蒂尔就不见了。

这群人移步到附近的创始人基金的办公室，继续喝酒，并试图复盘刚刚爆冷而出的情况。彼得·蒂尔这个书呆子、不善交际的技术人员怎么就被约翰·博尔顿等人追捧了呢？毕竟，此前，蒂尔一直是个毫不讳言的鸽派，而且他在共和党全国代表大会上的演讲中还曾严厉谴责"愚蠢的战争时代"。难道博尔顿，也就是那个时代的缔造者，现在会向一个风险投资家、政治新手致敬吗？这也太离谱了。不仅蒂尔几无胜算的下注得到了回报，他还成了美国新政府中的关键声音，哪怕在一些看似与其专长领域相去甚远的事情上也是如此。

蒂尔的助手们至此已经当特朗普胜选了，就好像这是世界上最自然不过的事。蒂尔年轻的幕僚长迈克尔·科雷特西奥斯和蒂尔基金会总裁詹姆斯·奥尼尔已经在兴奋地谈论交接仪式，他们说蒂尔将在几天内被任命为执行委员会成员，而特朗普的竞选团队已经承诺给他一个可观的一揽子大礼包。

一位参加那次聚会的人说："聊天的内容基本上就是，'你想在哪里工作？'"他们算是明白了，假如愿意，他们将有机会获得一份行政工作。

在"蒂尔江湖"里，还从来没有过比这更令人兴奋的时刻。在蒂尔的核心圈里，极少的自由派对此勉强认可——"嘿，他也就那么一说吧"，保守派则欣喜若狂。他们中几乎没有人喜欢特朗普，但这场胜选及蒂尔的参与让他们看到了新总统上台后的可能性。毕竟，特朗普是一个不按常理出牌的人，而且还是一个商人。按照"蒂尔江湖"的逻辑，这让他有可能比普通政客更优秀，尽管他也不完全是他们真正中意的那一类商人。也许他会欣然接受硅谷知识分子心心念念想要得到的那些政策。

他们设想能有4~8年的有利于企业的税收政策、军工结合体能张开双臂拥抱硅谷，以及美国食品药品监督管理局放松监管，这对风险资本支持的生物技术公司来说是潜在的福音。也许，尽管实在是在做梦，但特朗普或有可能支持比特币这样的加密货币。美国的相关政策可能会损害中西部的工厂，但对像 SpaceX 和特斯拉汽车这样在美国本土从事生产的科技公司及英特尔等芯片制造商来说，这可能是一件好事。谁知道这些对科技友好的政策能延伸到什么程度。即使是那些反对特朗普的硅谷领军人物，也倾向于把蒂尔在白宫的影响力视为一个令人鼓舞的迹象。

"他是唯一的技术领域支持者！""蒂尔江湖"的一名成员说，这话概括了人们普遍的情绪，"这就是要靠近蒂尔的全部原因。如果你得到他的支持，那么特朗普大概率会照他说的去做。"在创始人基金，蒂尔的这种影响力非常明显，以至于员工们给他起了一个新绰号——"影子总统"。

11 月 11 日，特朗普宣布，蒂尔将与丽贝卡·默瑟、特朗普的子女、贾里德·库什纳、雷恩斯·普利巴斯等人一起进入其过渡团队执行委员会。蒂尔的职责是任命能够彻底改变"行政国"（即比内阁低一级的以缩略字母简称的各种机构）的人士，其中包括美国联邦贸易委员会、美国联邦通信委员会、美国证券交易委员会、美国食品药品监督管理局及更小的机构，如白宫科技政策办公室等。这些机构雇用了数以万计的人，包括数百名政务官，他们代表着政府中的某种政府。蒂尔的工作就是任命能够"打破此局面"的人。

作为一个自由意志主义者，蒂尔似乎很享受这个角色。在其职业生涯中，他一直都没有停止攻击政府的监管权力，从最早创建 PayPal 及他的瑞士银行账户梦开始，一直到 2009 年撰文抨击民主，以及 2015 年接受泰勒·考恩采访时谴责"这些机构已经变得僵化，功能深度丧失"。

特朗普政府采纳了这种说法，抱怨一个如此强大的行政架构，就算用"深层政府"这个词来形容都嫌不够。"它才不深呢，它就在你的烤架上！"这要归功于"彼得·蒂尔的政府理论"。

进步人士明白了一些事情，他们说，有时我们赢得选举，有时我们输掉选举，但如果我们把联邦政府的职能扩展到这些以缩略字母简称的机构中去，那么在其内部本身，我们就将拥有我们自己的立法部门、我们自己的行政部门及我们自己的法院。这就是彼得想要追求的东西。

蒂尔建议任命那些有意从内部瓦解"新政"和"伟大社会"架构的行政官员，特朗普要任命那些希望推翻雷佛龙尊让原则的自由意志主义法官。这一判决先例是在 1984 年确立的。当时，美国最高法院裁定，里根政府的国家环境保护局可以改变其对于由吉米·卡特签署成为法律的《清洁空气法》的解释，从而使该法对雪佛龙石油公司更宽松。该裁决允许联邦机构调整执法方式，只要对法律的解释是合理的，这便给了政务官更宽泛的自由度。倾向于自由意志主义的法律团体，如联邦主义者协会，多年来一直反对这一点。蒂尔是联邦主义者协会的长期成员，可以从内部消除"行政国"。

彼得·蒂尔在大选后一周左右现身于特朗普大厦，准备即刻开始工作。当时，特朗普的工作人员不知道该怎么看他。他们认为，虽然他可能会兴致勃勃地向国家环境保护局局长等人提出建议，但他真正的目的只是拍拍照、在总统身边露露脸，并有机会提出一些于己有利的政策主张。毕竟，在特朗普的圈子里，许多人都是机会主义者和厚颜无耻的自我推销者。过渡团队的工作人员不断地想方设法地凑上去和特朗普待上几分钟，奇怪的是蒂尔根本就没提过要见特朗普。

这固然奇怪，但远没有蒂尔带来的随从那么奇怪。当然，执行委员会成员带一两个随从出场很常见，但蒂尔一带就是五六个。他们都是年轻人，而且个个英气逼人，看起来都像男模特似的。特朗普大厦14楼一间混乱的办公室被分配给了蒂尔，这里之前一直归斯蒂芬·米勒、彼得·纳瓦罗和柯特·埃利斯等特朗普政策团队成员使用。一条长桌在这里支了起来，那几位帅哥摆上了硅谷风格的笔记本电脑。从11月到1月，他们肩并肩地工作，炮制一份拟任命的官员名单，常常工作到晚上，那时大多数员工都已回家。

蒂尔列出了一份150人的名单，供特朗普考虑任命他们担任高级政府官员。其中许多人是极端自由意志主义者或反动派，其他人则很难归类。彼得瓦解政府的想法就明明白白地摆在那儿。人们以为特朗普是一个颠覆者，他们根本不知道蒂尔正在使劲推销的是什么。

为特朗普的科学顾问这个职位，他推荐了美国最著名的气候变化怀疑论者、普林斯顿大学的威廉·哈珀。哈珀在气候变化问题上持极端相反的立场，他认为二氧化碳不仅对地球无害，而且实际上对地球有益，因为树木生长需要二氧化碳。他将"对化石燃料的妖魔化"与希特勒对待犹太人的做法相提并论。蒂尔造访时似乎对这位物理学家很着迷，却没有意识到，无论特朗普或其工作人员认为这个人有多么聪明，他们也不会把一个否认人为气候变化的人的名字加入呈参议院批准的名单中。2018年，特朗普任命哈珀担任国家安全委员会新兴技术高级总监，职位较低。哈珀后来对我说："我从来不认为彼得在技术方面有多牛，除非你把技术的定义缩小到从互联网上获利的方式。"哈珀在2019年离开了特朗普政府，抱怨自己受到了白宫官员的打击，这些官员被"洗脑"了，才会相信气候变化的种种危险。

蒂尔还推荐了另一位总统科学顾问的候选人——耶鲁大学的戴维·格勒恩特尔，他是一位反政治正确的斗士，著有《精简版美国：帝国学界如何摧毁我们的文化》，这本书读起来就像是《多元神话》的21世纪第一个十年的更新版。格勒恩特尔指责是"后宗教、全球主义知识分子"造成了自由派对学术界的全面接管。更具争议的是，格勒恩特尔明确表示，他所说的全球主义者指的是犹太人，他认为犹太人天生就天真且好斗。在有关地球科学的问题上，他没有哈珀那么极端，但他也认为气候变化怀疑论是"许多平凡的真理之一，多年来每一个阅读客观无偏见新闻的人都明白这一点"。

格勒恩特尔的名字被披露之后，新闻媒体指出他并不隶属于任何主要的科学社团，这一点或许已被证明会有问题，如果白宫需要紧急处理危机，诸如自然灾害石油泄漏，抑或像《华盛顿邮报》有预见地指出的那样——一场疾病大流行的话。有人最初试图说服蒂尔不要将格勒恩特尔带到特朗普面前，但蒂尔坚持己见，他说格勒恩特尔是他所认识的最聪明的计算机科学家，除此之外，他还说格勒恩特尔曾被大学炸弹客炸过。1993 年，在他出版了一本关于虚拟现实即将流行的书《镜像世界》后不久，他收到了特德·卡钦斯基寄来的一个包裹。卡钦斯基曾任教于加州大学伯克利分校，一直在给技术专家和其他他认为对去乌托邦未来做出贡献的人寄炸弹邮件。格勒恩特尔受了重伤，在爆炸中失去了右手的一部分。

在某种意义上，这让格勒恩特尔成了技术殉道者，给蒂尔留下了深刻的印象，尽管这完全打乱了与特朗普的对话。特朗普对格勒恩特尔的伤势表示关注，向他询问了爆炸事件、健康状况、大学炸弹客等一系列问题，然后草草地将其打发。"你没有得到这个职务。"特朗普说。

这已然成为一种模式：蒂尔往往会提出某个大胆而荒谬的名字，但立刻就被否掉，取而代之的是一个更容易被接受的人。对于美国食品药品监督管理局局长这一职位，他试图提名一些与自己持同样观点的人，他们和他一样认为食品药品监督管理局管制新药测试的主要职责根本就没有必要。

癌症大数据公司 Flatiron Health 的联合创始人扎克·温伯格说，在药物开发商中，甚至在硅谷的许多人中，存在一种共识，那就是"不希望把个人置于风险之中"。Flatiron Health 是一家由硅谷支持的医疗研究公司，现在归制药巨头罗氏所有。"但彼得·蒂尔认为管制新药测试将放慢事情的进度。他的整个策略就是，虽然会伤及一些人，但只要能创造进步，他就愿意接受这笔交易。"

巴拉吉·斯里尼瓦桑是蒂尔领导的这场改革的盟友之一，也是蒂尔推举担任食品药品监督管理局负责人的第一人选。他是斯坦福大学计算机科学系讲师、加密货币企业家，与蒂尔一起投资了柯蒂斯·雅文的公司，并在评价硅谷精英们离开美国的睿智上看法一致。他在2013年的一次演讲中敦促科技人员离开"纸张地带"，"在美国以外建立一个由技术运作的选择性加入的社会"。斯里尼瓦桑对食品药品监督管理局也有一些怀疑。也就是说，他认为其根本就不应该存在。"就每一种沙利度胺而言，"他发推特说，"总是会有许多人因审批速度太慢而死亡。"他在接受特朗普面试前删除了这些推文。

蒂尔的主张也大致相同，但由于早在20世纪60年代初，美国食品药品监督管理局就曾拒绝批准沙利度胺这种镇静剂，而且此案被认为是了不起的行政成功案例之一，因此对一个将要执掌食品药品监督管理局的严肃的提名人来说，这种立场太离谱了。在欧洲这个监管较宽松的市场，允许给孕妇开沙利度胺，结果数以千计的婴儿在出生时四肢还没有完全成形。这一事件促使国会要求药品制造商在提出药物批准申请之前必须自证其药物有效，这在实质上建立了现代药品监管制度。但是，斯里尼瓦桑曾认为，食品药品监督管理局可以由一个去中心化的数据库来替代，无须再通过严格控制的临床试验取得疗效证据，而是由医生和患者为他们参与实验治疗的体验进行评估，他称之为"为药物呐喊"，实际指的是蒂尔资助的餐馆评级服务。

蒂尔推举的食品药品监督管理局负责人职位的另一人选是詹姆斯·奥尼尔，他具体运作蒂尔基金会，并一直作为投资者在阿贾伊·罗恩的风险投资公司Mithril工作。与斯里尼瓦桑相比，奥尼尔更谨慎一些，同时他也有实际的政府经验，曾在教育部、卫生与人类服务部担任演讲稿撰写人，但他从未接触过与宏观科技管理相关的岗位，而且其大部分职业生涯都与公共关系有关。奥尼尔也主张收回食品药品监督管理局监管药品疗效的授权。

奥尼尔和斯里尼瓦桑去见特朗普，但这两个候选人并没有得到支持。巴拉吉是个天才，但这太离谱了。提名一位暗示要撤销食品药品监督管理局的计算机科学家（斯里尼瓦桑被称为"双脑人"）来管理该机构是不现实的。

这样做会让特朗普被贴上激进分子的标签，而且还不是在正面意义上。相关人士认为："这可不是在前100天内就能赢得的人事审议听证会。别忘啦，我们是一个联合政府，共和党建制派对我们的所作所为感到震惊。蒂尔对此心灰意冷。"

在1月，蒂尔的长期合作伙伴杰夫·吉西亚为年轻的另类右翼活动分子举办了一场被他称为"糟透了"的聚会。希拉里曾用"一帮糟透了的人"来贬低特朗普的支持者，她还明确说，这指的就是"大老党"（即共和党）里的"种族主义者、性别歧视者、恐同者、仇外者、恐伊斯兰者"。吉西亚半开玩笑地借用希拉里的叫法，表明这个聚会就是专为蒂尔一直在培养的保守媒体人士组织的特朗普就职派对。蒂尔当然会出席。

即便如此，甚至就在蒂尔因白宫内部出现极度混乱而焦急不安，并企图将"横扫一切"的自由意志主义者塞进特朗普政府的时候，他的关系网开始紧密合作。12月，吉西亚政治团体的组织者之一蒂姆·吉奥内特，即人们所知的另类右翼推特账户 Baked Alaska 的幕后人物，一直在发推文时使用"JQ"（另类右翼提及犹太问题时的简称）来阴谋论地谈论犹太人控制媒体。对于这个问题，希特勒曾试图通过他1942年的最终解决命令来回答。作为回应，吉西亚和迈克·切尔诺维奇把吉奥内特从演讲者名单上去掉，并通知他不受欢迎。他们还否掉了理查德·斯宾塞，因为此人向特朗普致以希特勒式的举手礼。

蒂尔出席了那次聚会，但始终待在一旁，而且半个小时后就离场了。在其幕僚们的心里，蒂尔一直当了两个月的"影子总统"，但付出的努力几乎毫无成果。尽管他确实取得了一些令人欣慰的成功，但在他推荐的150个行政职位人选中，只有十几个人得到了实际任命。长期以来为他提供对冲基金创意的凯文·哈林顿将被任命为国家安全委员会的总统副助理，他的幕僚长迈克尔·科雷特西奥斯将担任副首席科技官。科雷特西奥斯最终在2019年被提拔为国家首席科技官，这是蒂尔努力争取到的唯一由参议院批准的任命。到2020年年中，科雷特西奥斯的权限进一步扩大，担任了国防部主管研究和工程的代理副部长，负责特朗普总统任期最后数月中五角大楼的研发经费预算。

哈林顿赢得了蒂尔那些长期助手的普遍尊重，但除了他之外，上述那些人都不是蒂尔圈子里小有成就的人，也不是蒂尔试图安插在高层职位上的天才颠覆者。他们大多是平庸的事务官僚。或许是出于一厢情愿的想当然，又或许是出于职业嫉妒，"蒂尔江湖"的一个绝不支持特朗普的成员推测，蒂尔在白宫里安排了"他手下的一群无用之人"，借以给总统挖坑。

蒂尔圈子里的其他更激进的成员认为，蒂尔未能在特朗普的白宫内安置更多的盟友，这是导致其失败的原因。有人认为："他打响了一枪，也赢了几场小胜，但更多的还是败仗，他败就败在特朗普其实并不是一个革命者。"

当然蒂尔最终彻底失败，是因为选择了破坏而不是维持常态，结果适得其反。这样看来，是特朗普圈内的温和派在其女儿和女婿的领导下粉碎了蒂尔策划的革命。

但蒂尔其实从未指望一场革命，他总是备有后手，那就是对冲。特朗普政府上台之时，即蒂尔自己正遭遇政治挫折之际，他已经准备好了下一步行动的棋子。

第 17 章

有争议的政策

12月14日，即蒂尔加入过渡团队一个月后，此时距新总统就职典礼还有一个月，在特朗普大厦25层的一间会议室里，当选总统依惯例在正中间就座，看上去春风得意。他最亲密的顾问悉数到场，有彭斯、普利巴斯、库什纳、斯蒂芬·米勒、伊万卡·特朗普，还有埃里克·特朗普和小唐纳德·特朗普。但真正的明星是美国最大、最重要的科技公司的首席执行官们，以及他们在特朗普一应事务上的导师彼得·蒂尔。

蒂尔坐在特朗普的左手边，彭斯坐在他对面。蒂尔的左侧是苹果公司的蒂姆·库克。其他与会者则围着长桌与特朗普的顾问和孩子们交错就座，其中有脸书的谢丽尔·桑德伯格、亚马逊的杰夫·贝索斯及微软、思科、甲骨文、英特尔、IBM等公司的首席执行官。

"这些公司都是巨无霸！"特朗普喜不自禁地说，接着不吝溢美之词地对蒂尔大加赞扬。他认为这位硅谷投资者"很早就看出了一些东西，甚至比我们明白得还要早"。为了给特朗普宽阔的肩膀让出空间，蒂尔把手臂缩到桌子下面，好像在躲开总统，而特朗普一边说着,一边伸手到桌子下面去摸索蒂尔的手,抓住后就拉到了桌面上。"他太棒了,太出色了,在共和党全国代表大会上得到了最热烈的掌声!"特朗普深情地摸着蒂尔的拳头说,"我要谢谢你,兄弟!你真的太出类拔萃啦!"

虽然蒂尔觉得这兄弟的柔情有点儿令人尴尬,但他还是被感动到了。那年早些时候,他俩在脸书的会面既尴尬又紧张,但现在硅谷最优秀、最睿智的精英们来到特朗普大厦,向他们曾经嘲笑的场景表示敬意。蒂尔面带微笑。在没有人相信特朗普的情况下,他把宝押在了特朗普身上,而且还押对了。

除了扮演权力掮客,蒂尔也有机会捞金进账。与会者中包括美国市值最大的几家科技公司的代表。蒂尔还邀请了两家较小公司的代表,他在这两家公司都有股份。蒂姆·库克左边坐着埃隆·马斯克,他的特斯拉汽车公司当时的市值约为第二大受邀公司思科的1/5。坐在马斯克对面的是一家规模更小的公司的首席执行官亚历克斯·卡普。

当然,卡普是蒂尔的密友之一,他经营的公司是由蒂尔创建的,而且迄今公众并不了解蒂尔仍然实际控制着这家公司。然而,卡普也突然从唐纳德·特朗普身上得到了很多好处。就在大选之前,联邦法官在帕兰提尔起诉陆军的案件中做出了有利于帕兰提尔的判决。这意味着陆军将不得不重新对其合同进行招标,并将帕兰提尔和其他商业软件制造商纳入潜在候选人,以使之共同竞标这个价值能达到数亿美元的项目。

法院的判决并不意味着美国陆军一定要购买帕兰提尔的软件,而只是表示军方将对该公司"仔细研究",这是帕兰提尔的律师哈米什·休姆的说法。现在卡普有机会当面向美军总司令提出请求。他向特朗普保证，他的公司可以"帮助加强国家安全，减少浪费"。当有人问及，卡普就说，他也不清楚自己为什么会被邀请参会，他只知道这次会议是蒂尔组织的。"或许有好多我不知道的情况，但甄选过程肯定是有的，反正问到我，我就答应了。"当然，蒂尔没有邀请其他国防承包商参加这次会议，包括卡普的主要竞争对手雷神公司。

2016年总统大选期间，硅谷和特朗普之间的鸿沟引发了很多争论。人们都知道特朗普非常鄙视亚马逊及其创始人杰夫·贝索斯，因为贝索斯手中握有自由派的《华盛顿邮报》，而且正如特朗普所说，亚马逊的"垄断倾向导致了百货商店和零售业的毁灭"。在竞选活动中，特朗普曾多次暗示，针对《华盛顿邮报》的那些负面文章，他将提起反垄断诉讼，借以反击贝索斯。而且，他曾攻击苹果公司将手机生产线安置在中国，并提议撤销最受大型科技公司青睐的项目之一——H-1B签证。脸书和谷歌认为，这种向科技人员授予临时居留权的签证在硅谷特别受欢迎，实际上应该扩大才是。

考虑到特朗普对科技公司创始人倾向的立场及对科技公司创始人本身的敌意，几乎所有在场的人在大选时都支持希拉里也就不足为奇了。大选结束几天后，拉里·佩奇和他的谷歌联合创始人谢尔盖·布林主持了一次全员会议。布林在会上表示，他认为特朗普当选是"一种极大的冒犯，与我们的许多价值观相冲突"。贝索斯也曾开玩笑说，他真想把特朗普送到外太空去。

专家预测，大选后的骚乱将使特朗普与这些自由派领袖对立，因为他们都赞成全球化、移民、毒品合法化及同性恋权利。事实上，关于此次会议的最早报道（基本上依据媒体被允许留在会场的那三四分钟）也印证了实际情况的确如此。《商业内幕》杂志发布了一张桑德伯格、佩奇和贝索斯同框扮鬼脸的照片，照片上方的标题是"完美地捕捉到特朗普和所有反对他的科技公司首席执行官的首次会面"。

但在媒体被赶出去后，会场里的情况变了。随着镜头的消失，科技公司的首席执行官们立马变得热心体贴，一再感谢特朗普给他们这次见面的机会，尽管特朗普还在继续挤对他们。特朗普斥责贝索斯不该拥有《华盛顿邮报》，说库克搞不定苹果的资产负债表。"蒂姆也有问题，"特朗普厉声说，"他的现金流太多。"他还一度把这些人称作"世界历史上最伟大的自由主义者"。

科技公司的首席执行官们自始至终面带微笑，奉承特朗普，取悦他的助手，还尽量避免私下显露分歧。大多数人都没有投特朗普的票，而现在他们又想向他表示他们可以与他一起工作。这些人太激动了，就好像他们终于被邀请和橄榄球队的四分卫共进午餐。特朗普已经做好因其关于 H-1B 签证的言论而遭受围攻的准备，然而这些高管反而表示他们愿意接受。"我们有些员工非常担心这个问题，"思科的首席执行官罗卓克说，他指的就是 H-1B 签证，"如果您能谈谈这个问题，可能对安抚情绪有帮助。"这是特朗普在整个一小时的会议中遇到的最大难题，他毫不让步地避而不谈，他说："我们将在移民问题上干一件大事，我们要抓住那些坏蛋。"特朗普指的是他已经做过无数次的竞选承诺：驱逐数百万在美国的无证人士。

没有人反对此事，也没有哪位首席执行官试图抨击特朗普表示他正在考虑的另一项政策，即建立登记制度，以便跟踪穆斯林进入美国的情况。相反，他们都试图避免讨论这一问题，暗示只要特朗普能够为他们的公司提供足够多的熟练人手，打击非法移民就没问题。"我们应该把边境安全与人才分开。"库克说，他建议美国应努力建立"对人才的垄断"。蒂尔私下里经常将接受美国价值观的移民和不接受美国价值观的移民区分开。他提出，美国可以采取一种与新西兰相似的体系，即使用积分制，不仅使受过良好教育、语言技能良好的移民更容易进入美国，而且使低技能移民更难进入。

斯蒂芬·米勒完全支持蒂尔提出的积分制，并补充说特朗普将打击滥用 H-1B 签证的外包公司。总统大选期间，米勒曾因其在移民问题上的极端主张而引起人们的关注。他坚持要把墙建得越高越好，这无疑激怒了民众。另有资料显示，米勒在大学期间曾写过一系列专栏文章，似乎走的是一条种族主义路线，包括为比尔·贝内特关于打掉黑人胎儿的言论辩护，但他说被别人断章取义了。这些科技公司的首席执行官不仅没有一个为那些在这项计划下被拒绝入境甚至驱逐出境的墨西哥移民发声，而且似乎对此十分赞赏。谷歌董事长埃里克·施密特为特朗普的"胡萝卜加大棒"移民改革方案想了一个名字，他说："就叫'就业法案'吧！"

这些科技公司的首席执行官本可以向特朗普提出其他一些他们所关切的问题。他们完全可以问他，为何要威胁利用反垄断法来损害他们，或者问他是否意识到他的反移民言论对他们现有的员工会造成多么大的伤害。他们完全还可以把特朗普许诺要退出《巴黎协定》的事提出来，或者探讨一下他在 2014 年就发推文阐述过的拟终结网络中立的计划，即要废除一项被在座的科技界人士视为现代互联网根基的法律，抑或讨论一下特朗普在竞选期间对于技术、科学及未来表现出的种种敌视。但是整个会场的人都忽略了这一切，而把话题转向了特朗普的标志性问题——中国。贝索斯抱怨说，亚马逊花了许多年时间试图在中国获得营业执照，并指责中国政府保护中国电商巨头阿里巴巴。他还称中国公司正在窃取其公司的知识产权，并抱怨美国邮政总局向中国制造商收取的货物航运到美国的资费太低。其他首席执行官也有类似的抱怨。

蒂尔对特朗普总统任期所做出的最重要的贡献并不是提出了十几个建议任命的人选，而是能够让美国最有权势、最受尊敬的商界人士加入特朗普的圈子，尽管他们私底下都瞧不起他。在奥巴马总统的2011年硅谷晚宴上，虽然也有重量级人物参加，但并没有一个不落，而且那次晚宴还导致奥巴马总统和史蒂夫·乔布斯之间出现意见不合。与那次晚宴不同，此次会议几乎没有出现明显的分歧。

这不是硅谷的官方立场，硅谷将自己定位为一场迅速兴起的抵制运动的一部分；这也不是特朗普的官方立场，在后来四年的大部分时间里，他一直在威胁要对大型科技公司征税、监管甚至将其拆分。描述这种情况可以用蒂尔喜欢的一个词——kayfabe，这是一个职业摔跤术语，指的是摔跤比赛按提前编写的脚本进行以更具观赏性。

2017年1月，特朗普签署了一项行政命令，暂停来自七个以穆斯林人口为主的国家的公民入境，包括伊朗、伊拉克、利比亚、索马里、苏丹、叙利亚和也门。该命令适用于难民，而且在白宫收回成命之前，也适用于绿卡持有者。该命令还指出，当这些国家向美国的移民恢复时，凡因"少数宗教"而受到迫害的难民将享有优先权。特朗普澄清说，他的意思是说基督徒比穆斯林更容易获得美国签证。

这就是特朗普在竞选活动中大肆兜售的承诺要实施的穆斯林禁令。此禁令立即受到自由派和公民自由意志主义者的谴责，他们指出这看起来不仅已经越线到宗教歧视地步，还把那些已经在美国生活多年但恰巧于1月出国旅行的人推入了极其糟糕的境地。700多名合法前往美国的人被扣留在机场，其中许多人在美国还有家人，当局却准备将他们遣返出境。

次日，示威人群聚集在美国纽约肯尼迪国际机场的国际到达区。出租车司机罢工，数千人当晚举行集会，联邦法官下令停止遣返。纽约的示威被广泛报道，抗议者也纷纷出现在各地的机场，在旧金山国际机场，谷歌联合创始人谢尔盖·布林在此对记者们说："我来这里，就是因为我也是难民。"布林还表示他是以"个人身份"来的。谷歌首席执行官桑达尔·皮查伊明确表示这一切反映了谷歌的企业价值观，皮查伊在写给员工的电子邮件中表示："对这一命令的影响及任何可能对谷歌员工及其家人强加限制的提议感到忧心忡忡。"网飞、苹果和微软也发表了类似的声明。

各大公司的反应受到旧金山科技媒体的猛烈赞扬，这些媒体偏向左倾，并仍然把硅谷的高管们捧为英雄。《连线》杂志宣称："科技抵抗开始了！"实际情况则复杂得多。没错，有些公司，尤为突出的是谷歌，为了响应员工的维权行动，将自己摆在了特朗普的对立面，但大多数公司还是试图找到某种中间立场，希望能避免惹怒总统。

这在那些蒂尔具有影响力的公司中尤为明显。作为支持移民的政治权益组织FWD.us的共同创建人，马克·扎克伯格似乎理应是这项行政命令的反对者，但他的反对声明明显比他的大多数同行要弱。他在脸书上发帖写道："很担心特朗普总统近期签署的一系列行政命令所带来的影响。"但他也赞扬特朗普承诺要为那些儿时就来到美国的非法移民"拿出一些办法来"，其实这些人曾被奥巴马总统的行政命令赋予了合法地位。特朗普并没有兑现这一含糊的承诺，并于当年9

月取消了该项目。扎克伯格在他的声明中还赞扬特朗普支持吸引高技能移民,这是脸书的业务重点。当时美国科技媒体网站 TheVerge 的科技专栏作家凯西·牛顿指出,脸书首席执行官的帖子"远没有达到批评的程度"。

埃隆·马斯克更是直截了当地反对禁穆令,称这"不是应对国家挑战的最佳方式"。但马斯克在其他领域找到了与特朗普的共同立场,他加入了特朗普的经济顾问委员会,一起共事的是一群重量级人物,其中包括 IBM 的罗睿兰和迪士尼的鲍勃·伊格尔。此外,他还加入了另一个有关制造业的顾问委员会,共事的有英特尔的布莱恩·科兹安尼克和通用电气的首席执行官杰夫·伊梅尔特。这两个委员会将在 2017 年年底前解散,马斯克却在年中因抗议特朗普退出《巴黎协定》而辞职,但当时他们都受到了白宫的称赞。

卡普似乎看不起特朗普,大选前夕,他在与帕兰提尔的员工开会时,把特朗普大骂了一通。他夸口说自己曾拒绝与特朗普见面,还称特朗普的财富都是"瞎编的",把他描述成一个"恶霸"。卡普说:"我一点都不敬重这家伙,要编一个让我觉得没那么有吸引力的人出来还真是难。"但经卡普在特朗普大厦的一番表演之后,帕兰提尔开始利用蒂尔的一切可能的人脉,积极地向特朗普政府兜售。

在过渡期之初,蒂尔曾敦促特朗普将长期担任美国国立卫生研究院院长的弗朗西斯·柯林斯解职。柯林斯是一位颇有建树的遗传学家,在比尔·克林顿和乔治·W.布什任期内领导了人类基因组计划,之后在奥巴马任期内接手了美国国立卫生研究院。蒂尔认定国立卫生研究院已经变得暮气沉沉,需要重整旗鼓。蒂尔建议由共和党国会议员、前麻醉医师安迪·哈里斯接任院长,此人来自马里兰州东岸一个极端保守的乡村地区。哈里斯是特朗普的坚定支持者，也是众议院自由党团会议的成员之一。2016年年初，他引起了公众的注意。当时在一场常规的普通投票程序中，他是8名反对以诗人和民权活动家玛雅·安吉罗的名字来命名某邮局的共和党人之一。他声称，安吉罗是美国历史上最著名的黑人艺术家之一，也是共产主义的同情者。在特朗普总统任期内，哈里斯通过对一项谴责匿名者Q的决议投考虑票，反对抗击新冠肺炎疫情的居家令和他所说的"口罩崇拜"，以及支持特朗普企图推翻2020年大选结果的努力等，进一步获得了知名度。他也是国立卫生研究院改革的长期倡导者，他建议国会强制该机构为年轻的研究人员提供更多的资助，这可是蒂尔钟爱的事业。

解雇一位在政府工作了20多年的备受赞誉的遗传学家，并用一名以挑起与美国邮政总局之间的文化战争而闻名的极右翼煽动者来取代他，这样"亮眼的"动作也太过分了。但哈里斯1月初被允许来纽约参加应聘面试。

根据特朗普政府后来披露的文件，对哈里斯的审查包括在特朗普大厦接受采访，以及与蒂尔和布莱克·马斯特斯共进午餐。在午餐后的一封后续邮件中，哈里斯同意蒂尔关于国立卫生研究院的某些方面已过时的看法，并提到非常渴望能更多地了解帕兰提尔。他说，他正在与帕兰提尔的最高业务开发主管希亚姆·桑卡尔接触。回过头来看，这似乎是一次非常成功的商业推销的开场。2018年，美国国立卫生研究院与帕兰提尔签订了一份价值700万美元的合同，帮助该公司跟踪其正在收集的研究数据。后续还会带来更多的订单合同。

蒂尔的确试图在移民政策上与特朗普拉开距离。在一次采访中，他甚至赞扬起这位总统的一些值得怀疑的品行，比如他与普京的亲密关系，他与其企业在利益上的密集冲突，甚至他的发型。蒂尔指出，特朗普计划建立穆斯林登记制度是不可能实现的，至少在帕兰提尔是不可能的。"我们不会那样做！"他告诉《纽约时报》的专栏作家陶曼玲。

但是，这位现在批评穆斯林登记制度的人却是该计划最著名的支持者克里斯·科巴赫背后的关键人物之一。这位堪萨斯州州务卿认识蒂尔 10 多年了，两人第一次见面时，科巴赫是美国移民改革联合会的律师，蒂尔曾于 2005 年左右向该组织捐款。

蒂尔和科巴赫成为朋友的那段时间，科巴赫通过几件事引起了人们的注意，其中就包括起诉加利福尼亚州以阻止非法移民以州内学费标准上州立大学，以及为那些试图阻止非法移民获得住房的城市辩护。据一位了解蒂尔政治运作的人估计，蒂尔至少向科巴赫提供了 500 万美元用于其政治活动和事业，而这些都是蒂尔在 2005—2020 年一直倡导的。2016 年总统大选后不久，科巴赫被拍到走进特朗普在新泽西的高尔夫俱乐部，随身携带一份"最初 365 天的策略规划"，其中包括一项具体计划，拟恢复"9·11"事件后一段时期的数据库来追踪"来自高风险地区的外国人"，并询问潜在移民对伊斯兰教教法的看法。特朗普的支持者为此项提议进行了辩护，指出同样的注册做法已经在第二次世界大战中被用于日裔美国人。

此外，帕兰提尔已经开始与一些政府机构开展业务，而这些机构都是特朗普想要在打击非法移民行动中投入使用的。在竞选过程中，特朗普曾夸口组建一支大规模的"遣返部队"，这是一项需要依靠美国移民和海关执法局完成的警务工作。帕兰提尔与该局已经签订一份价值 4 100 万美元的合同，这得益于双方自 2014 年以来签署的一项合作协议。

2017 年 2 月，白宫宣布了将导致更多遣返和突袭行动的政策变化。此前，奥巴马政府曾指示移民和海关执法局重点遣返那些被视为威胁的无证移民，例如帮派成员或被判犯有暴力罪行的无证移民，被判犯有轻罪的一般不会被遣返。特朗普改变了这一切，命令移民和海关执法局遣返所有犯罪的无证移民，无论其所犯罪行大小；终止"抓了就放"政策，根据该政策，移民局官员可以让在越境时被抓到但向美国申请政治避难的人获得自由。新的指示要求，要么将这些人留置在拘留中心，要么将他们送到墨西哥去等待结果。政策备忘录指出，带孩子越过边境的父母可能会被遣返，即使他们的孩子被留在了美国。

不管蒂尔做没做保证，帕兰提尔都将在这个强力执行计划中发挥重要的作用。公共记录显示，帕兰提尔创建了一个名为 FALCON 的数据库，与其为军方和情报部门创建的数据库没什么不同，该数据库旨在帮助移民局官员抓捕走私犯和其他边境犯罪分子。该公司还秘密帮助创建了第二个数据库——智能分析框架，该数据库创建了个人风险评分，海关和边境保护局用其评估旅行者和移民。

上述内幕被披露，加之蒂尔支持特朗普，便引发了强烈的抗议声浪，首先是在硅谷，然后传到了硅谷之外。2017 年 1 月，激进组织技术工人联盟在帕兰提尔总部门前举行示威游行，抗议该公司与特朗普沆瀣一气。两个月后，FALCON 数据库建设被曝光，一群示威者出现在蒂尔的旧金山宅邸外，手持标语牌——"帕兰提尔：醒醒吧！你是同谋，不要为魔多开发软件，彼得·蒂尔是吸血鬼！"随后四年间出现了许许多多类似的抗议活动，而这两次是最早的，它们将巩固帕兰提尔与特朗普时代一些最具争议的政策之间的联系。

帕兰提尔对特朗普政府的支持仍然是间接的，蒂尔却并不吝于直接将其商业利益与特朗普最有争议的政策挂钩。2017年，查尔斯·约翰逊说服蒂尔投资他与霍安·同-代特（在共和党全国代表大会上见过蒂尔的反高客狂热者）共同开发的新公司Clearview，约翰逊向蒂尔解释说他们的构想很简单：他和同-代特撰写应用软件，以便浏览脸书上的个人简历文件，以及上传到其他社交网络的此类文件，然后下载每个用户发布的照片，并根据照片上的名字保存相应的文件副本。他们将把这个数据库连同面部识别算法提供给警察局和其他执法机构。如果配合使用这些工具软件，警方可以拍下身份不明的罪犯的照片后上传，便可获取其姓名。两人将聘请纽约市前共和党政治活动人士理查德·施瓦茨担任联合创始人和总裁，同-代特担任首席执行官。约翰逊将获得该公司1/3的股权，但他不担任任何正式的运营职务，他的工作就是为公司筹集资金，并协助争取更多客户签约。

约翰逊声称，这个软件对于特朗普的移民整肃行动是非常理想的。"其实就是构建算法，使遣返小队能直接甄别所有的非法移民。"他在脸书上发帖进行描述。约翰逊后来还说："本来是开玩笑，可后来竟然成真了。"事实上，Clearview最终与移民和海关执法局签订了一份合同，允许它使用其技术，并得到了蒂尔的帮助。听了约翰逊的介绍，蒂尔提供了20万美元的启动资金。

蒂尔对特朗普的好感，以及他与约翰逊等人的热络，足以让他众叛亲离。几个经年密友干脆不再和他说话，其他人只是避开与蒂尔相关的政治，试图将他对特朗普的看法同他作为技术专家的工作区分开来。

蒂尔从不善于接受批评，这使得公开批评他几乎不可能，如果你还想要拿他的钱的话。他的一些密友却迈出了这一步。2016年总统大选后不久，曾负责管理对来福车投资的创始人基金合伙人杰夫·刘易斯写了一篇博客文章抨击特朗普，同时含沙射影地批评了他自己的老板。"如果我们认真对待特朗普。"刘易斯写道，暗指蒂尔曾提出的对特朗普"要严肃认真，但不能死抠字眼"的建议。"一年后写这样一篇文章对我来说可能不安全……如果一些流传的最可怕的谣言已然成真，那么我就会因今天写下的这些话而面临报复，"刘易斯表示，他希望证明自己是错的，但仍补充说，"就我迄今所见而言，特朗普总统当政的无厘头世界并不是我希望自己的孙辈后代延续继承的世界。"他后来编辑了这篇帖文，删除了批评蒂尔的文字，以及涉及其孙辈的话。

2015年，蒂尔接受了Y Combinator的一个兼职职位，这家初创孵化器有时被人比作"蒂尔奖学金项目"。后来，Y Combinator扩大了风险投资领域，取代创业者基金成为硅谷名噪一时的公司。这家公司和创业者基金一样，致力于企业家和企业控制，对雄心勃勃的公司非常狂热。创始人基金的宣言中提到了快速飞机，实际上Y Combinator还投资了一家超声速飞机制造商Boom Supersonic、一家核聚变发电公司、一家无人驾驶汽车公司，以及比任何投资者都多的种子期生物技术公司。

蒂尔与年轻的Y Combinator总裁山姆·阿尔特曼关系密切。阿尔特曼曾在2016年总统大选期间支持希拉里，他将蒂尔视为导师，并曾在大选前为他辩护，还承诺"不会因某人支持主要政党候选人而解雇他"。但在随后而来的秋天，Y Combinator悄悄地将蒂尔的名字从合伙人名单中删除，并修改了欢迎他加入公司时的博客文章。"编者按：彼得·蒂尔不再属于 Y Combinator。"一则更新写道。虽然阿尔特曼始终没有对此做过公开解释，但人们普遍认为这一动作是对蒂尔政治的否定。

这种反应更加强烈地表现在"蒂尔江湖"内部的进一步疏离上。曾经将蒂尔当作偶像崇拜的路易斯·安斯洛曾梦想能从蒂尔那里得到一份投资意向书。现在他大反转了。安斯洛提出要反对"PayPal 黑帮"，敦促那些和他一样有着创业头脑的未来主义者加入"抵制蒂尔"运动，要拒绝接受来自蒂尔所属公司的任何资本。"我的梦想是从他那里拿到一份投资意向书，然后对他说：'滚！'"安斯洛在一篇博客文章中这样写道。他将蒂尔支持特朗普与亨利·福特支持阿道夫·希特勒，以及蒂尔和特朗普都仇视政治正确与福特和希特勒都反对犹太人相提并论。这并不微妙，但它反映了科技行业对蒂尔影响力的一种严重的排斥。

蒂尔奖学金学员们曾经得到保证，如果他们提出想要和风险投资家或潜在的商业合作伙伴见面，就一定会接到回应的电话。但在 2017 年，这样的回电都姗姗来迟。当我问及针对蒂尔与特朗普和极右翼关系的潜在负面反应时，一位继续成功创办科技公司的前 2016 届蒂尔奖学金学员这样说："要说这个，我有一句标准的台词，我总是表示'我是蒂尔奖学金项目的一部分，但当时蒂尔还只是个科技人物，而并非政治人物'，这样人们大概就能理解了。"

他还表示，直到大选之前，他都一直认为那些描述蒂尔冷漠无情的报道没有说服力。"这绝对改变了我对他的看法，"他说，"这是我头一回觉得这个超级负面的帖子是可信的。"其他人更愿意将蒂尔下注特朗普看作纯粹与权力有关。一位著名的硅谷软件企业家说，他也许意识到了"我只要支付100万美元，就可以成为内阁成员"。

对于蒂尔对一位保守的真人秀明星的支持，硅谷的大多数人最终的反应是冷嘲热讽。他们选择忽略蒂尔亲近极右翼的行为，以及特朗普的白人至上主义主张是多么贴合蒂尔对移民的情绪。这些也可能是真正的破坏者必须做出的道德妥协，与PayPal的增长黑客行为、脸书侵犯隐私的行为，以及蒂尔及其同事在整个职业生涯中有关要加速未来到来的谎言毫无二致。"你是否同意他的观点根本不重要，他总是对的。"曾为蒂尔奖学金学员的奥斯汀·拉塞尔说，他现在是专为自动驾驶汽车制造传感器的Luminar公司的首席执行官。拉塞尔说："如果你真的想改变世界，你必须先在谈判桌上拥有一席之地。"

事实上，也许就是为了安抚他的朋友，蒂尔才试图同特朗普拉开距离，并解释说示好只是与可能的赢家搭上关系的实用主义手段而已，就像奥斯汀·拉塞尔曾经做的那样。"支持特朗普是我做过的最不逆潮流而动的事情。"蒂尔经常这样说，别忘了，毕竟，半个美国都同意他的观点。他私下里更加直言不讳。在蒂尔基金会的一次晚宴上，有一位在蒂尔公司工作的长期投资人告诉一群企业创始人，其老板把支持特朗普当作向他始终鄙视的精英机构发起本能的攻击——"他想看着罗马被焚毁"。

罗马在夏末开始燃起熊熊大火，当时蒂尔正在被试图确保任命为白宫情报顾问委员会主席。这个职位虽然是兼职，声望却很高，在他之前担任此职的人包括前参议员查克·哈格尔、前国家安全事务助理布伦特·斯考克罗夫特和前参谋长联席会议主席威廉·克罗。此职位本身具有巨大的潜在影响力，而且与他共事的还有甲骨文公司的萨弗拉·卡兹——除蒂尔之外唯一来自杰出科创行业的特朗普支持者，这些都给了蒂尔一个平台来号召为硅谷类型的软件注入更大规模的投资，同时能够帮到帕兰提尔，并给了他削弱公司竞争对手的机会。

但随后在夏洛茨维尔发生了"团结右翼"集会事件，抗议者希瑟·海尔被白人至上主义者杀害，而特朗普在事后发表的评论中称"双方都有非常好的人"。这一事件也切断了蒂尔与白宫之间最重要的联系渠道。

蒂尔开始胡扯，担心拟议中的职位将如何影响他的公司，当然，当帕兰提尔赢得又一个合同时，肯定会有人指控其间存在腐败行为。他告诉一名亲信，他担心这个职位对他的个人生活和隐私将意味着什么。2017年秋，蒂尔通知白宫说他将退出情报顾问委员会主席职位的角逐。2017年10月，蒂尔年满50岁。对一个一辈子都生活在死亡恐惧中的人来说，这一里程碑事件并非完全受欢迎，但他和他的长期伴侣马特·丹泽森还是邀请了朋友到奥地利维也纳来庆祝。当客人们纷纷到场时，他们被告知这不是生日聚会，而是婚礼。蒂尔要结婚了。

从表象看，很容易误将蒂尔转身远离特朗普政府当成退却。他其实再也不想因为职位原因而不得不为特朗普总统极具争议的移民政策辩护，也不想再面对罗伯特·穆勒的"通俄门"调查不断加码时的审查。他安定下来了，至少在社交方面，他和丹泽森考虑要孩子。不过，尽管他远离了公众生活，但他并没有离开政治或科技领域。相反，他正在发起一场运动，以巩固自己在华盛顿的影响力，并确保他的公司能够从这种影响力中受益。特朗普政府越来越丑陋，但这也是彼得·蒂尔职业生涯中最有利可图的四年。

第 18 章

"蒂尔江湖"信条：
被骂邪恶总比被骂无能强

    2019 年年初，我沿着日落大道来到一座玻璃办公大楼，这里离西好莱坞那些风景优美的俱乐部不远。蒂尔资本的大套房位于大楼的 11 层，是崭新的，里面摆满了看起来十分昂贵的 20 世纪中期的家具，却明显缺少生气，这一点和人们对蒂尔家的描述一模一样。这里寂静得仿佛掉根针都能听得见，而且大多数办公室似乎空无一人。一位助手出现了，把我领到一间玻璃会议室，那里可以看到令人叹为观止的峡谷景色，他还给我端来了一杯用漂亮碟子托着的浓缩咖啡。几分钟后，蒂尔走了进来，身穿一件开领 Polo 衫和牛仔裤，脸上笑意盈盈。我们的谈话未作记录，持续了一个多小时，接着突然就结束了，蒂尔起身径直走了出去，把我丢在那儿尴尬地琢磨还有没有人会过来送我出去，又或许人家想的本来就是我自己离开。这是一种非常奇怪的退场方式，倒也不是说完全粗鲁的那种，但就好像他已经没有更多的话要说，却也没想到要道个别。

    在采访中，我尝试引导他说出对未来的看法，也就是说特朗普之后会怎样。我还想弄明白他为什么总跟谷歌过不去，两者之间公开的敌对状态始于 2012 年，当时蒂尔正在斯坦福大学开讲座。在其中一场讲座中，他提到了谷歌在互联网搜索领域的垄断地位，然后坚称谷歌把自己伪装成一家通用技术公司，根本就是为了避开美国司法部和其他反垄断监管机构的审查。蒂尔说，这种自我表述就是一个谎言，谷歌在无人驾驶汽车和社交网络等领域都有业务，其原因就是"政治要求资金必须分散开来"。

当时，大多数听到或读到蒂尔上述说法的人都以为他只是把这当成一种有意思的观察结果，甚至是某种褒奖，但事实并非如此。2001 年，蒂尔在 PayPal 与易贝的争斗中以反垄断审查相威胁；2011 年，当年曾具体负责此事的高管文斯·索利托现身夏威夷，代表另一家蒂尔投资的公司 Yelp 在西部总检察长会议上做演讲。该公司首席执行官杰里米·斯托普尔曼做过网站 X.com 的初级工程师。虽然是被埃隆·马斯克招入公司，但他挺过了公司的内部变局。后来，在公司被卖掉且他在商学院学习了一年之后，他来到克莱瑞姆资本的办公室实习。蒂尔没有让斯托普尔曼着手实际工作，而是把他交给了列夫琴。列夫琴创建了一个企业孵化器。正是在这里，斯托普尔曼萌生了创建一个用户可以点评餐馆和其他商户的网站的想法。

Yelp 发展得一直很顺利，直到谷歌仿照它搞出了一个 Google Places，而且就安排在其针对餐厅和其他商户的搜索结果旁边。索利托在 2011 年的那次演讲中指出，Google Places 正在从 Yelp 上提取点评，本质上是窃取其内容，然后利用这些内容从竞争对手那里吸走流量（和收入）——这是典型的非法垄断行为。

谷歌停止了这种做法，但那年秋天晚些时候，斯托普尔曼出现在参议院司法委员会面前。他表示，谷歌存在不公平竞争行为，应该阻止它利用自身的市场实力抢夺互联网的其他领域。"今天是政府保护创新的难得机会，"斯托普尔曼说，"允许一个拥有垄断市场份额的搜索引擎开发和扩展其主导地位会阻碍创业活动。"

2012年7月，即蒂尔在斯坦福大学抨击谷歌几个月后，他与谷歌董事长埃里克·施密特同时出现在科罗拉多州阿斯彭某个会议的主席台上，该会议被标榜为一场关于技术未来的辩论。施密特首先发言，赞扬了科技产业，尤其是谷歌，在不断发展的世界中的存在。他说："在我们有生之年，我们将从只有极少数人能接触到全球信息，走向世界上几乎每人都能用母语接触到全球所有的信息。"

蒂尔的衬衫外面套了一件运动服，衬衫上的两个扣子解开着，他牙关紧咬，然后才露出了笑容。"埃里克，作为谷歌的宣传部长，你干得非常好！"他说，由此开始阐述他认为科技行业已经停止创新的观点，"很明显，个别公司确实做得很好，尤其是如果他们有像谷歌在搜索领域那样的世界级垄断的话。"

"合法垄断。"主持人亚当·拉辛斯基纠正他说。

"只要他们不通过不公平的扩大垄断势力来拉拢和压迫其他公司，那就是合法的，"蒂尔面带微笑地说，"只要不滥用，垄断就是合法的。"

施密特对此一笑置之，说他当这是好话，但蒂尔的猛烈抨击持续了半个小时。他说，施密特及其同事"在很多情况下更喜欢的是电脑而不是人"，然后暗指施密特不恰当地将席卷中东的革命热潮归功于自己。"实际发生的情况是，食品价格在前一年上涨了30%~50%，"蒂尔说，"人们基本上变得……人在绝望时会变得更加饥饿，而不是害怕，于是开始反抗。埃里克却跑过来说：'让他们吃苹果手机吧。'"

最后，蒂尔集中诟病了谷歌的资产负债表，表明该公司有300亿美元的现金，却不知道该如何使用这些钱。"理智而诚实的做法应该是宣布谷歌不再是一家科技公司，"蒂尔说，"这就像一家每年产生大量现金流的银行，但你不能分红，因为在你收回300亿美元并返还的那一天，你已经承认自己不再是一家科技公司。"

五年后，谷歌不再只是Yelp的威胁，它已然成为一个庞大的企业集团，与脸书竞争广告收入，似乎还信誓旦旦地要抢夺原本有可能归帕兰提尔的那些高科技国防合同。事实上，它以这样或那样的方式对蒂尔资产组合中的几乎所有公司都构成了威胁。

谷歌也特别脆弱。施密特与巴拉克·奥巴马，以及后来与希拉里·克林顿的关系十分密切，他甚至因一张在希拉里竞选晚会上戴着工作人员徽章的照片被曝光而声名狼藉，这让特朗普极不待见他，并在竞选期间斥责"谷歌过滤了有关希拉里的负面结果"。同时，谷歌也成了大型科技公司所犯原罪的现成替身，这些原罪是蒂尔非常不情愿承认的。和脸书一样，谷歌也收集了海量数据，这些数据往往来自那些可能没有意识到自己被监视的用户；和脸书一样，谷歌实际上也让广告商获得了这些数据；还是和脸书一样，谷歌也被俄罗斯的网络恶意挑衅者（通过优兔）操纵了。

蒂尔在特朗普当选总统后，开始对那些愿意听他说话的人表示："公众，尤其是在2016年总统大选中感到痛苦的自由主义者，通常把怒火都撒到脸书身上，但真正邪恶的大型科技公司并不是脸书。"扎克伯格的公司"受了太多不该受的不公正责骂"。他暗示，如果有人应该受到监管，那也不是扎克伯格，而是他的主要竞争对手。在幕后，那人做的不仅是动动嘴而已。

蒂尔在2017年离开特朗普的白宫后，这场运动变得更加激烈，而一开始的方式与他自大学时代以来的许多公司和政治项目最初开始的方式如出一辙——打一场文化战。谷歌和斯坦福大学一样，充满了左派理想主义者，他们致力于公司的崇高使命："将全世界的信息组织起来，使其随处可用及有用"，以及听上去略微有点儿进步的承诺"不行恶"的政治。

但谷歌也有一股保守力量，那就是年轻的大学毕业生们，他们被这家不断成长的公司吸引，因为它的薪酬高、工作稳定，而且以聘用精英工程师而闻名。他们中的许多人擅长将繁荣福音与彼得·蒂尔的自由意志主义政治融为一体，他们看了影片《社交网络》，读了《从0到1》这本书，为罗恩·保罗欢呼，为唐纳德·特朗普欢呼，也为高客传媒的毁灭而欢呼。

2017年7月，来自芝加哥郊区的28岁谷歌工程师詹姆斯·达莫尔散发了一份备忘录，称公司一直在系统性地歧视某些员工。这类抱怨在这家理想主义的公司里很常见，这里的员工在虚假的学术氛围中把20%的工作时间花在做个人项目上，还针对公司邮件列表上的各种主题发表自己的想法。谷歌的大多数员工都认为公司歧视少数族裔和女性，这一点在公司有关多元化的统计数据中得到了证实，该数据显示白人和亚裔男性在公司员工中占比极高。但和蒂尔一样，从小就下国际象棋，最近又加入了男权运动的达莫尔认为谷歌是在歧视保守派人士。他观看了纪录片《红色药丸》，这部纪录片的导演是坚定的女权主义者，但随着拍摄的深入，她开始质疑自己的信仰。这部影片的片名采用了柯蒂斯·雅文喜欢用来指代"启蒙"的词语。他还观看了乔丹·彼得森的演讲。乔丹是一位有争议的加拿大心理学家和文化评论家,经常猛烈抨击平权法案。

彼得森的观点说服了达莫尔,他写道,谷歌的经理们一直在"羞辱"保守派人士,要他们对谷歌中女性占比过低的情况保持沉默,因为女性占比低并非因为歧视,而是因为女性对编程的兴趣不如男性。这在达莫尔看来是说得通的,因为女性似乎更外向、更易情绪化,而且达莫尔声称这些特质与成为优秀的程序员并不相符。8月初,谷歌员工将备忘录予以公开,从而揭穿了这一扭曲的逻辑。

谷歌解雇了达莫尔,他便去找了媒体。他在接受彭博电视台采访时表示"他们出卖了我"。达莫尔还说:"我分发这份备忘录是出于良善的本意,却受到了不公正的惩罚。"蒂尔资本的总经理埃里克·温斯坦在推特上发文称,谷歌解雇达莫尔,是在"教育我的女儿说,她通往财务自由之路不在于编程,而在于向人力资源部门投诉"。他签名落款:"谨致谢忱,一位父亲。"温斯坦虽然有上面这样的头衔,但他今天最重要的角色是播客"门户"的主持人。在该播客中,他采访了反主流人士,包括蒂尔,他还带领了一群优兔名人,其中包括彼得森,他们致力于抨击政治正确,他戏称这些人为"知识分子暗网"。

蒂尔的朋友杰夫·吉西亚后来成为一名另类右翼分子,他借用蒂尔在20世纪90年代中期对多元文化主义的悲观论调,发表了一系列为达莫尔辩护的推文。吉西亚写道:"让我们去找更多的人来谈论谷歌备忘录吧,主题标签:#多元化神话。"他后来删除了这些推文。

查尔斯·约翰逊接下了培养达莫尔的任务,在其得到蒂尔支持而建立的 WeSearchr 网站上，他以达莫尔的名义开设了一个法律辩护基金，谴责"激进左派一直在煽动可恶的网络暴民公开羞辱和欺凌独立派、自由意志主义者、保守派及单纯的反主流人士，还害他们被解雇"。此基金共筹集了 6 万美元。他还安排达莫尔与蒂尔及著名的劳工律师兼加利福尼亚州共和党主席哈米特·迪隆会面。大约在同一时间，蒂尔邀请了一群愤愤不平的保守派谷歌员工到他家，约翰逊出面接待了这些人。

2018 年 1 月，达莫尔和另一名前工程师对谷歌提起集体诉讼，称该公司歧视白人男性和保守派，指出该公司的多元化举措，包括讨论白人男性特权和表扬女性员工占比 50% 的部门等，违反了反歧视法。

约翰逊一直在敦促蒂尔为高客式的法律攻击再找一个抓手，并建议他支付达莫尔的法律费用，但蒂尔拒绝了。"我不知道他为什么不支持我们。"达莫尔说。部分原因可能是蒂尔另有更大的计划，这些计划当时正在密苏里州杰斐逊城的一座政府大楼里展开。

2017 年 11 月，当达莫尔正在策划其诉讼时，曾在《斯坦福评论》工作的乔希·霍利宣布，作为密苏里州司法部长，他将以收集私人数据为由，对这家占主导地位的搜索引擎公司展开反垄断调查。霍利说："在世界历史上，还没有任何一家实体像谷歌这样收集了如此多的个人消费者信息。"他的这番话也可以轻松地套用于脸书或帕兰提尔，但霍利还没打算捎带上它们。"我们不应该就这么接受这些企业巨头所说的话，什么他们把我们的最大利益放在心上。"他发誓要调查各搜索引擎如何使用竞争对手网站的内容，然后带有倾向性地让搜索结果对其产生不利影响。这与 Yelp 几年前就提出的指责如出一辙，而这已成为支持反垄断行动的人常用的攻击路线。

霍利的诉讼在硅谷被一笑置之。他当时刚刚宣布他正在考虑竞选参议员，而37岁的他被认为是一个没有经验的机会主义者。但他认识彼得·蒂尔，蒂尔也为他制订了一项庞大的计划。霍利进斯坦福大学比蒂尔晚了10年，他也为《斯坦福评论》撰稿。2015年，当霍利宣布竞选司法部长时，蒂尔为其竞选捐赠了30万美元，这可是一大笔捐款，霍利在两年的竞选期间总共筹集了400万美元。2017年11月9日，蒂尔给予霍利两笔总额达到联邦最高限额的捐款，即每笔2 700美元，用于他的初选和大选竞选。四天后，霍利宣布了他的诉讼。

霍利否认蒂尔的捐款影响了他的行动，但在谷歌内部，员工们发现了协调一致的攻击，在背后支持的就是蒂尔，毕竟他已经进入谷歌的主要竞争对手脸书的董事会。

2018年1月，蒂尔出现在斯坦福大学，和他的老朋友里德·霍夫曼在台上对谈。两人对特朗普的看法一直存在分歧，霍夫曼和他的妻子米歇尔·伊强烈反对特朗普，并在大选后避免与蒂尔交往，但现在他们又和好如初了。在由蒂尔的朋友、保守派历史学家尼尔·弗格森主持的活动中，蒂尔与霍夫曼就社交网络是否应该试图管制虚假信息的问题展开辩论。霍夫曼认为这样做是明智的，但蒂尔不同意并再次攻击谷歌的"宣传"。蒂尔还表示人工智能被谷歌视为核心竞争力，"人工智能关乎大数据，关乎大政府控制所有数据，比你还要了解你"。

后来，当弗格森问蒂尔，假设民主党赢回白宫控制权，反垄断的前景会如何时，蒂尔在回答时却把这个问题反转过来。如果特朗普转而追捧科技公司呢？

蒂尔：让我感到震惊和担心的是，大型科技公司在政治博弈中的表现简直太过糟糕……有件事或许很理想，又或许很愚蠢，甚至可能根本就是错的，那就是硅谷是一个"一党制"王国。在我们的社会，当你遇到麻烦，政治方面的，当你什么事都一边倒的时候，一切都由一个政党说了算。你说监管可能来自左翼。在这一点上，也很可能来自共和党。如果共和党想要管制你，那你真的就麻烦大了。

弗格森：他们会怎么做？我想象不出共和党会采取大规模的反垄断行动。

蒂尔：你知道的，办法很多哦，不过，我才不会给他们出主意。

这个欲言又止的假设未能明确点出蒂尔在共和党打压科技公司（尤其是谷歌）中所发挥的作用。正如当时他身处一场10年前他当对冲基金经理时就预警过的民粹主义起义的中心，还秘密地为该起义提供资金那样，蒂尔现在又身处这场监管科技公司运动的中心。他提及这个"一党制"王国就是对达莫尔所表达的且被约翰逊和蒂尔圈子里的其他人放大了的那些不满的一种认可，但对观察细致的人来说，这也是一个忠告：要么搭上特朗普的列车，要么就等着美国联邦贸易委员会找上门来。

几周后，蒂尔重新打响了文化战争。他开始告诉朋友们，他打算从科技行业急流勇退，而朋友们又把这一消息透露给了媒体。对于互联网造成美国社会两极分化的那些行为，以及网络如何系统性地削弱人们的隐私，蒂尔的内心感到十分矛盾。于是，他打算出走，离开硅谷到日落街上面的山上安家，还会把蒂尔资本和他的基金会也搬到那里。他卖掉了普雷西迪奥的房子，这所房子曾是他作为对冲基金经理和技术专家的勃勃雄心的象征。

这一举动是纯粹的"剧本摔跤"式的安排。蒂尔总是到处旅行，他在五大洲拥有10多处房产，2012年就拥有了位于好莱坞的宅所，而且在旧金山仍然另有一处居所。他没想搬迁创始人基金，这是他最重要的投资利器，就在搬家之后，那里的员工们都说他好像不曾离开过，他待在办公室里的时间和以前一样多。但此次搬迁给了他一个现成的话题：这个建立了硅谷的人却已然成为硅谷最直言不讳的批评者，即使这些批评差一点儿就让他离开脸书的董事会，或者与帕兰提尔拉开距离。几乎无人注意到这种前后矛盾的情况。

他有时会把搬家同湾区不断攀升的房地产价格联系起来，抱怨作为一个风险投资家，他的大部分投资资本都流进了"城市恶房东"的腰包，表现形式就是商业租金及员工为抵消住房成本所必需的高薪，但他的大部分抱怨还是涉及政治的，几乎就是他在斯坦福大学读本科时开始精心构写的那些冷嘲热讽的忠实再现，而且完美地推销给了保守媒体。他经常说硅谷在意识形态上让人感到如此压抑，那里充满了非常聪明但"被洗脑"的工作者，他们被驱使着走入政治正确，蒂尔认为这是美国社会中最重要的一个问题。他对左派的批评会揭露出这一明显的伪善：这个因为人家写了自己不喜欢的东西，就报复性地弄垮了那家媒体的男子，却正在抱怨自由主义者的压迫，但在福克斯频道和布赖特巴特新闻网上，以及在另类右派评论和"知识分子暗网"中，他却是一个敢讲真话的人，甚至是一个英雄。"当人们一致地站在某一边时，这并不是说他们找出了真相，而是说他们处于某种极权主义的境地，"蒂尔对福克斯商业频道主持人玛利亚·巴蒂罗姆说，"硅谷已经从一个相当自由的地方转变为一个'一党制'王国。"

虽然蒂尔要让朋友、追随者、亲信在特朗普政府内部担任权力职务的努力并没有完全成功，但也没有完全失败。除了凯文·哈林顿和迈克尔·科雷特西奥斯，创始人基金合伙人、帕兰提尔前员工特雷·斯蒂芬斯（被蒂尔圈内人称为"迷你版蒂尔"）在过渡期内被派往五角大楼。蒂尔还帮忙在国家安全委员会中安插了他的朋友、保守派煽动者迈克尔·安东，此人发表过一篇题为"93号航班的选举"的文章，将希拉里·克林顿比作"9·11"事件恐怖分子，从而使一些温和派共和党人转向支持特朗普的立场。先前曾在海军服役的帕兰提尔前营销人员贾斯汀·米科莱进入国防部担任国防部长吉姆·马蒂斯的演讲稿撰写人和通信战略顾问。

马蒂斯认同蒂尔、亚历克斯·卡普及与该公司关系密切的其他人10年来一直宣扬的开拓创新精神，但他也并非唯一的认同者。他的高级幕僚中还包括国防部办公厅主任安东尼·德马蒂诺和高级顾问萨莉·唐纳利，二人都曾在帕兰提尔担任过顾问。2017年年初，蒂尔和斯蒂芬斯访问了五角大楼，敦促那里的官员考虑围绕计算机对政府进行重新布局，让硅谷公司更容易与它们开展业务。"错误总会犯，但更有不犯任何错的错误，这才是非常大的错误。"蒂尔在演讲中说。为了开创新时代，就得"行动迅速，打破常规"。

帕兰提尔可以说在美国国家安全委员会还有一个更重要的盟友，尽管时间非常短暂。他就是迈克尔·弗林，这位好斗的中将在被迫离开奥巴马统率的军队后，将自己重塑为一个环游世界的、亲俄的"让美国再次伟大"主题演讲家。当然，在此变化之前，他是第一位公开呼吁军队采用帕兰提尔的软件的高层军官。弗林上任仅三周后就辞去了国家安全事务助理一职，原因是他在上任前与俄罗斯大使多次交谈的问题上撒谎。他被赫伯特·雷蒙德·麦克马斯特取代，麦克马斯特在很多方面都不像弗林，他是一个制度主义者和职业军人，从来没有参加过选举。但在第一次海湾战争及在伊拉克战争期间名声大振的麦克马斯特与他的前任有一个共同点：他也是一个热情的帕兰提尔用户和拥护者。

当然，任命这些对帕兰提尔创新品牌抱有好感的军事官员也许与蒂尔没有任何关系。这些创意想法即使在奥巴马当政时期的政府机构中也是非常赚钱的，但在接受采访时，帕兰提尔的高管们坚称他们并没有从优惠待遇中得到好处。"这简直荒唐透顶！"卡普对我说，"建立这种业务需要10年的时间。"特朗普做出的这些任命却达到了在其政府中安插认为帕兰提尔极为有利的专家顾问的客观效果。军方在帕兰提尔和原分布式通用地面系统的承包商雷神公司之间举行了一场实力大比拼：两家公司都要建立一个原型系统，并将它呈现给一组士兵。这种比拼正是帕兰提尔早在好几年前的一场诉讼中就呼吁过的。

军方原本对帕兰提尔心存疑虑，但负责分布式通用地面系统的官员们现在突然变得热心起来。帕兰提尔内部人士担心自己的优势能否让这些人信服——帕兰提尔的软件在过去10年里确实有极大的改进，也担心他们能否承受得住政治压力。不管怎样，2019年年初，军方宣布帕兰提尔完胜：该公司将获得有史以来最大的一单合同，价值高达8亿美元甚至更多。这次胜利令帕兰提尔一时间风头无两，该公司突然开始寻找更多五角大楼的项目，价值上亿美元。

帕兰提尔并不是蒂尔从特朗普总统任期中捞好处的唯一途径。作为国防承包商的初创公司，安杜里尔对外推广的力度与帕兰提尔相当（甚至也借用了《魔戒》中的一个名字——"安督利尔"就是纳西尔圣剑，在精灵语中意为"西方之焰"），它由特雷·斯蒂芬斯和帕尔默·洛基创立。帕尔默是约翰逊的密友，其先前的虚拟电影工作室Oculus曾接受创始人基金的投资，并且已经被脸书收购。安杜里尔公司被"蒂尔江湖"的成员称为"彼得的下一个帕兰提尔迭代项目"，它增加了三个合伙人（其中两人此前曾在帕兰提尔工作），并从蒂尔的风投公司迅速筹集了1 750万美元。正如帕兰提尔当初精准地抓住一个新的政治机会，即美国人因"9·11"事件而突然对数字监控和数据挖掘采取开放态度一样，安杜里尔为美国边境开发硬件和软件，正好迎合特朗普要"修墙"的狂热，蒂尔曾说这不应完全照字面来理解，但他很乐意在资金上予以支持并从中获利。这套软硬件装备已经开始在技术层面协助警戒美国的边境，并将进行商业定价，而不是像SpaceX的火箭和帕兰提尔的软件那样基于合同。

当然，帕兰提尔在最早的那些年里主要依靠美国中央情报局的赞助；对安杜里尔来说，持续提供支持的政府部门是美国海关和边境保护局。美国海关和边境保护局的资金充裕，特朗普总统新近授权该机构改善边境安全，遣返非法移民，最具争议的是将移民儿童与他们的父母分开。作为一个实际问题，美国政府通常要么在有孩子的家庭出庭受审前释放他们，要么将他们作为一个群体拘押。但2018年4月宣布的一项新的"零容忍"政策，要求警方将涉嫌犯罪并将被执行遣返的父母同其子女分开。这被设计成一种威慑手段，却非常残忍。"如果不想与孩子分开，就不要带着他们非法越界入境，"美国司法部长杰夫·塞申斯表示，"有人非要这样做，那就不是我们的错。"

直到 2018 年 6 月特朗普改变立场之前，该政策在 2017—2018 年共导致数千名儿童被隔离和强制拘留，包括蹒跚学步的幼童和襁褓中的婴儿，引发了公共卫生倡导者的强烈抗议，他们警告称政府将不可避免地对儿童造成创伤。6 月，一段 8 分钟的录音被公布，可以听到年幼的孩子们绝望地呼喊着他们的父母："妈妈！爸爸！"边境执法人员则在开玩笑，一个边境执法者说："嘿，我们这里有支管弦乐队，就缺一个指挥啦。"

蒂尔从未谴责过这一政策，多位与他亲近的政治顾问还称赞这一政策。蒂尔的老朋友安·库尔特在福克斯新闻频道说，那些啼哭的婴幼儿是"儿童演员"。科巴赫说，照片中的那些关着非常年幼的被拘留者的笼子纯粹是为了"孩子们的安全"而设置的。蒂尔的公司也很乐意从海关和边境保护局拿钱。根据民权组织 Mijente 发布的文件，2018 年，安杜里尔获得了价值 500 万美元的合同，以提供设备作为虚拟边境墙的一部分，其中包括廉价的摄像头和其他传感器，并配有先进的人工智能。该组织还发布了一份文件，显示警方人员利用帕兰提尔的软件在美国境内找到无人陪伴儿童的父母，将之逮捕和遣送出境。

2019 年，针对该公司的抗议活动加剧。帕兰提尔与硅谷很多公司一样，也使用在线软件资源库 GitHub，这是一个专门面向程序员的社交网络，他们在这里分享自己开发的软件并解决技术问题。5 月，数十名技术工人联盟的成员向 GitHub 上的帕兰提尔页面发送了同一条信息："美国移民和海关执法局使用帕兰提尔的软件遣返移民子女的父母。" 2 个月后，示威人群出现在纽约的一家亚马逊书店，要求向蒂尔的数据挖掘公司提供云计算服务的公司与前者断绝关系。帕兰提尔已经快要登上网络杂志 *Slate* 的"邪恶名单"榜首了。在左派那里，帕兰提尔（甚至连蒂尔也算上）都已经成为极右翼威权主义和硅谷恐怖的代名词，他的名字经常成为偏激的左翼政治播客的笑料。

整个夏天，对帕兰提尔的不满之声一直在其各部门的员工中蔓延，他们散发了一份请愿书，要求公司将从美国移民和海关执法局项目取得的利润捐给慈善组织。遭到卡普拒绝后，一些人便心灰意冷地辞职了。一位前工程师告诉我："这种感觉真的很糟糕。"他和其他几名员工私下承诺，要将卖股票赚到的钱捐给 RAICES。RAICES 是一家总部位于得克萨斯州的组织，为移民提供法律服务，以帮助他们抗争。"这感觉就像是赃钱。"这正是蒂尔所想要的：一场全面的硅谷文化战争，一场他将在特朗普总统任期的剩余时间里继续获利的战争。

2019 年 7 月，蒂尔飞往华盛顿，现身于首届美国全国保守主义大会的第一天晚上。这是一种新保守主义的新集会，正如会议组织者解释的那样，旨在迎合美国和欧洲兴起的民粹主义和民族主义运动。正如蒂尔对朋友和同事所说的，这种"民族保守主义"试图在特朗普主义的基础上进一步拓展，以寻找"特朗普之外的特朗普主义"。这是与自巴里·戈德华特崛起以来一直盛行的自由意志主义政治分道扬镳，同时趋向于蒂尔自从发出其反动的告投资者书并培植柯蒂斯·雅文等人物以来的愿景，那就是包含封闭的边界、商品贸易政策及民粹主义产业政策的一种政治。

"蒂尔江湖"中的很多人出席了这个民族主义的会议。雅文和杰夫·吉西亚都在观众席上。演讲者名单中有将发表主旨演讲的密苏里州初级参议员乔希·霍利，还有迈克尔·安东和 J.D. 万斯。万斯曾是

Mithril 公司的总经理，后来凭借《乡下人的悲歌》这本书将自己重塑为民粹主义作家。就连约翰·博尔顿也参与了相关议程。

当然，上新闻头条的都是蒂尔，他演讲的焦点毫不意外就是他最喜欢的垄断。按照蒂尔的说法，谷歌正在建造"《星际迷航》中的计算机"。这给了他一个机会再次发表他对技术停滞的标准描述，即或许会有一台无所不知的计算机，但我们没有曲速引擎，甚至连协和式超声速飞机都没有了！当然，在蒂尔看来，《星际迷航》里面没有国界，也没有资本主义；他认为谷歌自以为高于并超越美利坚合众国的影响力范围。（这一批评带有讽刺意味：蒂尔才经常寻求让自己的利益高于并超越美利坚合众国的影响力范围，而且事实上为了达成这一点，还培育出一种完整的意识形态。）

一年前，在员工施加的压力下，谷歌取消了与美国国防部的合同，该合同要求谷歌帮助军方处理无人机拍摄的图像。抗议者曾指出，谷歌技术有可能被用于定点杀戮，迫于压力，首席执行官桑达尔·皮查伊被他们的观点说服了。与此同时，谷歌一直在推进一项建立中文搜索引擎的计划——"蜻蜓计划"。在退出美国军方项目后，谷歌仍然试图继续建立一个中文搜索引擎，蒂尔想知道个中原因：为什么谷歌对中国比对美国军方更友好？在坐满民族主义者和民粹主义者的礼堂，蒂尔对谷歌的诘问引爆了一阵掌声。

蒂尔以他典型的东拉西扯式风格发表了演讲，换句话说，就是演讲得一塌糊涂。他把自己的笑话讲砸了，讲得磕磕巴巴，更是漏掉了好多笑点，然而观众们却一样听得入迷。这位全球最著名的风险投资家不仅正在攻击他亲手打造的产业，而且提议对他的主要竞争对手展开调查，或许还得是非常强硬的那种，而且必须由联邦政府实施。尽管仍然绕不开蒂尔最津津乐道的一些主题，并且还是针对他通常嘲笑的那些对象，但他的这场演讲与他作为"公共知识分子"曾经采用的那套说辞截然不同。自然，约翰逊也发挥了作用，他深知特朗普是福克斯的忠实观众，便安排蒂尔第二天在塔克·卡尔森主持的福克斯新闻节目中将此演讲再讲一遍。蒂尔全程汗流浃背，浑身极不自在，但毕竟还是把想要传达的信息传达到了。他不仅指控谷歌背叛，还提示"有一大批谷歌员工在意识形态上超级左倾，有点儿唯我独醒的意思"，他还补充说"都是反美的"。

第二天早上，特朗普做的正如约翰逊所愿。"一个伟大而又聪明的家伙，他比谁都更懂这件事儿！"特朗普在推特上这样提到蒂尔。

但此事也就到此为止了。美国财政部长史蒂芬·姆努钦很快表示，他调查了谷歌，并没有发现存在令人担忧的地方。但他的这番话没有坏了帕兰提尔的大好机会，帕兰提尔依然在竞争几十个政府合同，其代理人也乐于不断重复蒂尔提到的指控。乔·朗斯代尔是蒂尔在克莱瑞姆资本的老员工，也是帕兰提尔的联合创始人，他跑到美国消费者新闻与商业频道参加节目，他说："彼得和我建立了一个爱国的公司，而谷歌显然不是一家爱国的公司。"

几个月后，帕兰提尔接手了谷歌正在着手的 Maven 项目，这是一个每年价值 4 000 万美元的买卖。这事居然就这样成了，尽管帕兰提尔在高端图像识别软件，尤其是将 Maven 用于识别目标方面的经验有限。一名政府官员给军方高层发送了一份匿名备忘录表示担忧，认为帕兰提尔在获得合同时得到了优惠待遇，《纽约时报》率先披露了此事。

那又如何，Maven 终究成了帕兰提尔的一款新产品，并且进一步加深了军方对蒂尔公司的依赖。蒂尔国防投资组合的最新成员安杜里尔也在 Maven 项目的合同中分得了一杯羹。对帕兰提尔而言，还有 12 月宣布的一项庞大交易，需数年才能完成，其价值高达 4.4 亿美元，其中 1 000 万美元来自特朗普的新军事部门太空军，8 000 万美元来自海军。帕兰提尔还不顾自己的员工和移民活动者的反对，与美国移民和海关执法局续签了合同，又有 5 000 万美元进账。毕竟，"蒂尔江湖"的信条就是：被骂邪恶总比被骂无能要强。

第 19 章

背水一战

这段关系从来就不完美。扎克伯格几乎从一开始就对蒂尔抱有戒心,蒂尔也从未认可过脸书的功能或理念,即使这是他职业生涯中一次下注最成功的投资。对时常痴迷于模仿和竞争的破坏力、别人想要的他都想要的人来说,对曾经抱怨这个日益无国界世界的种种危险的人来说,对抱怨他这一代最优秀、最聪明的人都把时间浪费在琐碎的软件公司上的人来说,脸书到底是什么样的存在?这是一个拥有 20 亿用户的社交网络,建立在超越国界的前提下,用户们争相查看他人晒出的自拍,或者对着海浪翘起的脚,又或者只是为了让平淡无奇的早餐能得到最多的点赞。这正是彼得·蒂尔曾经着重警告过的,然而这使他变得富有。

蒂尔似乎也并未对扎克伯格的观点完全买账,即认为脸书最终将成为把大部分互联网内容囊括进来的一股力量。在雅虎开价 10 亿美元后,他曾敦促扎克伯格考虑把公司卖掉,扎克伯格却断然拒绝,"8 点 30 分似乎是拒绝 10 亿美元的最佳时机",他在凌晨召开的董事会会议上说,从而终止了所有辩论。此后不久,蒂尔就立即开始抛售其持有的股份。

2012年脸书最终上市时，蒂尔曾是该公司股票的最大卖家之一，他立即以每股38美元的价格抛售了约1700万股，价值6.4亿美元，这与他突然从PayPal退出转而投资对冲基金的做法如出一辙。大多数首次公开募股都是以略低于其真实市值的价格出售给投资者的，这使得那些同意在首次公开募股前购买的投资者可以获得一定的利润，以换取他们早期押注，并让上市公司在金融媒体上看起来不错。但就这么说吧，脸书的首次公开募股根本就未"爆响"。随着包括蒂尔在内的内部人士抛售股份，该公司的股价在几个月内暴跌至每股20美元以下。

脸书的问题是没有一以贯之地坚持其原初网站，这一点比内部人士对公司的不信任更严重。Facebook.com网站是该公司几乎全部收入的来源，但智能手机的兴起意味着桌面网页浏览变得越来越不常见，特别是在年轻人当中，这威胁到了该公司的收入。在小屏幕上向人们展示大量广告要困难得多。"如果没有脱胎换骨的想法，"《麻省理工学院科技评论》在脸书首次公开募股后不久预测道，"这家公司就会崩溃。"两家养老基金和一群阿肯色州教师提出了集体诉讼，称扎克伯格、蒂尔、谢丽尔·桑德伯格和脸书的银行家们在首次公开募股期间出售股票时低估了脸书在智能手机领域遭遇的困难。脸书最终支付了3 500万美元以了结这起诉讼。"那年夏天真是糟透了，"脸书的一名前员工说，"人们都在谈论我们，就好像我们会成为垃圾股一样。"

为了给士气低落的员工鼓劲儿，脸书组织了一系列振奋士气的全体大会。亚马逊前高管、脸书合作关系副总裁丹·罗斯，坦诚地向员工们回忆说，在互联网泡沫破灭之际，他原来就职的在线零售商的股价也是跌宕起伏，最后才又东山再起。罗斯要求他们把一切噪声屏蔽掉，并相信公司正走在正确的道路上。"虽然世界不清楚，但我们知道自己在做什么。"罗斯说。

也有一些谈话不是那么鼓舞人心。通讯部门的某个人想到了一个好主意，认为公司里服务期最长的那位投资者、一个挺过了互联网泡沫破灭的人，也许会有一些鼓舞人心的话可说。

可惜的是，彼得·蒂尔并没有接他的话。在被扎克伯格介绍后，他说："有人曾许诺带我们这一代人移民月球，可结果，我们却有了脸书。"

脸书员工们惊讶地面面相觑。蒂尔，这位美国伟大的公共知识分子、硅谷教父，刚刚竟然对着过去10年最成功的公司之一的员工们说，他们……糟透了。他们听过创始人基金的一句老话："有人向我们承诺造会飞的汽车，可结果，我们得到的却是140个字符。"这话是挺好笑的，因为它挖苦了脸书的竞争对手推特，脸书没人会太在意。"一辆小丑车翻在了金矿里。"扎克伯格就曾这样说推特。但蒂尔改动了他自己的话来羞辱脸书，难不成还真有非激励性演讲这种东西？

蒂尔的观点似乎是，在茫茫世事之中，脸书根本就无关宏旨，既非改变世界的技术，也非突破性的技术，它不过就是一个社交网络而已。因此，他说不值得那么紧张。这一切都会过去，员工们应该让来自媒体和投资者的批评在他们的背后消散。

但这可不是脸书员工们听到的意思。已经有人在该公司为保障员工提出问题和发表评论而坚持设置的内部论坛上质问：一个认为女性投票权阻碍了自由事业的男人是否根本就不应该进入董事会？现在，他告诉他们，他们这样做一点儿意义也没有。

蒂尔的话也可以解释为"mea culpa"（拉丁语：我之错）。他倾向于将技术停滞描述为自由主义者因痴迷于他们的种族、民族和性别的身份认同而排斥优秀创意的不可避免的结果。但是，在他的整个职业生涯中，他都在为文化战争煽风点火。他砸钱豪赌技术停滞，与其把全部资金投入美国的初创公司，他宁愿做空美国经济，转而投资加拿大的油砂。当然，他曾经给马克·扎克伯格提供过资金。技术停滞，譬如脸书，或许对美国很不利，但对彼得·蒂尔来说可是太好了。

作为首次公开募股的一部分，脸书内部人士不得不同意，在该公司股票开始交易后再等待 90 天，才能出售他们的股票。90 天后，即 8 月 16 日，蒂尔以每股 20 美元左右的价格出售了其剩余的大部分股份，变现共 4 亿美元。事后表明，这是一个超级糟糕的时机。在 2021 年 3 月底，脸书股票的交易价已达每股 300 美元左右。很明显，蒂尔并没有利用好这个曾让他发财的网络服务，而且似乎从来没能够公开地赞扬它。即使你不是那么了解他，也能理解他对这项被同行们视为风投有史以来最好的投资感到很矛盾。

有意思的是，至少对那些与董事会的关系密切到可以参透这一点的员工来说，扎克伯格从未因此惩罚过蒂尔。当然，蒂尔实际上被禁止在未来的全体会议上发表演讲，而每当他的名字出现在媒体上，他对女性的看法就会再次出现在脸书内部的留言板上。但扎克伯格继续与他保持密切的联系，事实上，扎克伯格似乎更加认真地对待蒂尔的建议。

这一决定在某种程度上是一种策略，因为有一个持蒂尔这种政治立场的人在身边可以替扎克伯格挡掉保守派的愤怒攻击，但这同时也是一种情绪化的决定。在蒂尔也曾发挥作用而建立的脸书架构中，扎克伯格拥有近乎绝对的权力。这位脸书的创始人控制着大部分股权，可以随意解职董事会，他还是一位商业名人，这意味着无论何时他在脸书说了什么，他周围的高管都会竞相表示最热烈的赞同。"这就像和国王的宫廷打交道一样，"他身边的一个人说，"虽然派系不同、利益也不同，但他们都不会真正挑战国王。因此，位居中心的人很难得到不加掩饰的建议。"

当然，这在整个"蒂尔江湖"也是一个问题，蒂尔自己的下属有时会用朝臣的比喻来描述他们与赞助人的关系。但当扎克伯格和蒂尔交谈时，这是国王对国王。蒂尔被扎克伯格明显不关心他人想法的做法所吸引；现在，扎克伯格在蒂尔身上发现了同样的品质。蒂尔的忠告可能是粗鲁的，但它总是真实的。

然而，人们并不总是清楚蒂尔的忠诚到底在何处，尤其是现在当他抛售了大部分脸书股票的时候。当他在"热门话题"风波后招待保守派专家时，他并没有向脸书上的任何人提及自己正在努力成为保守派政治中的主要拥护者，并向另类右翼献殷勤。这一疏漏使得"热门话题"会议看起来不太像是要利用其人脉来帮助脸书，而更像是试图利用脸书来巩固蒂尔在保守媒体人物中的地位。

蒂尔在共和党全国代表大会上支持特朗普的数周后，在脸书董事会召开的前一天，网飞董事兼首席执行官里德·黑斯廷斯给蒂尔发来一封电子邮件，暗示蒂尔对特朗普的支持可能会令他失去继续任职的资格。"我对你支持特朗普当我们的总统感到很困惑，在我看来，这是从'不同的判断'变成了'错误的判断'，"黑斯廷斯写道，"观点多样固然是健康的，但（依我看）灾难性的错误判断是任何人都不想从一位共事的董事会成员那里看到的。"

8月，黑斯廷斯的电子邮件被人泄露给了《纽约时报》，而直到这时，扎克伯格都一直没把这种紧张关系当回事儿。就在蒂尔在脸书蛊惑动荡之际，尼克·温菲尔德的文章一如其标题那样指出——"文化战争已经在硅谷打响"，并试图通过指出脸书还有另外两个著名的政治争端，而将谷歌解雇达莫尔一事放到更广阔的背景下。一个争端是脸书解雇了 Oculus 的创始人帕尔默·勒基，这家公司是扎克伯格两年前斥资 20 多亿美元收购的。2017 年年初，扎克伯格解雇了勒基，因为勒基被曝光是某亲特朗普政治行动委员会的捐款者，该委员会是由红迪网为另类右翼活动人士举办的论坛"唐纳德"的成员创建的。另一个争端是黑斯廷斯发给蒂尔的电子邮件，《纽约时报》全文刊登了这封邮件。串起这一切的主线就是蒂尔的朋友查尔斯·约翰逊，他不仅支持达莫尔，也与勒基关系密切，更拥有黑斯廷斯的邮件副本。

扎克伯格怀疑蒂尔可能与这篇文章有关，他向蒂尔索要一份与他分享过黑斯廷斯电子邮件的人的名单，然后要求他考虑退出董事会。蒂尔拒绝了，他告诉扎克伯格："我是不会辞职的，要么你解雇我。"脸书的创始人让步了，允许蒂尔继续留任。黑斯廷斯于 2019 年离开了董事会。

在与扎克伯格发生冲突后不久，蒂尔把约翰逊请到他位于旧金山的家中喝一杯，还跟他讲了与扎克伯格的那次谈话。"查尔斯，你我的关系很奇怪哦，"蒂尔说，他戴着一副深色的太阳镜，面露微笑，"马克问我那封邮件我都发给谁了，我唯一没有给他的就是你的名字。"

约翰逊开发面部识别应用程序 Clearview 时也得到过蒂尔的投

资，而这些计划也都是与脸书为敌的。霍安·同-代特开发出一款软件，可以从脸书（以及推特、Instagram 等社交应用程序）抓取数以百万计的照片。脸书不鼓励人们使用假名登录其网站，这对于这家初创公司来说尤其有用，因为脸书上的每张照片都很容易与用户的实名相匹配，这使得约翰逊能够完美地为每张美国人的面孔制作一份全面档案。

使用这些照片，然后把它们提供给警方建立一个大型刑事调查数据库，这也许会令一些人感到厌恶，而且根据脸书的说法，这相当于违反了该公司禁止抓取的服务条款。但约翰逊知道，考虑到脸书上的个人资料照片在互联网上是可以公开获得的，这么做有可能就是合法的。可以说，抓取这些信息与谷歌所谓的"索引"网站并没有什么不同，后者涉及为每个网站创建一个副本，并将这些信息存储在其服务器上。不仅如此，正如他向蒂尔解释的那样，这么做还有一个令人开心的副作用，那就是揭露马克·扎克伯格正是约翰逊所认定的那个骗子。扎克伯格一向鼓励用户尽可能多地分享个人信息，同时向他们保证，他们永远能够控制自己在网络上分享的内容及这些信息的使用方式。Clearview 表明事实并非如此，某人在脸书上公开发布的一张照片（当时也许还在读高中或大学）现在已成为庞大执法数据库的一部分。若干年后，这张照片就有可能被政府或警察部门用来破案，或者用来驱逐非法打工者。约翰逊告诉蒂尔，现实可能会让人们不那么愿意分享照片，从长远来看，这也许就能"毁掉"脸书。

尽管与蒂尔对脸书的义务有明显的冲突，但他还是为该公司投了一笔不大的启动资金，并承诺通过创始人基金追加后续投资。但在 2019 年 11 月《纽约时报》的一名记者深挖 Clearview 之后，蒂尔就与约翰逊和该公司拉开了距离。约翰逊原计划作为创始人基金合伙人锡恩·巴尼斯特的客人参加该公司的圣诞晚会,但在最后一刻,蒂尔打电话给他,让他不要来。创始人基金会放弃这笔投资,巴尼斯特也会离开公司,加入一家初创阶段的风险投资基金。《纽约时报》后来报道称,蒂尔的发言人描述说他给了"一位才华横溢的年轻创始人20万美元,两年后这笔钱变成了 Clearview AI 的股权",这张支票是蒂尔"唯一的贡献"。约翰逊在该公司中扮演的角色,以及他与蒂尔的关系都未被提及。

扎克伯格可能还没有意识到蒂尔与 Clearview 的关系有多深,但无论怎么说,他从未因为 Clearview、帕兰提尔涉嫌卷入"剑桥分析"事件及最终向媒体泄密而惩罚蒂尔。

旨在制作揭露媒体和科技领域所谓左翼偏见的讽刺视频的美国右翼组织"真相工程"炮制了一份报告,报告显示脸书在2019年年初压制保守派内容,并解雇了一名在镜头前声称其违反用工政策的承包商,但它没有对蒂尔采取任何行动。几年前,蒂尔曾向"真相工程"的创始人詹姆斯·奥基夫提供了1万美元的资金。

2019年4月,里德·黑斯廷斯和曾支持遏制扎克伯格权力的克林顿政府前官员厄斯金·鲍尔斯都从脸书董事会辞职了。次年3月,美国运通前首席执行官肯尼斯·切诺尔特和另一位曾担心"脸书无意停止虚假信息"的董事会成员也步前两位的后尘辞职了。扎克伯格用以取代这些批评者的都是他的朋友和商业伙伴,其中包括多宝箱(Dropbox)37岁的创始人德鲁·休斯敦,以及在他的营利性慈善机构"陈-扎克伯格行动"工作的 PayPal 高管佩姬·奥尔福德。到2020年年初,除了扎克伯格和谢丽尔·桑德伯格,董事会成员中只有蒂尔的盟友马克·安德森和蒂尔本人的任期可以追溯到2019年之前。

扎克伯格之所以容忍了蒂尔的不忠行为，可能是因为他在政治上不堪一击。如果说特朗普在2016年当选是因为美国选民转而反对全球化，那么几乎没有哪家公司会比脸书更容易受到这种风向变化的影响，个中原因除了涉及脸书的用户基础，还有扎克伯格之前对移民的倡导，以及扎克伯格在大选期间不甚明确的反特朗普言论，即"要建桥，而非筑墙"。

扎克伯格在2016年竭尽全力避免被视为反保守派，但越来越明显的是，保守派操纵他帮助特朗普赢得了竞选。在总统大选期间，脸书允许大量虚假报道在其平台上大肆传播，其中大多数是歪曲民主党的内容。脸书还对俄罗斯宣传人员渲染亲特朗普的恶作剧视而不见。大选后，扎克伯格并没把针对其公司败绩的抗议当回事儿，还称脸书上的假新闻影响了大选的说法是"非常疯狂的想法"。2017年年初，他搞了一场全国巴士巡游，以期重塑自己的形象，还与小戴尔·恩哈特一起在北卡罗来纳州的纳斯卡赛道上跑了几圈。"这太好玩啦！"他说，"我总算明白为什么这么多人都喜欢这个了。"

在巡游期间，一所历史悠久的黑人学院的学生问他，他个人在鼓励多样性方面做了些什么。他的回答却是把蒂尔夸了一通，他说"我们有一名董事会成员是特朗普政府的顾问"，他指的就是那位写了一本书来说明尊崇多样性有多么危险的人。扎克伯格还说："有些人说，我们不应该让某某加入我们的董事会，因为他是共和党人，我想这也太疯狂了。我认为，如果一个社会想要共同进步，就需要具备多样性。"

自始至终，特朗普都在持续施压，使劲儿压在扎克伯格身上，以确保脸书对保守派保持有利的平衡。脸书"一直是反特朗普的"，这位总统在9月的推文中如是说，还将脸书与以"假新闻"著称的《纽约时报》和《华盛顿邮报》相提并论。有人建议，白宫可以更进一步，像对待公用事业公司一样监管脸书和谷歌，从根本上控制广告价格，并确保这两家公司不会在意识形态上歪曲内容（也就是说，不会针对保守派）。特朗普在整个总统任期内都会着眼于这一威胁。

随着2020年总统大选正式开始，特朗普邀请一批具有影响力的社交媒体出席社交媒体峰会，其中就包括那些推广伪宗教式的右翼阴谋论"匿名者Q"的媒体，这一阴谋论将总统看作弥赛亚似的救世主。在此次峰会上，特朗普总统声称科技公司，包括脸书，都在审查他的支持者。他承诺将利用总统的权力来保护他们。

即使面对来自白宫的反手一击，扎克伯格也有理由相信民主党人对脸书构成的威胁要比特朗普更大。截至2019年4月底，已经有20名民主党候选人宣布参选，其中排名靠前的几位似乎特别渴望控制脸书。5月，曾被视为对科技行业友好的加利福尼亚州参议员卡玛拉·哈里斯在接受美国有线电视新闻网采访时表示，脸书"本质上是一家未受监管的公用事业公司，而在我看来这种情形必须停止"。伯尼·桑德斯曾承诺"要在美国实施强有力的反垄断立法"，还单独点到了脸书。"我们每天都要面对它，"他说，"他们决定我们可以和谁交流，他们对这个国家的经济，还有政治生活，有着不可思议的影响力，而且极其危险。"

尽管在奥巴马总统任期内，这些看法听起来可能有些激进，但这两位候选人在竞选中对脸书的态度都不是最强硬的。最狠的非马萨诸塞州参议员伊丽莎白·沃伦莫属，她在当年早些时候发布了一份详细的计划，呼吁拆掉脸书。她承诺要将脸书明确为公用事业公司，然后强迫其剥离 Instagram 和 WhatsApp，这两家是脸书于 2012 年和 2014 年收购的图片分享和社交信息服务公司，两者共同为脸书的增长做出了很大贡献。

扎克伯格认真对待了这些警告。几个月后，在与员工的一次会议上，他警告说，沃伦要是当了总统，"那我们可就大难临头了"。"如果她当选总统，我敢打赌我们将面临法律挑战，"扎克伯格说，"但是，不管怎么说，如果有人试图威胁到我们的生存，你们就要背水一战。"扎克伯格已经为这场战斗做好准备，蒂尔也随时可以提供帮助。

蒂尔陶醉于在民族主义会议上的演讲所引起的关注，遂在《纽约时报》上发表了一篇评论文章，重申了这个观点——"对谷歌有利，对美国不利"，这也是文章的标题。他对 2020 年有很宏伟的计划，曾有传言说他要创办一家保守的媒体公司，或者再写一本书。但越来越难以忽视的一个灾祸正悄然临近，那就是特朗普总统任期的终结。就这样，蒂尔做了一件每次他看上去就要赌输的时候都会做的事：知难而退。

在 2018 年中期选举之前，蒂尔信心满满地宣称特朗普的总统任职"相对成功"，把有关与俄罗斯勾结的说法称作"阴谋论"，而在回答"特朗普总统是否有撒谎倾向"这一问题时，蒂尔努力绷起面孔，把特朗普的"谎言"描述成"对事实的夸大其词"。不过，尽管中期选举对蒂尔来说进展顺利，蒂尔最喜欢的候选人之一霍利当选为参议员，但对特朗普政府来说是一场灾难，民主党人重新夺回了众议院。

新一届国会一开始拒绝弹劾特朗普，即使在特别检察官罗伯特·穆勒暗示特朗普在 2016 年接受了俄罗斯特工的帮助，然后试图控制和最小化调查之后。但是，2019 年 9 月有猛料爆出，指特朗普总统与乌克兰总统进行了"完美的"通话，要求对方调查其政敌之后，民主党最终采取了行动。

蒂尔在 2019 年及 2020 年年初的大部分时间里都保持低调，只在公共场合出现过两三次，而且总是面对友好的观众。他经常与保守派人士见面，但都是在家里，这样可以避免被人看到，也不必刻意表现。事实上，他甚至不用穿得那么正式。有一次，蒂尔接待了一批客人，其中包括佛罗里达州共和党人马特·盖兹，而他只穿了一件 T 恤衫和内裤。"太奇怪了，不过还好！"盖兹后来写道。另一位经受过这种待遇的来访者是时任美国商务部长的威尔伯·罗斯。83 岁的罗斯在会面后对一位同事说："这样穿是一种非常不正统的着装。"

虽然他的客人，尤其是来自华盛顿的新来者，可能会对他的服装选择感到奇怪，但同时他们惊诧于蒂尔独特的谈话方式。他似乎什么都不想要，只是想跟人谈话。华盛顿来的人将这解读为一种倦怠，尽管它实际上可能就是一种满足。据朋友们说，蒂尔正在享受生活的新阶段，那就是天伦之乐。最近，他和丹泽森通过代孕有了一个女儿。

尽管与外界鲜有接触，蒂尔仍然精力充沛，2019 年 10 月，他飞往华盛顿与扎克伯格和特朗普会面。脸书的首席执行官来到华盛顿是为了说明脸书推出虚拟加密货币"天秤币"（Libra）的计划。有批评人士警告说，天秤币有可能取代美元成为世界储备货币。自第二次世界大战结束以来，外国政府购买并持有大量美元，这意味着美国可以有效地借入几乎无限的资金，并可以将"流氓国家"从全球金融体系中剔除出去。如果人们开始通过天秤币这样的数字货币来持有其资金，美国的借贷成本就会更高，全球金融体系也将脱离美国的控制。当然，这正是蒂尔在 PayPal 提出的做法，当时他说要给每个人提供自己的虚拟瑞士银行账户。

扎克伯格还有一项任务，就是要应对民主党针对脸书明显故意放大总统谎言的批评。10 月初，特朗普竞选团队曾刊登广告称，前副总统拜登曾向乌克兰政府施压，要求对方放弃对其儿子亨特·拜登的商业活动的调查。这是一个谎言。美国有线电视新闻网拒绝播放这些广告，脸书却允许播放，就是根据所谓的不对政客们说的话进行事实核查的政策。参议员沃伦给扎克伯格打电话，称脸书是"一个以虚假信息牟利的机器"。她表示，该公司已经通过视而不见的做法帮了当选总统唐纳德·特朗普一回，而现在又通过不对广告进行事实核查，再次将该公司利润置于公民责任感之上。

扎克伯格在乔治敦大学的演讲中对此做出回应："我知道很多人不同意，但总的来说，我认为在一个民主国家，由一家私营公司来审查政治家或者新闻是不合适的。"他还援引了马丁·路德·金写的《来自伯明翰监狱的信》、越南战争时期的校园抗议及他自己反对伊拉克战争的言论，暗示这一切正是他创办脸书的原因。无论是在风格上，还是实质上，蒂尔的影响都清晰可见，这体现在扎克伯格反复使用"声音"一词来表示"民主参与"上，而这是蒂尔和他的朋友们在讨论"海上家园"时经常使用的提法。扎克伯格阐明的政策正是蒂尔和特朗普想要的。

在扎克伯格造访华盛顿期间，蒂尔和丹泽森见到了扎克伯格和普莉希拉·陈、贾里德·库什纳和伊万卡·特朗普，当时他们一起与总统和第一夫人在白宫共进晚餐。讨论的具体细节是保密的，但蒂尔后来告诉一位密友，扎克伯格在用餐期间与库什纳达成了共识。他承诺，脸书将避免对政治性演讲进行事实核查，从而让特朗普的竞选团队可以想宣传什么就宣传什么。如果这一承诺能够得到遵守，特朗普政府就会放弃严厉的监管。

那次晚餐之后，扎克伯格对保守派网站就采取了放手不管的态度。10月下旬，脸书推出了一个新闻应用程序，专门展示那些被该公司称为"报道深入、信源丰富"的媒体机构。在一系列被推荐的发布者中，布赖特巴特新闻网也赫然在列，尽管该网站曾将自己宣传为另类右翼的盟友，并曾开设过一个专门讨论黑人犯罪的版块。脸书似乎也曾不遗余力地帮助每日连线——这个更年轻、更新潮的布赖特巴特新闻网的翻版，它也许将成为脸书平台上最大的发布者之一。长期以来，脸书一直把自己视作独立的政府；现在，在特朗普的庇佑下，该网站将推动蒂尔圈内某人在跟他谈及此次会面时所说的"国家认可的保守主义"。

扎克伯格否认有任何交易，称上述说法"相当可笑"，尽管来自新闻聚合网站BuzzFeed、彭博网和其他媒体网的报道表明，脸书政策团队的成员确实出手保护过保守派网站，使其不因违反该公司反对错误信息的规则而被罚。（该公司多次拒绝要其就此事发表评论的要求。）在大选的剩余时间里，脸书会比其同行更温和地对待特朗普。推特隐去了特朗普针对"黑人的命也是命"抗议者的一条帖子，这条帖子似乎很赞赏地引用了亚拉巴马州种族隔离主义者乔治·华莱士等人曾使用的一句威胁性的话："抢劫开始，枪击就开始。"脸书允许了这个帖子的发布，扎克伯格对此解释说，虽然他与总统的看法不同，

"但我认为应该让人们能够自己看到这个帖子,因为最终对于身居高位者的追责只能在他们的言行被公开审查时进行"。他继续频繁地与贾里德·库什纳交谈,而蒂尔继续公开和私下里强调脸书还没有其竞争对手那么恶劣。

至 2020 年 3 月初,该计划似乎开始奏效。伊丽莎白·沃伦和卡玛拉·哈里斯竞选遭挫,伯尼·桑德斯语无伦次,而被蒂尔视为弱者的约瑟夫·拜登似乎已经做好赢得提名的准备。特朗普,尤其在保守派中,被认为有可能连任,而蒂尔对右派的影响力比以往任何时候都要大。需要使用一些完全出乎意料的东西,甚至末日启示,来摆脱他四年前在脸书开启的这个计划。一切进展顺利。

第 20 章

危机管理

正当美国公众开始意识到新冠病毒正在迅速传播,生活将在一段不确定的时间内变得完全不同时,彼得·蒂尔离开了洛杉矶。按普通人的认知,他应该是去了他在新西兰的等离子大宅和里面的"避难室",或者也可能是去了他在南岛买下的那个农场里的一处地堡。新西兰不愧是躲避世界末日的理想栖息地。该国很早就封锁了,并对非本国公民关闭了边境。到 2020 年年底,新西兰只有 25 人死于新冠病毒。

但蒂尔并未跑到新西兰,事实上,自 2017 年年底以来,他基本上就把这个他新认下的"祖国"抛在了一边,当时他出席了西蒙·丹尼的艺术展"创始人的悖论",该艺术展探索科技公司创始人的神话,他们都是神一般的人物,也是硅谷,尤其是蒂尔所极力提携的。丹尼独辟蹊径的艺术媒介是棋盘游戏,他改编了少数有名的热门游戏,包括《行动》和《生命游戏》,以及在"蒂尔江湖"很流行的一些游戏,其中就有《卡坦岛定居者》和《深入绝地:黑暗之旅》,以及一个类似《龙与地下城》的棋盘游戏。生活被重新想象为一个年轻的斯坦福大学毕业生的一系列选择，要么是具有社会意识的行动，比如缴税，要么是自由意志主义的行动，比如逃往避税天堂。在《深入绝地：黑暗之旅》的续集《上行战场：国家之上》中，蒂尔的形象出现在一尊塑料雕像上，这位"反潮流英雄"同贴着"民主"标签的龙、贴着"公平选举"标签的狮子及贴着"货币政策"标签的怪物战斗。"这实际上是一件细节非凡的作品！"蒂尔曾对一位参观者说道。

大片农田仍然原封未动，没有做任何开发。这里根本没有什么地堡，而且在特朗普当选后不久，报道蒂尔入籍新西兰的《新西兰先驱报》记者马特·尼珀特就开始怀疑蒂尔已经放弃这个想法。"那是一个对冲措施。"他告诉我，他得出的结论是蒂尔曾担心民主党人会改变美国的税收政策。但是，特朗普当选后，新西兰右翼的国家党政府也于2017年被杰辛达·阿德恩所领导的左翼工党所取代，于是蒂尔便失去了兴趣。

其实，蒂尔是躲到他位于夏威夷毛伊岛的庄园去了。2011年，他以2 700万美元的价格买下了这里的一套海景房，居住面积约420平方米，成交价创下了当时的纪录。这个豪宅位于该岛一片未开发的区域，高高的石墙将蒂尔与该地区唯一的道路隔开。房子的另一边有一个游泳池和近7 000平方米的土地，几乎与海滩连成一片。

简而言之，这是观察随后几个月美国混乱局面的完美居所。从3月中旬开始，纽约和美国其他主要城市几乎全部封城。新闻节目冷漠地展示着战场一般的医院，尸体堆积在冷藏车里，护士们用垃圾袋来代替手术服，因为个人防护用品紧缺。4月中旬，当最初的疫情达到高峰时，仅在美国，每天就有2 200多人死亡。

最终，政府的封禁措施奏效了。确诊病例数和死亡人数双双下降，到 5 月初，已经有理由开始考虑重新开放。是的，在此之前已有 7 万美国人死去，但疫情已经趋缓，只要按照保持社交距离和佩戴口罩的指南去做，加上官方持续关闭经济活动的某些领域，如酒吧和餐馆，并限制举办室内活动，回归常态似乎指日可待。现在回过头来看，这想法显然有点儿一厢情愿，但上班的人们似乎有可能在夏天开始重返办公室。9 月学校重开似乎也毫无悬念。

在这段谨慎乐观的时期，我通过中间人了解到，蒂尔正在考虑与我正式谈论新冠病毒。他将新冠病毒视为一种证明，这有一定的道理：一场不太可能发生的与全球化有关的灾难，造成了世界各个经济体的突然崩溃。早在 12 年前，作为一名对冲基金经理，他就在自己发表的一系列狂放的文章中预言了某种版本的当今局面。他写了《乐观的思想实验》，对世界末日表达出担忧，这在他的同伴们看来十分可笑，而在其员工们看来是让人不爽的诡异。蒂尔是一位成功的对冲基金经理，坐拥数十亿美元的资本利得，却以一个宗教复兴主义布道者的口吻，对推动他致富的那些力量（科创行业的崛起、贸易的爆炸式增长、信息的自由跨境流动）的危险夸夸其谈。但现在是谁在大笑呢？不是蒂尔所描述的那些"世界性的"人，他们认为"这种关于世界末日的歇斯底里的言论……已成为那些要么愚蠢、要么邪恶、要么疯狂的人的专属领地（尽管大多数人都只是愚蠢）"。蒂尔因其强硬的移民立场而受到批评，而当他取得新西兰国籍时，又被嘲笑为一个末日准备者。现在，特朗普因只对中国而未对欧洲关闭美国边境而饱受诟病，普通美国人正在囤积卫生纸，并就在哪里能买到最好的干豆子交流攻略。

10 年前，蒂尔奖学金项目被认为是任性鲁莽的。但蒂尔每年也只能说服 20 名学生不去哈佛大学读书。现在，哈佛被迫关闭了整个校区，实际上是以仍需付 5 万美元的线上视频课程，来取代学费 5 万美元的世界顶级教育和 2.5 万美元的食宿。蒂尔认为，大学是一种以超高学费来强化阶级差别的机制，这一观点似乎比 2010 年时更有道理，而且似乎可以相信他曾警告的所谓的教育"泡沫"可能会破裂。这次不是区区 20 名学生了，哈佛大学新生中有 20% 的人选择 2020—2021 学年休学，其中一些人再也不会回来了，那些已经在苦苦挣扎的规模较小、名气较小的大学更面临着严重的财政困难。正如蒂尔预测的那样，整个美国的教育行业似乎都有可能崩溃。

就连蒂尔试图把特朗普政府推向极右方向的那些徒劳的努力，突然间看起来也更有理由了。甚至连特朗普最嚣张的顾问都认为"太疯狂"的美国食品药品监督管理局局长候选人巴拉吉·斯里尼瓦桑，在大多数政府专家建议保持冷静的情况下，却于 2020 年 1 月拉响了新冠大流行的警报。在美国疾病控制与预防中心坚持开发更加复杂并最终有缺陷的检测方法，以及美国食品药品监督管理局拒绝批准世界其他国家都在使用的更简单的检测方法之后，蒂尔关于政府卫生机构早已僵化，需要彻底改革的本能反应似乎至少更靠谱一些。上述做法使得美国落后韩国大约 6 周，韩国很快就控制住了本国的疫情。

接下来就轮到硅谷。工厂工人被解雇，餐馆关门，购物中心被废弃，但彼得·蒂尔居住的世界绝对繁荣。正如风险投资家马克·安德森所说，"软件正在吞噬这个世界"，所有关于科技将占据我们生活的方方面面的预言都突然有力地变成了现实。一夜之间，美国所有的中小学都需要建立网课教学账户，每个孩子都需要平板电脑。亚马逊所有的商品，从棉布手帕到 1 000 块的拼图，销量都急剧上升，以至于该公司不得不分类安排送货时间。许多公司争相签约使用聊天群组Slack，我们还开玩笑说网飞已经被"干掉"了。线上社交网络可以作为真实社交生活的替代品，但突然之间，它们就成了我们唯一拥有的东西。斯里尼瓦桑在推特上幸灾乐祸地表示："技术抵制已经结束。"

科技热潮既是一种金融现象，也是一种文化现象。继2020年3月实行封禁引起其断崖式下跌之后，标普500指数逐渐回升，并在7月实际上实现了全年上涨。几乎所有这些上涨都要归功于少数几家主导该指数的大型科技公司：亚马逊上涨了71%，苹果上涨了51%，脸书上涨了31%。接下来的一个月，扎克伯格的净资产超过了1 000亿美元。这一切都发生在失业率超过10%的情况下。

蒂尔也越发富有。电子商务的突然受宠当然有利于亚马逊，但同样有利于在线支付公司Stripe。蒂尔持有该公司大量股份，该公司融资6亿美元，估值达360亿美元。据蒂尔身边的一位人士估计，他所持有的Stripe股份价值约15亿美元，但这只是2020年11月之前的数据，当时Stripe据传将进行新一轮融资，这次的估值约为1 000亿美元。爱彼迎比传统酒店行业更好地扛过了旅游业的突然崩溃，并准备以据称约350亿美元的估值上市。至该公司于12月真正上市时，其市值已达到870亿美元。截止到2021年3月，这一数字更是达到了1 100亿美元。创始人基金也拥有其中5%的份额。

与此同时，蒂尔几十年来对军工复合体的押注看起来从未像现在这么好。在特朗普总统承诺加强边境安全的背景下，约翰逊的朋友帕尔默·勒基建立了初创公司安杜里尔，在7月就筹集了2亿美元，使其估值翻了一番，达到20亿美元。SpaceX成为第一家将人类送入地球轨道的私营公司，成功将两名美国国家航空航天局宇航员鲍勃·本肯和道格·赫尔利送入太空，并与国际空间站对接。任何与新冠大流行无关的消息都令特朗普感到高兴，他与迈克·彭斯一起观看了在佛罗里达州卡纳维拉尔角的这次发射。"这技术，这实力，简直不可思议！"特朗普在发射几小时后如是说，并把马斯克称为"我们最了不起的超级大脑之一"。不久之后，美国国防部宣布 SpaceX 又赢得了一份价值超过 3 亿美元的发射合同，该公司的估值将攀升至 740 亿美元，而创始人基金也将从其必然的公开售股中受益。

除了这些收益，蒂尔的大部分净资产仍锁定在帕兰提尔，这家公司拥有几乎得天独厚的从新冠大流行中获利的能力。蒂尔持有该公司略低于 20% 的股权，其中他本人直接持有一部分，其余通过其投资的公司持有。新冠病毒本应是由医生、病毒学家和流行病学家来解决的问题，但它却成为一个大数据问题。当科学家们竞相研制疫苗时，政府和大型医院系统必须弄清楚热点出现在哪里，然后相应地分配资源。在帕兰提尔试图赢得欧洲业务之后，它的软件已经被重写，并被用于对某些医疗供应链的管理。但从 2020 年 3 月初开始，该公司将所有研发人员都调去攻克与新冠病毒相关的各种问题，还将新的功能添加到现有的产品中，例如，允许企业客户轻松地获取有关病例和住院人数的政府数据，然后将其纳入公司的销售预测。对竞相寻找有效方法来支撑其供应链和建模的政府卫生部门来说，这一软件自然就再适合不过了，已被用于分发呼吸机和个人防护用品。这一举措在短短几个月内就促成了 100 多笔交易，新客户中包括数十家公共卫生机构。

"我们公司是在危机中得到锻炼和再锻炼的。"卡普的副手希亚姆·桑卡尔在一次采访中告诉我，并语速飞快地报出了一系列的灾难:"9·11"事件(即帕兰提尔存在的理由)、金融危机、网络攻击的泛滥、帕兰提尔协助军方打击"伊斯兰国"等。"从某种程度上说,此次新冠肺炎大流行就是这种情况的最新版本。"

除了危机管理方面的专业知识,蒂尔的公司还有一个可以说更重要的优势,那就是从美国政府,尤其是特朗普政府那里攫取巨额资金。5月初,在蒂尔和桑卡尔会见了美国国立卫生研究院院长弗朗西斯·柯林斯之后,已经给过帕兰提尔一个合同的美国卫生与人类服务部又再次奖赏给该公司另外两个价值共2 500万美元的合同,要其设计一个新的软件系统,由白宫新冠病毒特别工作组使用来跟踪相关病例、医院数据、个人防护用品的供应及测试场地等。这些交易被归类为"紧急收购",意味着是在没有竞标的情况下达成的。

特朗普政府竟然让政治盟友在如此人命关天的问题上发挥作用,再考虑到特朗普总是倾向于淡化疫情的严重性,这种政治敏感性到7月就变得更加强烈。当时,美国南方各州的确诊病例数激增,美国政府却命令医院停止向美国疾病控制与预防中心报告,而将报告发到卫生与人类服务部的新系统。此前一直由疾控中心负责数据收集,并公开提供给外界。几名议员和疾控中心一名前主任指责特朗普做出这一改变就是为了向公众隐瞒疫情的严重性。疾控中心前主任托马斯·弗里登在推特上写道:"政府不是通过加强公共卫生数据系统来改善医院报告,而是选择将数据交给一个未经证明的商业实体,并要求向政务官员,而不是科学专家报告。亚利桑那州、得克萨斯州、南卡罗来纳州、佛罗里达州和其他地方的人们已经为此付出了代价。"

白宫有意避开对其管理不善的指责,并在将疾控中心的数据暂时下线后,又允许该机构再次开始披露数据。与此同时,帕兰提尔否认其获得无竞标合同是得益于优惠待遇。公司代表在接受采访时强调说,蒂尔的参与其实微乎其微。"太有意思啦!"桑卡尔说,"如果你看看前特朗普时期的帕兰提尔,那总是被描述为亚历克斯·卡普的帕兰提尔,当然,也确实是。而说到后特朗普时期的帕兰提尔,就突然来了个大翻转,成了彼得·蒂尔的帕兰提尔。我认为这更多地与外部认知有关,而不是与某种内部现实有关。"

从某种意义上来说,这的确也是事实,因为帕兰提尔的员工很少见到蒂尔,但这仍然是一种深深的误导。在2020年6月末,帕兰提尔宣布已任命了一位女性进入董事会,如果公司想要上市的话,这就是一个必要的步骤,因为加利福尼亚州法律规定上市公司要有至少一位女性董事会成员。曾有传言说,该公司可能会巴结前国务卿康多莉扎·赖斯,但帕兰提尔提名亚历山德拉·沃尔夫·希夫,她是蒂尔的老朋友,写过一本大肆吹捧蒂尔奖学金项目的书。在7名董事会成员中,她将是与蒂尔关系密切的6名董事之一。(11月,《斯坦福评论》前主编亚当·罗斯将离开董事会;1月,埃森哲董事总经理劳伦·弗里德曼填补了罗斯的空缺,此人与蒂尔没有明显关联。)

在那些了解蒂尔的人看来,任命沃尔夫·希夫做董事似乎特别厚颜无耻。据记者费利克斯·萨尔蒙透露,家住纽约的沃尔夫·希夫只要去西海岸,就经常住在蒂尔的家里。在2005年左右,那时蒂尔还没有公开出柜,她就在达沃斯论坛上假扮成蒂尔的女友。董事任命宣布后不久,有位助手给蒂尔发短信,问他是否故意用任命沃尔夫·希夫来恶心某些人。毕竟,沃尔夫·希夫作为首位女性进入帕兰提尔董事会这件事,对那些政治正确的警察可真够窝心的。蒂尔回复了一个眨眼吐舌的表情符号。

像所有人一样，蒂尔在新冠肺炎大流行期间也是忧心忡忡，尤其担心他那个最重要的投资的未来。有的日子里，他似乎确信特朗普会大获全胜，这位总统所说的"法律与秩序"是对尼克松政府的一种回归，将说服民主党在种族政治上转向左倾。而在另一些日子里，他又坚信新冠病毒及随之而来的经济衰退会让特朗普无法连任。

很难做到平心静气。蒂尔预见到一场全球性的危机会把世界经济拖垮，而将自己定位于乱中获利，就像他所说的金融危机发生时那样，让自己靠危机的后果发财。但是，就像 2008 年那样，他一方面秘密怂恿鼓动破坏势力，向克莱瑞姆的投资者发出措辞冷静的信件，警告反移民民粹主义的危险，另一方面又在暗中资助民粹主义运动，助力种下新冠大流行后大混乱局面的种子。他帮助特朗普压制了那些担心他的自恋和专制倾向会在危机中造成灾难性后果的共和党人；他帮助创建和保护了脸书，而正是脸书使得错误信息的传播更加便利，从而鼓励美国人不戴口罩，并接受未经证实的、可能有害的治疗，比如使用抗疟疾的羟氯喹甚至工业漂白剂。如果特朗普总统最终失败，蒂尔也会失败。

他开始告诉朋友们，他正在考虑在瑞士购买房产，如果特朗普败选，他有可能会搬到那里去，大概是为了保护他的个人退休账户不受拜登政府政策改变的影响，他担心拜登政府可能会试图完成奥巴马已经开始做的事情。帕兰提尔 2020 年 9 月递交上市申请就是这种想法的体现，这再清楚不过了，他的几位同事称，蒂尔希望赶在资本利得税调高或个人退休账户规定修改之前，尽可能多地变现其资产。他花了 20 年时间积累了数十亿美元的免税资产，他现在也绝不打算交税。

在与朋友的交谈中，他把特朗普的白宫比喻为电视剧集《吉利根岛》中不幸搁浅的小渔船"米诺号"。当然,在这个比方中,特朗普就是那位船长,而正像蒂尔在短信中对一个朋友说的那样——"吉利根却有很多"。蒂尔用一个离谱的比喻说,特朗普竞选班子的改变等同于"重新安置泰坦尼克号上的躺椅"。

最终,蒂尔的员工将他的这些抱怨捅给了媒体,希望为他们的老板和共和党候选人之间撇清一点儿关系。在新闻网站每日野兽和《华尔街日报》等媒体报道了蒂尔对特朗普的不满后,有人推断蒂尔把特朗普对新冠肺炎大流行的应对看作其总统任期衰败的迹象。但其实并非如此,蒂尔赞同特朗普的看法,认为对大流行的担忧被放大了,他告诉朋友,他认为封禁措施"很疯狂",范围也太广。

蒂尔的核心圈子也不消停,他们似乎对特朗普感到失望,因为他将自己置身于中间派,而没有推动极右翼民粹主义。特朗普任命尼尔·戈萨奇为最高法院大法官,此人支持自由派和温和派的观点,裁定同性恋和变性劳动者也应得到公民权利保护,蒂尔的顾问、《从0到1》的共同作者布莱克·马斯特斯对此抱怨说,共和党背叛了保守派。他讽刺地写道,看起来,共和党的重点似乎就是"保护私募股权、低税收和免费色情"。

搬到亚利桑那州的马斯特斯在抱怨共和党参议员玛莎·麦克萨利对特朗普不够忠诚后,一直在考虑向她的连任竞选发起初选挑战。他决定反对,蒂尔在堪萨斯却支持一个类似的候选人克里斯·科巴赫,此人曾帮特朗普打造最极端的移民提案(且还有反对同性恋权利的历史),现正在竞选特朗普一派的参议员,竞选对手是温和的共和党人罗杰·马歇尔。

蒂尔向科巴赫捐赠了210万美元,成为他的主要资助人,其中包括 7 月共和党初选前两笔总计 125 万美元的捐款。尽管蒂尔在 2019 年直接向科巴赫的竞选活动捐赠了 5 600 美元，但上述这些捐款都通过新创建的"永远自由"政治行动委员会注入，它承诺"确保我国的边境安全，制定美国优先的移民政策，照顾我们的退伍军人，结束无休止的战争，建立一个对美国广大工作者行之有效的经济"。

除了通常坚持的本土主义立场，科巴赫为了能获得提名，还给有关新冠病毒的阴谋论火上浇油。在竞选一周前，即从蒂尔的行动委员会接受支票两周后，科巴赫对采访他的人表示，他认为医院和医生把意外死亡，比如交通事故等，记录为新冠死亡，从而通过夸大新冠的严重程度来打击特朗普。"我相信这些数字是杜撰出来的。"他说。在初选当天，他以 14 个百分点之差输给了马歇尔。

专家们曾呼吁逐步恢复经济，并继续依赖保持社交距离和戴口罩。特朗普将这一切当作"政治姿态"而加以排斥，并在不同的场合坚称这种可怕的病毒正在被他的政府打败，要么说它实际上并不比流感更严重，或者两者兼而有之。他蔑称戴口罩是所谓的政治正确，并鼓吹未经证实的治疗方法和神奇的想法。至少在特朗普看来，美国已经不断"接近最后的拐点"。他鼓励各州州长不要做核酸检测（并记录病例），在疫苗推出的 6 个月前，特朗普坚持举行有数千人参加的室内集会，并且大多数人都不戴口罩。

而且，美国的大部分地区同一时间重新开放，对这种毫不谨慎的做法，蒂尔的朋友圈却经常大声叫好。蒂尔的斯坦福老友基思·拉布瓦总是没完没了地发推文宣传羟氯喹的预防作用，尽管一项又一项的研究表明羟氯喹对预防和治疗新冠毫无帮助。对此，拉布瓦的回应和蒂尔提名的美国食品药品监督管理局官员的说法如出一辙——都是指责药物试验的官僚主义。"随机对照试验是可怕的想法。"他在推特上说。当罗氏公司的高管温伯格与他争论时，拉布瓦反驳道："显然有人嫉妒我的成功。"

马斯克利用他的平台来淡化新冠大流行的严重程度，吹捧羟氯喹并呼吁全面重启经济，这是他特别感兴趣的一点，因为特斯拉面临大量订单积压。"立刻解封美国吧！"他在推特上说。大约一周后，他无视封禁命令，重新启动了位于加利福尼亚州弗里蒙特的特斯拉工厂。这样做的结果十分严重：根据作为获取信息自由的一部分而公布的公共健康数据，5—12月，在弗里蒙特的特斯拉工厂，约有440名员工确诊感染新冠病毒。

仿佛有预谋似的，确诊病例又再次激增。从5月下旬开始，第二波疫情冲击阳光地带，得克萨斯州和佛罗里达州在几周时间内分别记录了数千例死亡；随着大选临近，第三波疫情汹涌而至，开始于中西部，并于12月蔓延至全美。在这个疫情峰值，每天有超4 000名美国人死亡。到目前为止，蒂尔的朋友圈却对如此情形保持沉默，并重新开始在推特上大谈加密货币、"黑人的命也是命"运动的可怕，以及社交媒体对那些将民主党总统候选人约瑟夫·拜登之子亨特与腐败联系起来的相关报道进行的审查。

特朗普政府对新冠大流行的应对受到隶属胡佛研究所的放射科专家斯科特·阿特拉斯的影响，已彻底放弃了阻止新冠大流行的努力。特朗普将群体免疫吹嘘为一种策略，即允许病毒大范围传播，以使民众普遍具备免疫力，从而保护整个社会，并错将其称为"从众心理"。2020年10月，特朗普感染了新冠病毒，去了医院，后来没怎么样就好了；当有报道称他的儿子巴伦也感染了病毒时，他还把这种潜在的致命病毒当成"普通感冒"。特朗普总统的办公厅主任马克·梅多斯当天在美国有线电视新闻网上对戴口罩和医生推荐的其他基本缓解措施的有效性进行了质疑。"我们不打算控制了。"梅多斯说，他拿新冠当流感了。

在国家举步维艰的时候，蒂尔却在忙着套现。8月25日，在全美死亡人数超过175 000人之际，帕兰提尔向美国证券交易委员会提交了S-1申请报告，即宣布其打算上市的正式文件。几个月来，卡普一直说他在考虑是否要跟着蒂尔离开硅谷，现在他透露了自己的目的地——丹佛。S-1材料中还包括一封批评他以前的大本营的信件。"我们的公司成立于硅谷，"卡普写道，"但我们在技术领域能分享到的价值观和承诺似乎越来越少了。"该信继续陈述如下：

> 我国国防和情报机构的软件项目已经出现争议，而这些机构的使命就是要保护我们的安全，但现在以捞取广告费为根本的公司已经司空见惯。就许多消费类互联网公司而言，我们的思想和倾向、行为和浏览习惯，这些都是他们要推销的产品。硅谷许多大型科技公司的口号和营销手法都在试图掩盖这一简单的事实。世界上那些最大的消费类互联网公司，从未像现在这样深入我们生活中最隐秘的方方面面。而且，这些技术进步的速度早已超过了对其进行控制所使用的政治控制形式的发展速度。

这是对硅谷，尤其是对脸书的猛烈攻击，发起者恰是脸书最早、最重要的支持者一手创立的一家公司的首席执行官。这也让人回想起一直令蒂尔感兴趣的硅谷愿景：军工复合体中刻板的保守主义。

而且对我来说，这已经很熟悉，就在几个月前，查尔斯·约翰逊曾给我发过一份有关 Clearview 的类似备忘录。"硅谷的公司都说要让世界变得更美好，他们却把丰厚的广告利润置于民主和安全之上，"他这样写道，"在硅谷，他们攫取私人数据，并转卖给广告商。"另外，"谷歌讨厌军方"。申请报告被披露后，约翰逊给我打来电话，他说"看起来好像都是我写的东西"，并表示自己也给蒂尔写了同样的信。

帕兰提尔的申请报告不只是一份意识形态声明，它还展示了一家利用新冠大流行，甚至更广泛的意义上，利用特朗普政府牟利的公司的形象。桑卡尔曾夸口说的"在危机中茁壮成长"是准确的。帕兰提尔 2016 年的收入达 4.66 亿美元，而仅在 2020 年上半年，其收入就已超过这一数字。其中，7 900 万美元来自美国陆军，在总收入中的占比超过 15%；其他政府合同，包括 Maven 项目交易及该公司携手移民和海关执法局和卫生与人类服务部的合作，还将另外增加数千万美元。

的确，对帕兰提尔来说可谓财源滚滚，那段时期它的收入为 1.65 亿美元，亏损也在收窄。但这些损失对蒂尔来说无关紧要，无论帕兰提尔的长期运势如何，他都能从该公司的上市中获得丰厚的利润。S-1 申请报告展示了一大堆错综复杂的风险投资公司、投资工具及与他有这种或那种联系的众多实体。他通过与其个人退休账户相关联的多个 Rivendell 基金，以及 Mithril 公司、创始人基金、克莱瑞姆资本、PT 风投、STS 控股等机构持有股份。

这些加起来大约占该公司的 20%，但长期对独裁情有独钟的蒂尔还是会通过某些安排使自己拥有更大的控制权，甚至大到超出合理限度。除了对创始人效忠的董事会，帕兰提尔还创造了一个新的股份类型，可以控制50%以下的投票权。这些股份将由卡普、斯蒂芬·科恩和蒂尔三人控制的信托基金持有，在任何时候，蒂尔都可以选择使用他的其他股份来增加这一比例，从而使他拥有事实上的控制权。令人难以置信的是，即使他们大量出售股票，他们也能保持这种水平的控制权，而蒂尔正打算马上这么干。

帕兰提尔的股票开盘价为每股10美元，这使其市值达到大约200亿美元。蒂尔立即开始套现，出售了价值超过2.5亿美元的个人股票，然后又通过创始人基金出售了大约2 000万美元的股票。正当这个国家或许已经陷入危机，他的政治计划也正走向崩溃，他个人却依然好得很。

其实是好得不能再好。在11月的第一周统计选票时，整个美国都充满了不确定性，但有一点对特朗普及"蒂尔江湖"中的许多人之外的所有人来说，已经越来越清晰，那就是特朗普已经败选，新冠大流行也变得越来越糟，总统却没有兴趣做任何事情来延缓疫情蔓延，或在与拜登的交接过渡期内为工作人员提供进一步的援助。

就在特朗普及其下属机构大肆散布有关选票作弊的错误信息，声称大选被少数几个黑人人口占多数的不正经城市窃取时，蒂尔保持了沉默。"蒂尔江湖"里却在嚷嚷关键摇摆州有选票未经计数的所谓秘密，并认为约瑟夫·拜登这位得到决定性多数美国人支持的候选人已经赢得了大选的这一基本事实在某种意义上依旧存疑。蒂尔的员工、播客"知识分子暗网"主持人埃里克·温斯坦在推特上发布了几则据称是邮件"吹哨人"的视频（起初由保守派记者、挑事儿者詹姆斯·奥基夫发布，蒂尔曾经也是他的赞助人）。他警告称，特朗普被媒体不讲规矩地"玩坏了"。在蒂尔的支持下，布莱克·马斯特斯正准备再次竞选参议员，他在推特上暗暗地谈论了亚利桑那州使用的多米宁投票系统，最后搞出一个阴谋论的结论，指责该投票系统的制造商以某种方式改变了投票结果，并在没有提供任何证据的情况下宣称，死人也在密尔沃基和底特律"参加投票"了。所有这些原来都是假的。

新反动知识分子、蒂尔的老朋友柯蒂斯·雅文的所作所为更加过分，他发表了一篇文章，声称"城市社区"的选民通过组织者的各种操纵和实际的选票欺诈为拜登窃取了选举。雅文还建议共和党搞一次他所说的"非常合法的政变"，把大选再偷回来，具体做法就是让共和党控制的州议会宣布本次投票无效，接着再让特朗普宣布行使紧急状态权力，无视来自国会或司法部门的干预，并让国民警卫队去执行他的命令。雅文认为，在那之后，特朗普就可以"在当前正式政府内外，清算那些有权势、有名望及有钱的旧政府机构"，在此之后就会实现"非凡的乌托邦愿景"。

这也许是个笑话，或许还可能是一个思想实验，雅文不无遗憾地承认，可惜特朗普太无能、太软弱，根本无法实现这一目标。但这近乎完美地呼应了蒂尔旧有的思想实验，即先是故意败选，随后军事政变。雅文说，整个局势都会进展顺利，而且无论如何，一直都是有利于拜登的。如果特朗普败选，特朗普主义就会像蒂尔一直期望的那样繁荣起来。他预测，到2024年特朗普将会卷土重来。"红色美国的故事变得更简单、更容易推销。"他写道。

在不确定性和死亡人数不断上升的情况下，帕兰提尔的股票价格由于一连串与新冠大流行相关的合同而开始攀升，其中包括最近公布的一个与卫生与人类服务部签署的合同，目的是帮助追踪疫苗效果。

到 1 月初，该合同的价值已超过 400 亿美元。有一个头条标题简洁地概括了这一趋势："彼得·蒂尔的帕兰提尔飞涨，特朗普却前景渺茫。"在其整个职业生涯之中，蒂尔始终在支持那些看似胜算不大的项目，并从它们不太可能的成功中获利，然后在情况进一步恶化之前抽身离去。现在他又对美国总统来了这一手。

然而，特朗普政府还未彻底结束，尽管蒂尔可能已经成功地从特朗普主义政治中隐退，转而集中精力于他的生意，但在华盛顿依然可以强烈地感受到"蒂尔江湖"的影响力。

依其盟友和员工的看法，蒂尔仍然在默默地支持特朗普，尽管他没有大声表白。在"蒂尔江湖"，各色人等争先恐后地讨好他，就是希望能确保从他这里获得进一步的资助，这种性质就意味着，即使蒂尔无限期地隐身于哪个地堡，他们也将确保其从大学时代就开始培育的白人身份政治继续下去。蒂尔的意识形态并不是特别连贯，但在某种程度上就是有这样一种意识形态，即一个不那么民主的美国，在清除其多元文化的虚幻和虚假的虔诚之后，总会带来经济和技术的进步。批评者也许会称之为法西斯主义，而蒂尔说是"回归未来"。

对于 2024 年美国总统大选，蒂尔更喜欢的候选人一直是密苏里州的民粹主义参议员、特朗普坚定的盟友乔希·霍利。霍利与克鲁兹有着相同的政治立场和知识分子背景，但他比克鲁兹年轻 10 岁。他长着方下巴，身材修长，嗓音低沉。在美国全国保守主义大会上，霍利选择了他所谓的"世界性共识"作为攻击目标，他反复使用这个反犹太的比喻来指代一批商界领袖和大学校长，他声称这些人忠于的不是美国，而是他们自己的精英项目。当犹太团体要求霍利为他的言论道歉时，霍利却看到了一个给反政治正确加分的机会，他在推特上说:"自由主义言论的警察已经失去理智。"

蒂尔在参议院做出的支持就是宣称要从特朗普手中接过"让美国再次伟大"的大旗,并一直暗示即便计票结束很久之后,特朗普仍有可能赢得大选。12月底,尽管没有任何证据表明多米宁公司改变了佐治亚州、亚利桑那州和密歇根州的投票结果,甚至尽管情况越来越明朗,那些称已经过世的民主党人"参与"了密尔沃基和底特律投票的报道纯粹都是胡说八道,霍利仍然宣布他将反对1月6日国会对选举的认证,这将一个通常的例行程序变成了一个极富戏剧性的时刻。几天后,克鲁兹和其他10名共和党参议员发表了类似的声明。

当时,特朗普试图向副总统迈克·彭斯施压,让他设法破坏选举认证,他还鼓励支持者当天到华盛顿聚集。成千上万的支持者出现了,他们都是从"匿名者Q"和极右翼的"停止偷窃"网上群组聚拢而来,这些群组都是在脸书上成立和壮大的。这些人非常愤怒,有些人还带着武器准备战斗。大约中午时分,就在国会准备投票之际,特朗普发表了一篇火药味十足的演讲,进一步煽动抗议者。他感谢参议员和其他人坚守防线,并敦促人群向国会大厦行进。"拼死一搏吧!"特朗普说,"如果你不拼死战斗,那国将不国!"当霍利走进国会大厦时,他举起拳头向抗议者致意。

在接下来的几个小时里,雅文的思想实验,以及在某种意义上,长达20年的蒂尔主义突然间变得残酷而真实。一群暴民高喊着"叛国罪、叛国罪"和"绞死迈克·彭斯"等口号闯入国会,企图终止选举认证,确保特朗普继续担任总统。他们恶毒地攻击记者和国会警察,其中包括布莱恩·西克尼克警官,他后来因伤势过重而殉职,此后几天他的两名同事也在暴乱中丧生。暴徒中有四人死亡。

从某种角度来看，这次企图推翻美国民主的失败行动与蒂尔没有任何关系，他在 2020 年全年都一直保持沉默。但在数年前，他以实际行动参与了一系列事件，从而不可避免地促发了 2014 年剑桥分析窃取用户数据和 2016 年总统大选期间与脸书共谋发布亲特朗普的虚假信息，他由此埋下了许多种子，直接导致这次失败的暴乱。1 月 11 日，霍利的职业生涯已明显被毁，随着温和的共和党人开始公开谈论他和其他人搞出的一个"大谎言"，美国数字新闻网站 Axios 发表了一篇简短的文章——《彼得·蒂尔误解了唐纳德·特朗普什么》，文章指责蒂尔"帮助建立并巩固了一种观点，通过这一观点，即便是特朗普最恶劣的言论，也不会被按照表面意思来理解"。那个月，虽然彼得·蒂尔的政治计划显然已经失效，但帕兰提尔的市值达到了 680 亿美元。

结语

投资未来的生命

尽管蒂尔本人的影响范围广泛，并拥有数十家关联公司，赚到的钱也已达数十亿美元，而且在另类右翼的崛起中扮演过重要角色，但是许多人知道他仍然是通过一件事，也就是他正涉猎其中的一种新颖的生物学实验，通常被称为"连体共生"。

这个术语所指的是通过外科手术将两个躯体连接起来，使它们共用循环系统，实际上创造出人工合成的连体双胞胎。根据20世纪70年代进行的一项将年长的小鼠与年轻的小鼠对接的实验，科学家和抗衰老热衷者推测，这种恐怖的过程可能掌握着阻止衰老过程的关键，甚至可能是终结死亡的关键。无论如何，对信徒来说，它代表着一个可能的青春之泉。

2016年在小鼠身上进行的一项研究，使人们对将其中的基本理念应用于人类的前景产生了强烈的兴趣，即通过把年轻人的血液输给老年人，或许能够让后者焕发青春活力。换言之，这就是一种"吸血鬼"行为。蒂尔在那年发表的一个访谈录中说："我正在研究连体共生的资料，我觉得它真的很有趣。"他表示自己会考虑将输入年轻人的血液作为自己健康养生的一部分，但指出他还没有这样做。

蒂尔对连体共生的兴趣引起了疯狂的猜测和大量的嘲讽。高客传媒听到一个传言，说蒂尔在支付4万美元之后，一直在每季度定期输入采自一名18岁年轻人的血。第二年，HBO电视网的剧集《硅谷》专门为这个话题制作了一整集，剧中邪恶的企业家加文·贝尔森就是从一个身材魁梧的"血童"（或按贝尔森所说的"我的输血助手"）那里采血。（扮演蒂尔这个人物的演员在剧集第一季时就去世了，于是蒂尔的一些怪癖就出现在贝尔森身上。）

蒂尔在新冠疫情暴发前最后一次接受美国主要媒体的采访是在《纽约时报》的财经博客DealBook的年度会议上，他讲到了这一问题。会议主持人、金融专栏作家安德鲁·罗斯·索尔金一上来就问了他一个有关延长寿命研究的问题。然后，他说到一半又停了下来，就提起了那些传言。"顺便问一下，是真的，还是假的？"

蒂尔傻笑了一下，开始挥着手。"我都不知道该说什么好，"他说，"我想公开告诉你，我不是吸血鬼。"

2016年的小鼠研究项目确实跟蒂尔有关，资助该项目的是非营利组织SENS研究基金会，这个组织由奥布里·德·格雷创办，蒂尔曾给予支持。我是在2020年年初，也就是因疫情被封禁之前参观了这个实验室，不说有多么豪华，但设备还是挺齐全的，这是一幢位于加利福尼亚州芒廷维尤外高速公路立交桥旁的平房。留着瑞普·凡·温克尔（美国作家华盛顿·欧文作品中的人物）式大胡子的德·格雷一直在实验室旁边一间狭窄的办公室里工作，一个满满当当的书架和一辆自行车靠在墙上。他认为是蒂尔在他的事业中播下了整整一代信徒的种子。他告诉我，"蒂尔江湖"是由这样一些人组成的——"他们在成长过程中逐渐明白，衰老是一个医学问题，我们离解决这个问题还有极漫长的路要走。根本无须说服他们"。

蒂尔宣布，他把SENS研究基金会的工作视为自己最重要的遗产中的一部分，也是其宗教信仰的核心。"我最坚信的一个基督教观点，"他在2015年与神学家N.T.赖特一起亮相时说，"就是认为死亡是邪恶的，是错误的，我们不应该接受它。我们应该穷尽一切可能的方法与之斗争。"2019年年底，该组织聘请了一位新的首席执行官詹姆斯·奥尼尔，他是蒂尔公司的长期员工（也是蒂尔推举的美国食品药品监督管理局局长候选人之一）。在我到访的时候，SENS研究基金会已经取得一定的成功，并已经将几个研究项目发展成初创阶段的公司，吸引了一批新的捐赠者，包括以太币背后技术的开创者维塔利克·布特林。数年前，他曾是蒂尔奖学金学员。

但蒂尔本人并不在这些最近的捐助人之列。他最后一次向SENS研究基金会捐款是在2016年。德·格雷还提到，尽管蒂尔经常在媒体上对SENS的工作高谈阔论，实际上却从未造访过这家非营利组织的实验室，而这里距帕兰提尔在帕洛阿尔托的办公室仅有约13千米。这让我怀疑蒂尔关于"长生不老"的一套说辞是否出自真心。他真的想要治愈死亡吗？抑或只是帮他打造逆向投资者招牌的一个有用的故事——就像棋盘上的一枚棋子，只要有机会便可随时弃之？

在接下来的几个月里，当特朗普面对美国历史上前所未有的人道主义危机而无动于衷时，蒂尔一声不吭，这让人们很难不质疑他对于人类死亡灾难的真情。一个致力于延长生命的人怎么能不被这么多原本可以预防的死亡所触动呢？截至3月底，超过55万美国人死于新冠大流行，比美国在第一次世界大战和第二次世界大战中伤亡人数的总和还要多得多。在新冠大流行期间，美国是世界上人均死亡率最高的国家之一。这些可怕的数字为什么竟然没能让蒂尔与特朗普决裂，或至少加大资金投入去提供帮助呢？为什么蒂尔2020年最大手笔的捐款却是给了美国最著名的本土主义者之一的克里斯·科巴赫的政治行动委员会？

当然，我尝试问过蒂尔这件事。但他曾答应的采访从未兑现，随着新冠病例数再次飙升，蒂尔的代表干脆不再回复我的邮件。然而，蒂尔却接受了瑞士媒体《国际周报》的采访，该报编辑罗杰·克佩尔是瑞士保守政党——人民党的成员。在接受克佩尔采访时，蒂尔将这种疾病表述为一种精神病态，而不是生理病态。"我认为这是一种心理指标，"蒂尔说，"人们在内心深处都知道：曾经的常态是绝不可能再回去了。"

蒂尔继续说："新冠大流行造成了一种转变。人们曾经都有这样一种感觉，即未来在某种程度上被阻滞了。由于存在阻力，本来早就应该发生的变化却没有发生。现在，未来自由了。"他似乎很欢迎新冠大流行，认为这也许是一次按照其理想和规划进行社会重构的机会。

他也没有像其员工曾引导媒体相信的那样与特朗普决裂。"我仍然支持他。"蒂尔说的是特朗普，还把当时的候选人拜登形容为"年纪略小几岁，但更老朽无用的美国版贝当"，贝当是纳粹占领下的法国的傀儡国家元首。而说到特朗普，蒂尔对其"务实"的回应只有赞扬：特朗普"没有和那些主张全面停摆的极端的卫生专家一条道走到黑"。

蒂尔直到最后都对特朗普忠心不二。在特朗普总统任期的最后一天，他协助搞定了对无人驾驶汽车工程师安东尼·莱万多夫斯基的赦免。莱万多夫斯基在承认窃取谷歌的知识产权后，被判处了 18 个月监禁。这是对其长期的宿敌谷歌的最后一击，同时也表明，尽管蒂尔可能已经沉默，但他并没有放弃自己的极端信仰。

蒂尔公开表示憎恶死亡，这与他对数十万人死于新冠大流行的冷漠形成鲜明的对比，也是我在本书的写作过程中所见到的许多例子之一，反映出蒂尔根深蒂固的信念似乎与他的马基雅维利行为相矛盾。这些矛盾大多被忽视了，蒂尔被认为是一个逆向思维的自由思想者，而不是一个算计家，这证明了他独特的个人品牌打造能力。他是一个自创出道的硅谷魔法师，他通过自己的人脉和讲故事的能力，塑造了一个如此引人注目的形象，以至于模糊了背后那个真实的人。这使他成为一个典型的美国人物，即使在某一时刻，由于税收规划的紧迫性，德国或新西兰（或某个尚未建立的海滨国家）也会对他提出要求。

蒂尔的神话包含了大量的事实。例如，在过去 25 年里，蒂尔创立的那些公司定义了我们的文化和经济，而他帮助打造的这个行业创造了数万亿美元的财富，以及数十万个就业岗位。他是真正加速了未来的罕见的未来主义者，为此，他至少应该得到历史的尊重。

然而，这只是故事的一半，因为蒂尔也促成了我们的政治和社会的一种反动转变，这种转变使美国处于一个比他在 20 世纪 90 年代中期自我创业时更不确定的境地。蒂尔是大型科技公司的批评者，但他为确立大型科技公司的主导地位所做的努力比任何在世的人都要多。他自诩为隐私倡导者，却创建了世界上最大的监控公司之一。他是精英政治和知识分子多样性的拥护者，身边却围绕着一群自称忠诚的黑手党。他是言论自由的捍卫者，却秘密地干掉了美国一家主要媒体。反垄断运动家、《歌利亚：垄断权力与民主之间的百年战争》的作者马特·斯托勒评价说："蒂尔是虚无主义者——非常聪明的虚无主义者。他完全是为了权力——这是弱肉强食的法则，即'我是掠食者，掠食者必胜'。"最重要的是，这是蒂尔的追随者们学到的一个经验，从中领悟到了"快速行动，打破现状"的真谛。

目前，蒂尔已经退出公共生活。2021年春，他和丹泽森已为人父母，而且据"蒂尔江湖"的传言，他的家庭也在扩大，他们又添了第二个孩子。做父母甚至可以颠覆一个人的雄心壮志，考虑到蒂尔对死亡的执念，这种转变也许就更加明显。毕竟，为人父母提供了一个留下生命遗产的机会，也就是真正意义上的"死后生命"。我们大多数人认为，生一个孩子并好好抚养他是对永恒生命的投资，甚至远远好过小鼠实验手术中最具开创性的成就。蒂尔的朋友们说，他们见证了一种性情柔化，蒂尔现在看起来更放松，甚至更快乐。这可能是一种投射——蒂尔的天赋之一就是提供一张画布，让其他人可以将自己的想法尽情展示在上面，但其实可能并非如此。

此外，即使蒂尔完全隐退，他的政治遗产也得到了保证。他的追随者们是一些来自硅谷的极负盛名的思想领袖。埃隆·马斯克用一条推文就能够左右市场，既可以推动安全短信应用Signal的下载量，也可以帮助说服红迪网的投资者购买正在亏损的购物中心零售商GameStop的股票。基思·拉布瓦是"蒂尔江湖"最初的一颗卫星，现在是创始人基金的合伙人，他每天都在大肆宣扬蒂尔的观点，即旧金山湾区应该被富有或有雄心壮志的人抛弃。拉布瓦2020年12月在迈阿密海滩买入一套住宅，他抱怨加利福尼亚州的高税收和防疫限制措施。蒂尔也搬家了，还于2020年年末购入了迈阿密海滩的两处房产，对他来说，此处可是福地，因为佛罗里达州与加利福尼亚州不同，这里不征收资本利得税，而且距离共和党的实际总部——唐纳德·特朗普的海湖庄园也不远。创始人基金也将在南佛罗里达开设办事处。

与此同时，蒂尔的 PayPal 联合创始人马克斯·列夫琴想要通过其公司 Affirm 摧毁信用卡和算法信用评级。Affirm 于 2021 年 1 月上市，市值约 250 亿美元。Stripe 公司是蒂尔投资组合中的另一家金融颠覆者，它正寻求用自己的高科技支付系统取代现有的支付网络，就像蒂尔几十年前设想的那样。Stripe 是世界上最有价值的私人控股公司之一，其联合创始人帕特里克·克里森本身就是一个权力中心，他通过自己的书商 Stripe 出版社推动了蒂尔式的技术进步愿景。除了他的主要投资组合，蒂尔还投资了许多由其门徒运营的基金，包括山姆·阿尔特曼、威廉·伊登和萨拉·科恩等人，而他经常会持有上述公司未来业绩奖金的大量份额，从而确保他能享受到比普通投资者更高的回报。他雇用了新一代的"掷弹手"，包括迪利安·阿斯帕罗霍夫和迈克·索拉纳，他们的使命就是传播关于未来和"警醒暴民"之危险的蒂尔式福音书。

甚至在与蒂尔从未见过面的创业者中，也能感受到他的影响力。就像史蒂夫·乔布斯激发起一代苦行僧般的产品构想者那样，蒂尔激发起一代科技逆行者，他们渴望获得同等水平的成功和实力，而且他们像 20 世纪 80 年代《斯坦福评论》最熟练的专栏作家那样，随时可以借助（或暗示）性别主义和种族主义来展示他们思想的独立性。就有这样一位年轻的科技创始人，他在 2020 年 11 月下旬劝导成千上万的推特粉丝不要在公司草创时期"雇用热辣的年轻女孩"，因为她很自然会让男性首席执行官分心，将注意力偏离于正事。之后，他如是说："智商是真实的，生物性别是真实的，要争取自由派，哈耶克/弗里德曼就是王道，特朗普再干 4 年。"

在科技产业之外，蒂尔的政治前景在 2021 年 1 月 6 日之后一下子变得极其糟糕。霍利根本不把批评者放在眼里，甚至对待他政治上的导师、前参议员约翰·丹福思也是如此，这位导师曾说支持霍利是"我一生中犯下的最大错误"。霍利拒绝道歉，然后利用这一争议为自己牟利。当西蒙与舒斯特出版社取消了他即将出版的新书《科技巨头的暴政》的出版计划时，霍利找到了新的出版商莱格里尼出版社，并进行了一次媒体巡回宣传，在数百万美国人面前，他把自己描绘成所谓"取消文化"的受害者。这本书成为《纽约时报》的畅销书。

霍利曾表示，他不会参加 2024 年的总统竞选，尽管他有足够的时间改变主意。特德·克鲁兹很可能仍然是共和党政坛的一股力量，也可能参加总统竞选，还有其他亲蒂尔的政客也在伺机而动，其中包括福克斯新闻频道主持人塔克·卡尔森。

此外，还有美国参议院，蒂尔为这里制订了 2022 年的大计划，他已经有两位候选人：一位是其长期助手和合作者布莱克·马斯特斯，另一位是《乡下人的悲歌》的作者、Mithril 公司前合伙人 J.D. 万斯，他曾和蒂尔一起在美国全国保守主义大会上发言，被视为有可能取代俄亥俄州温和派参议员罗布·波特曼的竞争者。3 月，新成立的"保护俄亥俄价值观"超级政治行动委员会表示，为支持万斯参选参议员，蒂尔承诺提供 1 000 万美元。据说，作为布赖特巴特新闻网和剑桥分析的长期支持者，以及蒂尔的盟友，默瑟家族的成员也是捐赠者。当时，蒂尔圈子里的两个人告诉我，如果马斯特斯参加竞选，他们觉得蒂尔也会向他捐款，而过了一个月《政客》杂志就报道说，蒂尔确实会这么做,他将向一个新成立的"拯救亚利桑那州"政治行动委员会捐款1 000万美元。

马斯特斯是坚定的特朗普支持者,他在蒂尔捐款的消息宣布后不久就去走访了边境墙,他在推特上发布的一段视频中说:"显然这么做是有效的。"万斯则曾在2016年反对特朗普,但现在又从这一反对的立场折返回来,他在塞巴斯蒂安·戈尔卡的播客中就拜登总统的"全民儿童保育计划"的危险性发出警告,并在推特上发表了看似对"匿名者Q"的隐晦辩护。他在春天到海湖庄园与特朗普见了面,是蒂尔陪着他去的。

如果两人都胜选,马斯特斯和万斯将成为得益于蒂尔大手笔赞助才当选的四名美国参议员之一。但马斯特斯和万斯与霍利和克鲁兹又有所不同,他们不只是得了蒂尔的好。正如两位"蒂尔江湖"的圈内人向我指出的那样,他们还是蒂尔本人的外延。在本书即将出版之际,马斯特斯是蒂尔资本的首席运营官和蒂尔基金会的总裁;当然,万斯是蒂尔的前雇员,并将蒂尔视为他的风险投资公司的投资者。

虽然很难想象蒂尔在拜登政府里还能像在特朗普坐镇白宫时那样发挥同样的影响力,但更难以想象的是他其实连一点影响力都没有了。2021年春,约翰逊告诉我,他已经与蒂尔握手言和。蒂尔克服了对于Clearview的内心不安,并对约翰逊最新创立的基因测序初创公司Traitwell进行了种子投资。Traitwell拥有多项能赢得军方合同的设计,都是以蒂尔在帕兰提尔开发出来后在安杜里尔和Clearview投入使用的模型为蓝本。约翰逊还提到他最近对政治有了惊人的重新认识,他还说曾经帮助蒂尔培植了另类右派的那个人现在却成了约瑟夫·拜登的支持者。他赞扬了这位民主党总统对国防部和情报部门做出的人事安排，以及他要建立一个类似于美国国防部高级研究计划局的机构，来专注于为新的医疗保健技术提供资金支持的计划。他说，拜登具备一位真正的伟大总统的素质。

尽管出现了这样的转向，但蒂尔还是有与拜登政府关系密切的其他关系人。2021年1月，2020年的大选顾问艾薇儿·海恩斯出任新的国家情报总监，她曾经也是帕兰提尔的顾问。据披露，在加入拜登团队之前，她曾为蒂尔的国防承包商工作，该公司在2017年7月至2020年6月向她支付了18万美元的费用。与此同时，2020年大选期间最大手笔的捐赠者之一是里德·霍夫曼，他个人花了大约700万美元，还筹集了数百万美元帮助拜登和民主党。蒂尔和霍夫曼可能有分歧，但他们依然保持着密切的关系。"PayPal黑帮"建立起来的关系都将在持续数年之后——如果不是数十年之后的话——才会见到回报。

早在2005年，当蒂尔正在尝试作为宇宙主宰的新身份时，史蒂夫·乔布斯在他的母校发表了毕业典礼演讲。直到今天，乔布斯在斯坦福大学的演讲仍然备受推崇，因为它既是了解苹果创始人心灵的一扇窗，也是20世纪90年代和21世纪初硅谷叛逆精神的结晶。科技界的每个人都至少看过一次这场演讲，许多人更是几乎烂熟于心。

"说实话，我从来没有从大学毕业，"乔布斯开始说，"在我的生命中，今天是离大学毕业最近的一天。"在解释了他在20世纪70年代初创办苹果公司之前决定从里德学院辍学的原因后，乔布斯透露自己已被诊断患有胰腺癌，并且一直在思考自己的死亡。他认为死亡是一种礼物，用他的话说，是"生命最好的发明"。"想着自己将很快逝去，这是我所遇到的最重要的工具，可以让我做出人生中的重大抉择，"乔布斯继续说，"因为几乎所有的一切，包括所有的外在期许、所有的荣耀、所有的对于困窘和失败的恐惧，在死亡的面前都会烟消云散，留下的唯有真正重要的东西。"他还说："你已经是赤子之身，没有理由不听从自己的内心。"

一年后，蒂尔在一场婚礼上短暂地邂逅了乔布斯，但彼时的乔布斯似乎没有兴趣与蒂尔搭上关系。但是，11年后的2016年5月，当蒂尔迈上纽约州北部汉密尔顿学院的讲台，准备发表他的毕业典礼演讲时，乔布斯的那篇演讲似乎就萦绕在他的脑海中。这件事出现于蒂尔生活和事业的一个转折点，那时他刚刚成为特朗普的代表，与被曝光是高客传媒毁灭的幕后设计师仅差几天，他试图利用这次演讲埋葬乔布斯的新时代价值体系，同时为一个崭新的科技行业提供一种新的创始神话。

乔布斯当年演讲时，一上台就宣称自己没有资格，因为他从来没有从大学毕业。蒂尔也以类似的自谦开场，他说："你们即将开始工作，而我不为任何人工作已经有21年。"

然后，他讲述了自己为何决定辍学的故事，不是从大学辍学，而是从公司法的世界辍学。乔布斯将自己离开大学的决定归结于经济原因，他觉得接受似乎没有什么价值的教育是在浪费父母的积蓄。与之相反，蒂尔放弃了高薪的工作，以此作为一种对建制现实的反叛。"熟悉的路径和传统就像是陈词滥调。"蒂尔说，他指的是自己早年为了事业有成而循规蹈矩地生活。

乔布斯当时引用了左翼刊物《全球概览》的一句口号："求知若渴，虚心若愚。"蒂尔则引用了美国诗人埃兹拉·庞德的话："日日新。"然后，蒂尔虽未指名道名，却抨击了乔布斯演讲中提到的两条格言。乔布斯曾告诉毕业生要跟从自己的内心，但蒂尔说的恰好相反，他反驳说："不要对自己太实诚，你要自律，要培育内心，呵护它，而不是盲目地跟从它。"

接着，蒂尔把话题转到乔布斯关于死亡的建议上。"要接受这一建议，最好的办法就是反其道而行之，"他说，"要过好每一天，就像你会永远活着一样。"他还说，采取这种世界观"意味着你得善待周围的人，就好像他们也会长久地陪伴着你"，"你会从投入时间去建立历久弥坚的友谊和关系中得到最好的人生回报"。

这种观点完美地贴合蒂尔逆势反转的独特形象，也表明他对延长寿命的确有兴趣，这还表明他很清楚自己的深远影响。蒂尔身边有很多支持者和仰慕者，他们保护了他，也让他发了大财。这一切，包括"PayPal黑帮"、"蒂尔江湖"和硅谷本身，以及其中所有的虚伪和贪婪，当然，也有硅谷的辉煌，都是他的遗产的一部分。

然而，这是一项让人感觉有点儿肤浅的遗产。蒂尔到处传播他的逆反思想，也赚了很多钱，但他也许会永远被困在自己的逆反主义意识形态中，毕竟这种意识形态在其内在本质上是孤独的。这使得蒂尔在汉密尔顿学院的演讲令人惊讶，因为它竟然还谈到了友谊。在蒂尔的交易往来中，他倾向于用明确的交易术语来处理人际关系，他自己选择的说辞也暴露了这样一个事实：善待他人本身并不是目的，而是为了获得"回报"而做的一件事。当然，言外之意就是，如果你不认为你还会被迫再次与他人打交道，你也就没必要善待他们。就我为本书收集的报道素材而言，蒂尔的生活中充满了重要的人脉关系，但似乎还没有什么人脉关系能重要得超越金钱和权力。与他自己的建议正好相反，在他建立的世界里，按照他的定义，成功取决于一种意愿，或者实际上是一种需要，即摆脱关系，自己单干。

致　谢

本书是15年来对硅谷企业家、初创公司、投资者的世界进行报道的成果汇总。简·贝伦森给了我从事新闻工作后的第一个机会，让我在《公司》杂志的网站做一名事实核准员，并让我相信撰写工商业报道也不一定就枯燥乏味。她成了我的导师、朋友，有时甚至客串家长。要不是凯瑟琳·斯特林（我在《名利场》杂志时的编辑）和戴维·利德斯基（我在《快公司》时的编辑），今天也不会有我这样一个记者。他们不仅教会我如何写得更好，而且成了与我关系最好的两位友人。

我确信，当今世界干新闻这一行没有比彭博社更好的地方了，在这里，上司慷慨地给了我充足的时间和支持，让我完成了这一项目。我尤其感谢布拉德·斯通、吉姆·艾利、乔尔·韦伯、克里斯汀·鲍尔斯和雷托·格利高里及一些极有才华的同事，尤其是乔希·格林、阿什莉·万斯、乔希·布鲁斯坦、艾米丽·张、莎拉·弗莱尔、奥斯汀·卡尔、马克·伯根、马克·米利安、卡罗琳·温特和亚历克斯·舒卡，他们为本项目最终成书奉献了许多创意、提供了资料来源，有时候还提供了许多笑料。

本书最初的框架和结构源于我与 RossYoon 文创社的策划伊桑·巴索夫的一系列谈话。如果没有伊桑早期的编辑和建议，也就不会有本书的面世。我还要感谢达拉·凯和霍华德·尹，我想将来他们也会做我孩子的代表。

我再也找不出比企鹅出版集团更好的合作伙伴。感谢安·戈多夫、斯科特·莫耶斯、利兹·卡拉马里、达尼埃尔·普拉夫斯基和希纳·帕特尔，尤其要特别感谢我的编辑艾米莉·坎宁安。艾米莉在其编辑过程中不知疲倦、视角敏锐，以良好的幽默感、智慧和谦逊的态度来对待这个项目。本书之所以成功，主要是她的功劳。

贾娜·卡斯珀科维奇负责调查和事实核准，从一开始就常常与我并肩合作。凯尔西·库达克是我在事实核准过程中出色的向导。考拉·恩洪戈贡献了从斯瓦科普蒙德发来的报道。戴安娜·苏丽雅库苏玛策划了这些图片。戴维·利德斯基一直是我的师傅，他为我做了关键的早期审读，并在一些最难懂的部分帮我做了注释。布拉德·斯通投入了很多时间给我以激励和安慰，并且做了难能可贵的早期审读。伯特·赫尔姆和吉尔·施瓦茨曼提供了情感上的支持。

本书记述的大量信息均来自拥有数百个信源的关系人脉。大多数与我通电话、回复我的邮件或与我见面的人都冒着巨大的风险，然而无论从个人还是职业角度看，他们都得不到明显的好处，他们慷慨而无畏的精神令我感动。谢谢你们重视新闻工作，也谢谢你们信任我。

我还得到了一些机构和非营利组织的研究人员的帮助，其中包括斯坦福大学图书馆的特别馆藏部、凯斯西储大学档案馆和加州大学伯克利分校保存的《20世纪的西部矿业》。美国政治捐献数据库及新闻网站 ProPublica 是我每天都离不开的资源，也是现代记者的工具箱中不可或缺的项目。

许多记者曾广泛地报道过蒂尔的世界，他们的成果也对我的工作有所启示。当我还在斯坦福大学读本科时，安德鲁·格拉纳托就曾详尽地描述了蒂尔在《斯坦福评论》所扮演的角色，这也是我对《斯坦福评论》进行研究的起点。安德鲁通过一项公共记录请求得到了涉及蒂尔与美国国立卫生研究院之间关系的电子邮件，这也使得我的报道从中受益。《新西兰先驱报》的马特·尼珀特曝光了蒂尔的新西兰国籍，并慷慨地与我分享了文件和观点。科里·佩恩所著的《我在硅谷的最后一周》启发我构思了本书的一些主题。我还查阅了利泽特·查普曼、威尔·奥尔登、迪帕·西萨拉曼、瑞安·麦克、杰夫·贝尔科维奇、布莱恩·多尔蒂和乔治·帕克所写的所有文章，他们永远都是我崇拜的对象。

本书将永远与两个事件联系在一起，一是我的儿子利昂的出生，他于 2020 年 3 月整个世界陷于崩溃之际呱呱坠地；二是我的弟弟杰克逊·特纳的去世，他在利昂出生几个月后永远地离开了我们。杰克逊走时 37 岁，比我小一岁。他激励了我，也激励了很多人。我每天都在想念他。

当我回首过去的几年，特别是 2020 年，如果没有朋友与家人的爱和支持，我不知道我将如何生存，尤其是我的父母、我的继母劳丽、我的兄弟凯西和他的妻子切尔西，当我出差到奥克兰进行报道时，他俩连续几周为我提供了一张非常舒适的日式床垫。

我的第一位读者，从现在直到永远，都是克里斯蒂娜。她以无数种方式支持着我，用她的爱、她的力量和她的行为举止告诉我，我该如何成为我渴望成为的那种记者和生活中的人。与她结婚永远是我这辈子最美好的事。

我们的三个孩子——艾丽斯、索利和利昂,还不会读书,但他们很快就会成为小读者,我希望他们在不久的将来能够理解这四个字:我爱你们!我欠你们很多故事。